Mittelbach · Personengesellschaft, GmbH oder Mischgesellschaft?

Personengesellschaft, GmbH oder Mischgesellschaft?

Entscheidungshilfen zur Wahl der
Gesellschaftsform mit steuerlichen Belastungsvergleichen

von

Dr. Rolf Mittelbach
Präsident des Finanzgerichts des Saarlandes

2., erweiterte und verbesserte Auflage

FK

FRIEDRICH KIEHL VERLAG GMBH
LUDWIGSHAFEN (RHEIN)

CIP-Kurztitelaufnahme der Deutschen Bibliothek

Mittelbach, Rolf:
Personengesellschaft, GmbH oder Mischgesellschaft?: Entscheidungshilfen zur Wahl d. Gesellschaftsform mit steuerl. Belastungsvergleichen / von Rolf Mittelbach. — 2., erw. u. verb. Aufl. — Ludwigshafen (Rhein): Kiehl, 1979.
ISBN 3-470-41572-2

ISBN 3 470 **41572** 2 · 1979 · 2., erweiterte und verbesserte Auflage

Herstellung: Pfälzische Verlagsanstalt, Landau (Pfalz)

Vorwort

Gewerbliche Unternehmen haben oft zunehmenden Bedarf an Kapital z. B. weil das Unternehmen unterkapitalisiert ist oder weil sein Aufgabenbereich sich erweitert oder die Geldentwertung und die Steuerbelastungen an der Kapitaldecke gezehrt haben. Auch können heute nur noch wenige Unternehmen von einem Alleininhaber als Einzelunternehmen geführt werden. Der steigende Kapitalbedarf führt zunehmend dazu, daß mehrere Personen sich zusammenschließen, um gemeinsam das für das gewerbliche Unternehmen erforderliche Kapital aufzubringen.

Zur gemeinschaftlichen Ausübung einer gewerblichen Tätigkeit stehen den Beteiligten eine ganze Reihe von Gesellschaftsformen zur Auswahl. Sie können sich offen — also für jeden erkennbar — zu Personengesellschaften oder zu Kapitalgesellschaften zusammenschließen. Sie können aber auch einen Zusammenschluß wählen, der nach außen nicht erkennbar ist. In diesen Fällen ist derjenige, der nach außen — also gegenüber den Lieferanten und Kunden — als Betriebsinhaber auftritt, lediglich schuldrechtlich verpflichtet, seinem Partner einen Teil des von ihm erzielten Gewinns zu überlassen. Es sind sogar Vereinbarungen zulässig, wonach jemand schuldrechtlich auch am gewerblichen Betriebsvermögen beteiligt wird. Er wird dann von dem nach außen in Erscheinung tretenden Betriebsinhaber schuldrechtlich so gestellt als sei das Betriebsvermögen Gesamthandsvermögen einer Personengesellschaft geworden (atypische stille Gesellschaft).

Die bürgerlich-rechtlichen Folgen eines Zusammenschlusses zur gemeinsamen Ausübung eines Gewerbebetriebs können bei den einzelnen zur Wahl stehenden Unternehmungsformen sehr unterschiedlich sein. Auch die steuerlichen Auswirkungen der einzelnen Unternehmensformen weichen voneinander ab.

Um die für die Zwecke der Beteiligten vorteilhafteste rechtliche Gestaltung wählen zu können, ist es notwendig, die unterschiedlichen Auswirkungen der einzelnen Gesellschaftsformen auf allen Rechtsgebieten zu erkennen. Das vorliegende Buch gibt deshalb einen Überblick über die bürgerlich-rechtlichen und über die steuerrechtlichen Folgen der einzelnen Unternehmensformen. Keine Rechtsform bietet nur Vorteile. Man muß die Vor- und Nachteile auf allen Rechtsgebieten erkennen, um dann die Rechtsform zu wählen, von der man glaubt, daß sie für das geplante Unternehmen die meisten Vorteile bietet.

Für diese Entscheidung soll das Buch eine Entscheidungshilfe sein.

Durch einen Belastungsvergleich wird die unterschiedliche Belastung der einzelnen Unternehmensformen mit den vom Ertrag abhängigen Steuern verdeutlicht. Dabei ist der ab 1. 1. 1980 gültige höhere Freibetrag bei der Gewerbeertragsteuer bereits berücksichtigt. Von den ertragsunabhängigen Steuern ist nur die Doppelbelastung der Körperschaften mit Vermögensteuer in den Belastungsvergleich einbezogen worden.

Die 2. Auflage geht auch auf die besonderen Probleme der Familiengesellschaften ein. Es werden dabei die steuerlichen Vorteile, die sich hinsichtlich der Wahl der Gesellschaftsform bieten, beschrieben. Dabei können Gesellschaftsformen gewählt werden, bei denen sich viele steuerliche Vorteile vereinigen lassen. Widerstreitende Interessen der Gesellschafter werden oft durch familiäre Bindungen ausgeglichen. Auch die Grenzen der Gestaltungsmöglichkeiten werden aufgezeigt.

Saarbrücken, im Frühjahr 1979 Rolf Mittelbach

Inhaltsverzeichnis

Seite

Seite

D. Gesellschaft mit beschränkter Haftung

Seite

H. Vergleich der steuerlichen Belastung der einzelnen Unternehmensformen

Seite

Abkürzungsverzeichnis

a.a.O.	=	am angeführten Ort
Abs.	=	Absatz
a.F.	=	alte Fassung
AfA	=	Absetzung für Abnutzung
AktG	=	Aktiengesetz
Anm.	=	Anmerkung
AO	=	Abgabenordnung
BB	=	Betriebsberater (Zeitschrift)
Bd.	=	Band
BewG	=	Bewertungsgesetz
BFH	=	Bundesfinanzhof
BGB	=	Bürgerliches Gesetzbuch
BStBl.	=	Bundessteuerblatt
BVerG	=	Bundesverfassungsgericht
DB	=	Der Betrieb (Zeitschrift)
ESt	=	Einkommensteuer
EStDV	=	Einkommensteuerdurchführungsverordnung
EStG	=	Einkommensteuergesetz
EStR	=	Einkommensteuerrichtlinien
GdbR	=	Gesellschaft bürgerlichen Rechts
GewStG	=	Gewerbesteuergesetz
GewStR	=	Gewerbesteuerrichtlinien
GmbH	=	Gesellschaft mit beschränkter Haftung
GmbHR	=	GmbH-Rundschau (Zeitschrift)
HFR	=	Höchstrichterliche Finanzrechtsprechung
HGB	=	Handelsgesetzbuch
KapStDV	=	Kapitalertragsteuer-Durchführungsverordnung
KG	=	Kommanditgesellschaft
KVStG	=	Kapitalverkehrsteuergesetz
NWB	=	Neue Wirtschafts-Briefe (Zeitschrift)
OHG	=	Offene Handelsgesellschaft
RFH	=	Reichsfinanzhof
RStBl.		Reichsteuerblatt
Stpfl.	=	Steuerpflichtiger
Urt.	=	Urteil
Ziff.	=	Ziffer

A. Die Wahl der optimalen Gesellschaftsform

I. Einführung

Die Wahl der Gesellschaftsform hängt in erster Linie von der Größe des Unternehmens und vom Gesellschaftszweck ab. Bei Aktiengesellschaften beträgt der Mindestnennbetrag des Grundkapitals 100 000 DM (§ 7 AktG), so daß die Form der Aktiengesellschaft daher nur für größere Unternehmen in Betracht kommt. 1

Auch freiberuflich Tätige können sich zur gemeinsamen Ausübung der freiberuflichen Tätigkeit zusammenschließen. Grundsätzlich ist zwar davon auszugehen, daß die freiberufliche Tätigkeit nach § 18 Abs. 1 Nr. 1 EStG auf der persönlichen Arbeitskraft des selbständig Tätigen beruht. Deshalb setzt ein Zusammenschluß mehrerer zur gemeinsamen Ausübung eines freien Berufs grundsätzlich voraus, daß jeder der Gesellschafter den Beruf auch eigenverantwortlich ausüben kann. Ist das der Fall, so können sich freiberuflich Tätige zu einer Gesellschaft zusammenschließen, bei der jeder wie ein gewerblicher Mitunternehmer an den Gewinnen aus der freiberuflichen Tätigkeit beteiligt ist. Eine derartige Mitunternehmerschaft „zur Ausübung einer Tätigkeit, die zu den typischen freien Berufen" gehört, wie z. B. der Tätigkeit von Ärzten, kann deshalb nur von solchen Gesellschaftern gegründet werden, die approbierte Ärzte sind. 2

Ein Zusammenschluß mehrerer freiberuflich Tätiger zur gemeinsamen Ausübung ihrer Praxis ist nach geltendem Recht nur durch eine Gesellschaft des BGB möglich. Die Personenhandelsgesellschaften (vgl. Rz. 22 ff.) setzen voraus, daß sie zur gemeinsamen Ausübung eines Handelsgewerbes gegründet werden. Nach bisherigem Recht konnten auch land- und forstwirtschaftliche Betriebe von mehreren gemeinsam nur in der Rechtsform einer Gesellschaft des bürgerlichen Rechts betrieben werden. Der Zusammenschluß in Form einer Personenhandelsgesellschaft war nicht möglich, weil ein land- und forstwirtschaftlicher Betrieb kein Handelsgewerbe ist. Ab 1976 sind jedoch die Inhaber von land- und forstwirtschaftlichen Betrieben berechtigt, aber nicht verpflichtet, die Eintragung in das Handelsregister herbeizuführen, wenn 3 der Betrieb eine in kaufmännischer Weise eingerichteten Geschäftsbetrieb erfordert (§ 3 Abs. 3 HGB n.F.). Damit ist auch die Gründung einer Personenhandelsgesellschaft möglich. Das gleiche gilt für einen land- und forstwirtschaftlichen Nebenbetrieb.

4 Von der Vielzahl der Möglichkeiten eines Zusammenschlusses mehrerer zur gemeinsamen wirtschaftlichen Betätigung oder Ausübung des Berufs sollen in der vorliegenden Schrift die Möglichkeiten behandelt werden, die den Beteiligten zum gemeinsamen Betrieb eines kleineren bis mittleren gewerblichen Unternehmens zur Verfügung stehen. Die möglichen Zusammenschlüsse von Großbetrieben in Form von Aktiengesellschaften, Kommanditgesellschaft auf Aktien oder Konzernunternehmen werden nicht besprochen. Ebenfalls ist auch auf die Darstellung von gesellschaftlichen Zusammenschlüssen zur Ausübung einer freiberuflichen Tätigkeit und eines land- und forstwirtschaftlichen Betriebs verzichtet worden.

II. Gesellschaftsformen für mittlere gewerbliche Unternehmen

1. Personenhandelsgesellschaften

5 Beabsichtigen mehrere gemeinschaftlich einen mittleren oder auch kleineren Gewerbebetrieb zu betreiben, so schließen sie sich meistens in der Rechtsform von Personenhandelsgesellschaften zusammen. Personenhandelsgesellschaften sind die offenen Handelsgesellschaften (OHG) und die Kommanditgesellschaften (KG). Bei beiden Gesellschaften sind die Gesellschafter Mitunternehmer des gewerblichen Betriebs. Die beiden Gesellschaftsformen unterscheiden sich lediglich durch die Haftung und die Geschäftsführungsbefugnis (vgl. Rz. 22 f.; 31 f.).

2. Stille Gesellschaft

6 Will sich jemand an dem Handelsgewerbe eines anderen beteiligen, ohne daß das Beteiligungsverhältnis nach außen in Erscheinung tritt, so kann er das in der Form der stillen Gesellschaft. Bei den typischen stillen Gesellschaften (vgl. Rz. 97 f.) erwirbt der stille Gesellschafter durch eine Kapitaleinlage lediglich einen Anspruch auf den laufenden

Gewinn. Auf Grund vertraglicher Vereinbarungen kann er auch an dem Verlust des Gewerbebetriebs beteiligt sein.

Bei der atypischen stillen Gesellschaft vereinbaren die Beteiligten, daß der Gewerbebetrieb nach außen auf Rechnung des Hauptgesellschafters, der allein als Gewerbetreibender in Erscheinung tritt, geführt wird, daß im Innenverhältnis jedoch auch der stille Gesellschafter an dem Gewerbebetrieb wie ein Mitunternehmer beteiligt ist (vgl. Rz. 147 f.). 7

3. Gesellschaft mit beschränkter Haftung

Von den Kapitalgesellschaften (Aktiengesellschaft, Kommanditgesellschaft auf Aktien, Gesellschaft mit beschränkter Haftung) kommt für kleinere und mittlere gewerbliche Unternehmen nur die Gesellschaft mit beschränkter Haftung (GmbH) in Frage. Wie ausgeführt (vgl. Rz. 4) ist die Rechtsform der AG für größere Unternehmen gedacht. Auf der anderen Seite werden gelegentlich auch größere Unternehmen in der Form der GmbH betrieben. Diese Rechtsform erscheint den Beteiligten oft angebracht, wenn der Kreis der Gesellschafter beschränkt werden soll. 8

4. Mischgesellschaften

Kleinere und mittlere gewerbliche Unternehmen werden heute auch vielfach in Form von Mischgesellschaften betrieben. Unter Mischgesellschaften sind Personenhandelsgesellschaften oder stille Gesellschaften zu verstehen, die zwischen einer Kapitalgesellschaft, bei kleineren und mittleren Unternehmen eine GmbH, und deren Gesellschafter gegründet werden. Vor der Körperschaftsteuerreform, also nach dem bis zum 31. 12. 1976 gültigen Körperschaftsteuerrecht, diente die Gründung von Mischgesellschaften der Vermeidung der Doppelbesteuerung der Gewinne. Nach Inkrafttreten des neuen Körperschaftsteuerrechts ab 1. 1. 1977 werden ausgeschüttete Gewinne nicht nur wie nach bisherigem Recht mit einem ermäßigten Steuersatz bei der Körperschaftsteuer versteuert, sondern bei einer Ausschüttung der Gewinne der Körperschaft wird bei dem Gesellschafter die von der Körperschaft zu entrichtende Körperschaftsteuer auf seine eigene Einkommensteuerschuld angerechnet (vgl. Rz. 225). Auch nach dem neuen Körperschaftsteuerrecht erfolgt jedoch zunächst eine Versteuerung der von der Kapitalgesellschaft erzielten Gewinne. Schüttet die Kapitalgesellschaft von dem von ihr erzielten und nach dem Tarif versteu- 9 erten Gewinn einen Teil aus, so wird die Körperschaftsteuer für den ausgeschütteten Gewinn ermäßigt (vgl. Rz. 210 f). Außerdem wird bei dem Gesellschafter bei der Versteuerung seiner Einkünfte die von der Kapitalgesellschaft auf den ausgeschütteten Gewinn zu zahlende Körperschaftsteuer auf seine eigene Einkommensteuerschuld angerechnet (vgl. Rz. 225).

10 Soweit zwischen den Gesellschaftern und der Kapitalgesellschaft eine Mischgesellschaft besteht, werden die von der Mischgesellschaft erzielten Gewinne in Gewinnanteile der Kapitalgesellschaft und solche der übrigen Gesellschafter aufgeteilt. Die Gewinnanteile der Gesellschafter der Mischgesellschaft, z. B. der Kommanditisten einer GmbH & Co. KG, brauchen von der GmbH nicht als ihre Gewinne versteuert zu werden. Sie fließen unmittelbar den Kommanditisten zu.

III. Bürgerlich-rechtliche Überlegungen

11 Einer der wichtigsten Punkte für die Wahl der Gesellschaftsform ist die Bereitwilligkeit der Beteiligten, die Haftung für Verbindlichkeiten des Unternehmens zu übernehmen. Sind alle Beteiligten bereit, persönlich für die Verbindlichkeiten des von ihnen gemeinsam betriebenen Gewerbebetriebs voll zu haften und auch nach außen als Unternehmer des Gewerbebetriebs in Erscheinung zu treten, so können die Beteiligten sich zu einer OHG zusammenschließen. Sie gründen dann eine Personenhandelsgesellschaft, bei der jeder Gesellschafter die volle Haftung übernimmt.

12 Ist ein oder sind mehrere Beteiligte nicht bereit, die volle Haftung zu übernehmen, sind sie jedoch bereit, nach außen als Gesellschafter des Unternehmens in Erscheinung zu treten, so kann die Gesellschaftsform einer Kommanditgesellschaft (KG) gewählt werden, wenn mindestens einer der Beteiligten bereit ist, voll für die Verbindlichkeiten des Gewerbebetriebs zu haften. Ist keiner der Beteiligten bereit, die volle Haftung für die Verbindlichkeiten des Unternehmens zu übernehmen, so bleibt den Beteiligten nur eine Wahl. Sie müssen eine GmbH gründen, die den Gewerbebetrieb betreibt. Es ist allerdings in diesen Fällen auch möglich, daß die GmbH mit den Gesellschaftern eine Personengesellschaft gründet, die dann den Gewerbebetrieb führt (vgl. Rz. 262 f.).

13 Neben der Haftung ist bürgerlich-rechtlich für die Wahl der Gesellschaftsform wesentlich, ob die einzelnen Gesellschafter zur Erreichung des Gesellschaftszwecks mitarbeiten wollen oder nicht. Die Personenhandelsgesellschaften werden von der persönlichen Mitarbeit der einzelnen Gesellschafter — mindestens einzelner Gesellschafter — geprägt. Die Geschäftsführung des Unternehmens kann nur den persönlich haftenden Gesellschaftern übertragen werden. Es ist lediglich möglich, einzelne der Gesellschafter von der Geschäftsführung auszuschließen. Fremden, also Nichtgesellschaftern kann dagegen nicht die Geschäftsführung rechtsverbindlich übertragen werden.

Bei einer GmbH ist dagegen die Stellung des Geschäftsführers, also des Organs der GmbH, nicht so eng mit der Gesellschaftereigenschaft verknüpft. Auch ein Nichtgesellschafter kann zum Geschäftsführer der GmbH bestellt werden (vgl. Rz. 174 f.). 14

Bürgerlich-rechtlich ist für die Wahl der Gesellschaftsform auch die Frage entscheidend, inwieweit die Gesellschaftsrechte vererbt oder auf Dritte übertragen werden können. Bei den Personenhandelsgesellschaften ist die Bindung der einzelnen Gesellschafter an die Gesellschaft und damit an ihre Mitgesellschafter sehr eng. Grundsätzlich ist davon auszugehen, daß ein Gesellschafter seinen Gesellschaftsanteil nur mit Zustimmung aller Gesellschafter auf einen Dritten übertragen kann, weil die verbleibenden Gesellschafter künftig gezwungen sind, mit dem Dritten zusammenzuarbeiten. Auch beim Tode eines Gesellschafters ergeben sich für die Fortführung von Personenhandelsgesellschaften Probleme. 15

Durch die persönliche Bindung der Gesellschafter untereinander bedingt sind deshalb bei Personenhandelsgesellschaften die Übertragung und Vererbung von Gesellschaftsanteilen erschwert (vgl. Rz. 43 f.). Die Geschäftsanteile einer GmbH können dagegen regelmäßig ohne Einschränkung veräußert und vererbt werden. Wenn das nicht gewollt wird, müssen Vereinbarungen darüber im Gesellschaftsvertrag getroffen werden (vgl. Rz. 181). 16

Beabsichtigt ein Gesellschafter nach außen nicht als solcher in Erscheinung zu treten, so müssen die Beteiligten eine stille Gesellschaft abschließen (vgl. Rz. 97 f.).

IV. Steuerliche Überlegungen

Bei den Personenhandelsgesellschaften und auch bei der atypischen stillen Gesellschaft sind die einzelnen Gesellschafter Mitunternehmer. 17

Das hat zur Folge, daß sie nur einheitliche Einkünfte, und zwar Einkünfte aus Gewerbebetrieb, aus dem von der Gesellschaft betriebenen Unternehmen beziehen können (vgl. Rz. 61 f.). Bei allen Personenhandelsgesellschaften und anderen Gesellschaften, bei denen die einzelnen Gesellschafter Mitunternehmer sind, unterliegen die erzielten Gewinnanteile der Gesellschafter der Einkommensteuer. Dabei spielt es keine Rolle, ob die Gewinne ausgeschüttet oder dem Betrieb entnommen werden. Der Steuersatz, mit dem die Gewinne belastet sind, richtet sich nach den persönlichen Verhältnissen. Die prozentuale Belastung steigt also, je höher die Einkünfte des betreffenden Gesellschafters insgesamt sind.

18 Bei der typischen stillen Gesellschaft bezieht der stille Gesellschafter Einkünfte aus Kapitalvermögen, soweit die Beteiligung bei ihm nicht zu einem Betriebsvermögen gehört. Der stille Gesellschafter kann aber mit dem Hauptgesellschafter auch andere schuldrechtliche Verträge abschließen, die auch steuerrechtlich anerkannt werden. So kann z. B. der stille Gesellschafter Arbeitnehmer des Hauptgesellschafters sein. Er bezieht dann als Arbeitnehmer Einkünfte aus nichtselbständiger Arbeit und auf Grund seiner Beteiligung als stiller Gesellschafter Einkünfte aus Kapitalvermögen.

Bei einer GmbH unterliegen die von der Kapitalgesellschaft erzielten Gewinne der Körperschaftsteuer. Der normale Körperschaftsteuersatz beträgt 56 v. H. Die Körperschaftsteuer ermäßigt sich jedoch für ausgeschüttete Gewinne auf 36 v. H. (vgl. Rz. 210 f.).

19 Bei den Gesellschaftern der GmbH unterliegen die ausgeschütteten Gewinne, soweit die Beteiligung nicht zu einem Betriebsvermögen gehört, als Einkünfte aus Kapitalvermögen der Einkommensteuer. Die Belastung der ausgeschütteten Gewinne mit der ermäßigten Körperschaftsteuer wird in diesen Fällen in einem besonderen Anrechnungsverfahren auf die Einkommensteuerschuld der Gesellschafter angerechnet (vgl. Rz. 225).

20 Die Gesellschafter der GmbH können auch mit steuerlicher Wirkung mit der GmbH schuldrechtliche Verträge abschließen. Die Einnahmen, die sie auf Grund dieser Verträge erzielen, werden grundsätzlich wie andere Einnahmen auf Grund solcher Verträge behandelt. Der Gesellschafter einer GmbH kann also als Angestellter der GmbH Einkünfte aus nichtselbständiger Arbeit beziehen. Er kann der GmbH ein Grundstück vermieten und bezieht dann Einkünfte aus Vermietung und Verpachtung.

Steuerrechtliche Erwägungen für die Wahl der Gesellschaftsform beziehen sich vor allem darauf, ob die Beteiligten dem Gewerbebetrieb auf Grund von schuldrechtlichen Verträgen Wirtschaftsgüter auch mit steuerrechtlicher Wirkung zur Verfügung stellen wollen. Ist das der Fall, wollen sie vor allen Dingen vermeiden, daß sie bei den zur Verfügung gestellten Wirtschaftsgütern ggfs. Veräußerungs- oder Entnahmegewinne versteuern müssen, so dürfen sie nicht Mitunternehmer des Gewerbebetriebs werden. Das kann wie folgt erreicht werden, **21**

— durch Beteiligung als stiller Gesellschafter an dem Gewerbebetrieb des Hauptunternehmers,

— durch Gründung einer GmbH.

B. Personenhandelsgesellschaften

I. Bürgerlich-rechtliche Auswirkungen

1. Haftung

a) Die offene Handelsgesellschaft

22 Zum Wesen der offenen Handelsgesellschaft (OHG) gehört, daß alle Gesellschafter die Haftung gegenüber den Gesellschaftsgläubigern unbeschränkt übernehmen. Das bedeutet jedoch in der Praxis nicht, daß jeder Gläubiger, der eine Forderung gegen die OHG erworben hat, sofort von einem Gesellschafter Befriedigung verlangen wird. Im Regelfall wird sich der Gläubiger, der eine Forderung aus dem Betrieb der OHG erworben hat, hinsichtlich der Befriedigung zunächst an die OHG wenden. Allerdings hat der Gläubiger, wenn die Forderungen nicht erfüllt wird, hinsichtlich der zwangsweisen Durchsetzung seines Anspruchs ein Wahlrecht. Er kann die OHG auf Leistung verklagen. Nach § 124 Abs. 2 HGB ist für die Zwangsvollstreckung in das Gesellschaftsvermögen ein gegen die Gesellschaft selbst gerichteter vollstreckbarer Schuldtitel erforderlich (vgl. dazu KLAUSS/MITTELBACH, Der Gesellschaftsvertrag in seiner zweckmässigsten Form, Rz. 144). Will deshalb der Gläubiger einer OHG in das Gesellschaftsvermögen vollstrecken, so gebraucht er dazu einen Titel gegen die OHG. Er muß also die OHG auf Leistung verklagen.

23 Für die Verbindlichkeiten der OHG haftet aber nicht nur das Gesellschaftsvermögen. Nach § 128 HGB haften die Gesellschafter für die Verbindlichkeiten der Gesellschaft den Gläubigern als Gesamtschuldner persönlich. Eine widersprechende Vereinbarung ist Dritten gegenüber unwirksam. Juristisch besteht immer nur eine Schuld der Gesellschafter, weil diese in ihrer Gemeinschaft die Gesellschaft bilden. Für diese Schuld bestehen lediglich verschiedene Haftungsobjekte, nämlich einmal das Gesellschaftsvermögen, zu deren Vollstreckung, wie ausgeführt, ein Titel gegen die Gesellschaft erforderlich ist, und das sonstige Privatvermögen der einzelnen Gesellschafter. Für die Vollstrekkung in das Vermögen eines jeden Gesellschafters ist ein gegen den betreffenden Gesellschafter erwirkter Vollstreckungstitel erforderlich.

24 Die persönliche Haftung der einzelnen Gesellschafter ist eine unmittelbare Haftung. Die Gläubiger der OHG sind nicht verpflichtet, zunächst

einmal Befriedigung durch die Zwangsvollstreckung in das Gesellschaftsvermögen zu versuchen. Sie können jeden einzelnen Gesellschafter sofort unmittelbar in Anspruch nehmen. Es ist auch möglich, daß ein Gläubiger einer OHG gleichzeitig die Gesellschaft und alle Gesellschafter als Gesamtschuldner in Anspruch nimmt. Er muß dann die OHG und die Gesellschafter gemeinsam verklagen, obwohl zwischen der OHG und den Gesellschaftern ein Gesamtschuldverhältnis nicht besteht.

25 Die unmittelbare Haftung der Gesellschafter für alle Verbindlichkeiten der OHG ist jedoch nur im Außenverhältnis zwingend. Die Gesellschafter können ohne weiteres untereinander vereinbaren, daß ein Gesellschafter für alle oder für bestimmte Verbindlichkeiten der OHG oder gegenüber bestimmten Gläubigern der OHG nicht haften soll. Es ist aber auch denkbar, daß Vereinbarungen getroffen werden, daß im Innenverhältnis ein Gesellschafter allein für bestimmte Verbindlichkeiten der OHG haften soll. Derartige Vereinbarungen sind jedoch im Verhältnis zu dem Gläubiger unwirksam.

b) Die Kommanditgesellschaft

26 Zum Wesen einer Kommanditgesellschaft (KG) gehört es, daß bei einem oder bei einigen von den Gesellschaftern die Haftung gegenüber den Gesellschaftsgläubigern auf einen Betrag einer bestimmten Vermögenseinlage beschränkt ist, während bei anderen Gesellschaftern eine Beschränkung der Haftung nicht stattfindet (§ 161 HGB). Wie bei der OHG muß der Zweck der KG der Betrieb eines Handelsgewerbes unter gemeinschaftlicher Firma sein.

27 Bei der KG gibt es also zweierlei Gesellschafter. Diejenigen Gesellschafter, die persönlich uneingeschränkt für die Verbindlichkeiten der Gesellschaft den Gläubigern unmittelbar haften. Das sind die persönlich haftenden Gesellschafter oder Komplementäre. Außerdem gibt es die Kommanditisten, die den Gläubigern der Gesellschaft gegenüber zwar auch unmittelbar haften, deren Haftung jedoch auf die Höhe ihrer Einlage beschränkt ist. Hat der Kommanditist bei der KG seine Einlage in Höhe seiner Haftungssumme geleistet, dann haftet er den Gläubigern der Gesellschaft nicht mehr persönlich. Diese können sich dann nur noch an die Gesellschaft wenden, also in das Gesellschaftsvermögen vollstrecken oder die Komplementäre haftbar machen.

28 Soweit der Kommanditist allerdings seine Einlage noch nicht erbracht hat, haftet er den Gesellschaftsgläubigern gegenüber persönlich und unmittelbar. Der Kommanditist kann wie ein persönlich haftender Gesellschafter, also wie ein Gesellschafter einer OHG, von den Gläubigern der KG auf Zahlung in Anspruch genommen werden. Er haftet jedoch nur dann dem Gläubiger gegenüber, wenn er seine Einlage noch nicht erbracht hat und auch dann nur in Höhe der nicht erbrachten Einlage.

Zum Schutz der Gläubiger bestimmt § 172 HGB, daß im Verhältnis zu den Gläubigern die Einlage durch den Betrag bestimmt wird, der im Handelsregister eingetragen ist. Eine Vereinbarung, wonach die Einlage erlassen oder gestundet wird, ist dem Gläubiger gegenüber unwirksam. Soweit die Einlage an den Kommanditisten zurückgezahlt ist, gilt sie im Verhältnis zu den Gläubigern als nicht geleistet. Auch dann, wenn ein Kommanditist Gewinnanteile entnimmt, obwohl sein Kapitalkonto durch Verluste passiv ist, haftet er den Gläubigern gegenüber, als habe die KG seine Einlage insoweit zurückgezahlt.

29 Die Haftungssumme des Kommanditisten kann herabgesetzt oder erhöht werden. Die Änderung der Haftungssumme muß ins Handelsregister eingetragen werden und wird erst mit der Eintragung gegenüber den Gläubigern wirksam. Ein Gläubiger, dessen Forderung zur Zeit der Eintragung der Herabsetzung schon begründet war, braucht diese Herabsetzung nicht gegen sich gelten zu lassen.

30 Hat die Gesellschaft ihre Geschäfte schon begonnen, bevor sie im Handelsregister eingetragen ist, so gilt für den Kommanditisten eine verschärfte Haftung nach § 176 HGB. Er haftet für die bis zur Eintragung abgeschlossenen Rechtsgeschäfte persönlich. Diese unbeschränkte Haftung entfällt jedoch dann, wenn der Kommanditist dem Geschäftsbeginn nicht zugestimmt hat oder wenn den Gläubigern die Stellung als Kommanditisten bekannt war (vgl. KLAUSS/MITTELBACH, a. a. O. Rz. 281).

2. Geschäftsführung

a) Die offene Handelsgesellschaft

aa) Gesetzliche Regelung der Geschäftsführung

31 „Geschäftsführer“ im engeren Sinne sind nur die Geschäftsführer einer GmbH, also die natürlichen Personen, die berechtigt sind, die

GmbH juristisch als gesetzlicher Vertreter zu vertreten. Tatsächlich haben jedoch auch Personenhandelsgesellschaften Geschäfte und diese müssen geführt werden. Diese Geschäftsführungsbefugnisse obliegen den Gesellschaftern. Nach dem Gesellschaftsvertrag richtet sich, ob alle Gesellschafter gleichermaßen zur Geschäftsführung berufen sind. Abweichend vom Sprachgebrauch ist jedoch der Begriff der Geschäftsführung für eine Gesellschaft von dem der Vertretung der Gesellschaft streng zu unterscheiden. Geschäftsführung betrifft ausschließlich das sogenannte Innenverhältnis, wirkt also nicht nach außen. Deshalb ist es möglich, daß ein Gesellschafter einer Personenhandelsgesellschaft, also einer OHG, geschäftsführungsberechtigt, aber nicht vertretungsberechtigt ist. Nach dem Gesetz richtet sich die Geschäftsführungsbefugnis bei der OHG nach §§ 114 ff. HGB. Der Gesetzgeber hat dort zunächst festgelegt, daß alle Gesellschafter zur Führung der Geschäfte berechtigt und verpflichtet sind. Grundsätzlich ist auch jeder Gesellschafter einer OHG berechtigt, allein für die Gesellschaft zu handeln. Bei der OHG ist also die Einzelgeschäftsführung der gesetzliche Normalfall, während bei der Gesellschaft des bürgerlichen Rechts die gemeinschaftliche Geschäftsführung durch alle Gesellschafter als Regel gilt (§ 709 BGB; vgl. KLAUSS/MITTELBACH, a. a. O. Rz. 55).

bb) Vertragliche Regelung der Geschäftsführung

Die gesetzliche Regelung gilt jedoch nur dann, wenn im Gesellschaftsvertrag keine abweichende Bestimmung über die Geschäftsführung getroffen worden ist. Im Gesellschaftsvertrag können die Gesellschafter vereinbaren, **32**

- daß nur alle Gesellschafter gemeinsam zur Geschäftsführung berechtigt sind,
- daß nur einzelne Gesellschafter zur Einzelgeschäftsführung berechtigt sind, während die übrigen Gesellschafter von der Geschäftsführung ausgeschlossen sind (§ 114 Abs. 2 HGB),
- daß mehrere Gesellschafter nur gemeinsam zur Geschäftsführung berechtigt sein sollen, dabei kann vorgeschrieben werden, daß dann, wenn mehr als zwei Gesellschafter zur Geschäftsführung befugt sind, mindestens zwei bei der Geschäftsführung zusammenwirken müssen,

— daß ein geschäftsführender Gesellschafter mindestens mit einem anderen geschäftsführenden Gesellschafter oder mit einem Prokuristen zusammen handeln muß.

cc) Umfang der Geschäftsführungsbefugnis

33 Der Umfang der Geschäftsführung ergibt sich nach § 116 HGB. Die Geschäftsführungsbefugnis erstreckt sich danach nur auf diejenigen Handlungen, die der gewöhnliche Betrieb des Handelsgewerbes der Gesellschaft mit sich bringt. Bei Vornahme von Handlungen, die über solche gewöhnliche Geschäfte hinausgehen, ist ein Beschluß sämtlicher Gesellschafter erforderlich.

Die einzelnen Gesellschafter sind aber nicht nur zur Geschäftsführung befugt, sie sind sogar dazu verpflichtet.

34 „Die Verpflichtung eines Gesellschafters zum Einsatz seiner vollen Arbeitskraft für das gemeinsame Unternehmen wird in ihrem Inhalt und ihrem Umfang durch die Besonderheiten der jeweils in Betracht kommenden Gesellschaft näher bestimmt. Eine solche Verpflichtung hat die Bedeutung, daß die Belange der Gesellschaft beim Einsatz der Arbeitskraft des verpflichteten Gesellschafters den Vorrang verdienen. Soweit ein solcher Einsatz im Interesse der Gesellschaft erforderlich ist, muß der betreffende Gesellschafter seiner Verpflichtung nachkommen und alles tun, damit seine Arbeitskraft der Gesellschaft zugute kommt. Er darf in einem solchen Falle die Interessen der Gemeinschaft nicht durch einen anderweitigen Einsatz seiner Arbeitskraft hinten anstellen und dadurch verletzen“ (BGHZ Bd. 37 S. 381).

dd) Haftung der Gesellschafter im Innenverhältnis

35 Durch eine mangelhafte Geschäftsführung können der Gesellschaft und damit den Mitgesellschaftern Schäden entstehen. Nach § 105 Abs. 2 HGB i. V. m. § 707 BGB haften die Gesellschafter ihren Mitgesellschaftern gegenüber und gegenüber der OHG bei der Erfüllung der ihnen obliegenden Verpflichtung nur für diejenige Sorgfalt, welche sie in eigenen Angelegenheiten anzuwenden pflegen. Der Gesetzgeber ist davon ausgegangen, daß jeder Gesellschafter seinen Mitgesellschafter gut genug kennen sollte.

ee) Widerspruchsrecht

Soweit mehrere Gesellschafter geschäftsführungsberechtigt sind, kann es vorkommen, daß die einzelnen Gesellschafter über ein abzuschließendes Geschäft unterschiedlicher Meinung sind. Für diese Konfliktsituation hat der Gesetzgeber das Widerspruchsrecht gewährt (§ 115 Abs. 1 HGB). Danach ist bestimmt, daß trotz bestehender Einzelgeschäftsführungsbefugnis die Vornahme einer Handlung unterbleiben muß, wenn ein anderer geschäftsführungsberechtigter Gesellschafter widerspricht. Das Widerspruchsrecht soll nicht persönliche Interessen eines Gesellschafters schützen und darf deshalb nur dann ausgeübt werden, wenn der widersprechende Gesellschafter es nach pflichtgemäßer Prüfung im Interesse der Gesamtheit, also der Gesellschaft, für erforderlich halten darf. Fehlt es daran, so ist der Widerspruch unzulässig, demgemäß auch unbeachtlich, so z. B. wenn er gegen die Geschäftsführung allgemein gerichtet ist, wenn die widersprochene Maßnahme öffentlich-rechtlich geboten ist, wenn einer Maßnahme widersprochen wird, die zur Erhaltung des Gesellschaftsvermögens notwendig ist, wenn ein Anspruch gegen den widersprechenden Gesellschafter selbst verfolgt wird. Der Widerspruch ist ferner pflichtwidrig und deshalb unbeachtlich, wenn durch den Widerspruch eine Maßnahme verhindert werden soll, die in der Erfüllung des einen Gesellschafters unzweifelhaft zustehenden Anspruchs aus dem Gesellschaftsvertrag besteht (vgl. KLAUSS/MITTELBACH, a. a. O. Rz. 77 ff.). **36**

ff) Überwachungsrecht

Die Gesellschafter, die von der Geschäftsführung ausgeschlossen sind, behalten nach § 118 HGB ein Überwachungsrecht. Diese Gesellschafter dürfen sich von den Angelegenheiten der Gesellschaft persönlich unterrichten, sie dürfen die Handelsbücher und Papiere der Gesellschaft einsehen und sich aus ihnen eine Bilanz anfertigen. Das Überwachungsrecht kann durch den Gesellschaftsvertrag eingeschränkt oder erweitert werden. Im Gesellschaftsvertrag kann z. B. vorgesehen werden, daß die geschäftsführenden Gesellschafter regelmäßig Bericht erstatten müssen. Es ist auch möglich, daß der Gesellschaftsvertrag vorschreibt, daß der von der Geschäftsführung ausgeschlossene Gesellschafter sein Überwachungsrecht durch Dritte ausüben muß. Das ist z. B. dann angebracht, wenn der von der Geschäftsführung ausge- **37** schlossene Gesellschafter ein gleichartiges Unternehmen betreibt oder daran als geschäftsführender Gesellschafter beteiligt ist.

gg) Vertretungsbefugnis

38 Von der Geschäftsführung ist, wie ausgeführt, die Vertretungsbefugnis zu unterscheiden. Auch ein Gesellschafter einer OHG, der nach dem Gesellschaftsvertrag zur Geschäftsführung befugt und verpflichtet ist, braucht nicht unbedingt berechtigt zu sein, für die OHG nach außen aufzutreten und durch seine Handlungen unmittelbar die OHG zu berechtigen oder zu verpflichten. Er muß nach dem Gesellschaftsvertrag auch die Vertretungsmacht für die OHG besitzen.

Nach der gesetzlichen Regelung sind alle Gesellschafter nicht nur zur Geschäftsführung berechtigt und verpflichtet, sondern jeder Gesellschafter ist auch zur Vertretung der Gesellschaft ermächtigt, wenn er nicht durch den Gesellschaftsvertrag von der Vertretung ausgeschlossen ist. Eine Ausnahme von dem Grundsatz der Einzelvertretung kann nur durch den Gesellschaftsvertrag begründet werden. Die dabei zulässigen Ausnahmen hat der Gesetzgeber erschöpfend aufgezählt (§§ 125 ff. HGB). Danach können folgende Regelungen getroffen werden:

— ein Gesellschafter kann alleinvertretungsberechtigt sein,

— einige von mehreren Gesellschaftern können vertretungsberechtigt sein, während die übrigen Gesellschafter von der Vertretung ausgeschlossen sind,

— mehrere Gesellschafter können nur gemeinsam vertretungsberechtigt sein (Gesamtvertretung).

Eine Vereinbarung, daß alle Gesellschafter von der Vertretung ausgeschlossen sein sollen, ist m. E. rechtlich unwirksam, (vgl. KLAUSS/MITTELBACH, a. a. O. Rz. 98).

39 Während bei der Geschäftsführung andere geschäftsführungsberechtigte Gesellschafter ein Widerspruchsrecht haben (vgl. Rz. 36) gibt es gegen Handlungen, durch die ein vertretungsberechtigter Gesellschafter die Gesellschaft nach außen vertritt, keinen Widerspruch. Die Handlung, durch die ein Gesellschafter die Gesellschaft gegenüber Dritten rechtsverbindlich verpflichtet, ist jedoch zugleich eine Handlung der Geschäftsführung. Dieser kann von anderen zur Geschäftsführung befugten Gesellschaften widersprochen werden. Handelt der Gesellschafter dann doch, verpflichtet er den Dritten gegenüber also die Gesellschaft, so sind die von ihm abgeschlossenen Verträge Dritten gegenüber rechtsverbindlich. Der handelnde Gesellschafter kann aber wegen Verletzung seiner Geschäftsführungsbefugnis schadensersatzpflichtig sein.

b) Die Kommanditgesellschaft

aa) Gesetzliche Regelung der Geschäftsführung

In der KG gibt es Gesellschafter mit unterschiedlicher Rechtsstellung. **40**
Die Kommanditisten haften nicht nur auf ihre Einlage beschränkt gegenüber den Verbindlichkeiten der KG, sondern sie sind auch von der Geschäftsführung gemäß § 164 HGB ausgeschlossen. Die Geschäftsführung bleibt dem persönlich haftenden Gesellschafter vorbehalten. Hinsichtlich der Geschäftsführung kann im Gesellschaftsvertrag eine abweichende Vereinbarung über die Geschäftsführung getroffen werden. So ist es zulässig, auch einem Kommanditisten Geschäftsführungsbefugnis zu übertragen.

Grundsätzlich hat ein Kommanditist, der nach dem Gesetz nicht zur Geschäftsführung befugt ist, ohne abweichende vertragliche Vereinbarungen nicht wie ein persönlich haftender Gesellschafter ein Widerspruchsrecht. Das Widerspruchsrecht steht auch dem persönlich haftenden Gesellschafter nur dann zu, wenn er zur Geschäftsführung befugt ist. Ein Kommanditist kann einer Geschäftsführungsmaßnahme nur dann widersprechen, wenn er behauptet, daß die Handlung über den Betrieb des Handelsgewerbes der Gesellschaft hinausgeht (vgl. KLAUSS/MITTELBACH, a. a. O. Rz. 263).

bb) Eingeschränktes Überwachungsrecht

Auch das Überwachungsrecht des Kommanditisten ist eingeschränkt. **41**
Er ist nur berechtigt, die abschriftliche Mitteilung über die Jahresbilanz zu verlangen und ihre Richtigkeit durch Einsicht in die Papiere und Bücher zu prüfen. Lediglich dann, wenn ein wichtiger Grund vorliegt, kann auf Antrag des Kommanditisten das Gericht anordnen, daß Aufklärungen zu geben sind.

Das schon eingeschränkte Überwachungsrecht kann jedoch durch vertragliche Vereinbarungen noch weiter eingeschränkt werden. Vor allen Dingen, wenn eine große Anzahl von Kommanditisten vorhanden sind, wird oft im Gesellschaftsvertrag bestimmt, daß die Kontrollrechte nur durch einen gemeinsamen Vertreter ausgeübt werden können (vgl. KLAUSS/MITTELBACH, a. a. O. Rz. 264).

cc) Vertragliche Regelung der Geschäftsführung

42 Da es zulässig ist, durch den Gesellschaftsvertrag einem Kommanditisten Geschäftsführungsbefugnis zu übertragen, und es auch zulässig ist, die Geschäftsführungsbefugnisse der geschäftsführenden Gesellschafter einzuschränken, ist es durchaus möglich, daß die Geschäftsführung einer KG praktisch bei einem Kommanditisten liegt. Der Kommanditist kann lediglich die Gesellschaft nicht nach außen vertreten. Die Vertretungsbefugnis liegt auch dann bei den persönlich haftenden Gesellschaftern, wenn diese praktisch durch den Gesellschaftsvertrag von der Geschäftsführung ausgeschlossen sind. Sie müssen auf jeden Fall die Gesellschaft nach außen vertreten. Auch in diesen Fällen haftet der Kommanditist jedoch nur mit seiner Einlage (BGH v. 17. 3. 1966, NJW 1966 S. 1309). Der BGH hat die Rechtsansicht abgelehnt, daß ein Kommanditist unbeschränkt haften müßte, wenn er in Wirklichkeit die Geschäfte betreibe und eine vermögenslose Person als persönlich haftenden Gesellschafter vorgeschoben habe. Nach Ansicht des BGH liegt darin kein Mißbrauch der Rechtsform der KG. Es sei aus Rechtsgründen nicht zu beanstanden, wenn der eigentliche Geschäftsinhaber auf diesem Wege sich die Möglichkeit einer nur beschränkten Haftung für die Geschäftsverbindlichkeiten verschaffen wolle. Ein Kommanditist hafte nicht schon dann unbeschränkt, wenn er wirtschaftlich gesehen alleiniger Inhaber des Handelsgeschäfts sei und der persönlich haftende Gesellschafter mittellos wäre.

3. Übertragung der Gesellschaftsrechte

a) Die offene Handelsgesellschaft

43 Grundsätzlich ist davon auszugehen, daß eine OHG an die Personen ihrer Gesellschafter, die sie errichtet haben, gebunden ist. Würde man jedoch bei dem Ausfall eines Gesellschafters durch Tod oder aus sonstigen Gründen in jedem Falle die OHG auflösen und die Liquidation

des Gesellschaftsvermögens durchführen, so wären in diesen Fällen wirtschaftliche Verluste regelmäßig unvermeidlich.

Um wirtschaftliche Nachteile zu vermeiden, werden deshalb regelmäßig in Gesellschaftsverträgen einer OHG Bestimmungen aufgenommen, die es ermöglichen sollen, eine Liquidation der Gesellschaft zu vermeiden, wenn ein Gesellschafter aus der Gesellschaft ausscheiden will oder wenn ein Gesellschafter stirbt. **44**

Nach § 131 HGB wird eine OHG aufgelöst: **45**

— durch Ablauf der Zeit, für die sie eingegangen ist,

— durch Beschluß der Gesellschafter,

— durch Konkurs der Gesellschaft,

— durch Konkurs eines Gesellschafters,

— durch Tod eines Gesellschafters,

— durch Kündigung,

— durch gerichtliche Entscheidung,

— durch Kündigung durch Privatgläubiger.

Die Gesellschafter können jedoch sofort im Gesellschaftsvertrag bestimmen, daß die Gesellschaft durch die Kündigung oder durch den Tod eines Gesellschafters nicht aufgelöst wird, sondern daß die verbleibenden Gesellschafter das Gesellschaftsverhältnis fortsetzen. **46**

Das Recht zur Kündigung der Gesellschaft kann vertraglich geregelt werden. Das Kündigungsrecht bei einer OHG, die auf unbestimmte Zeit eingegangen ist, kann jedoch nur für bestimmte Zeit ausgeschlossen werden. Ein völliger Ausschluß des Kündigungsrechts ist unzulässig. „Die ordentliche Kündigung ist bei den Personengesellschaften, die auf Lebzeit eines Gesellschafters oder auf unbestimmte Zeit eingegangen wird, ein notwendiges Element in dem strukturellen Aufbau dieser Gesellschaften" (BGHZ Bd. 23 S. 10). **47**

Neben der ordentlichen Kündigung hat der Gesetzgeber für die OHG anders als für die Gesellschaft des bürgerlichen Rechts keine außerordentliche Kündigung zugelassen. Auch bei einem noch so wichtigen Grund kann eine Kündigung nur fristgemäß erfolgen. Anstelle der außerordentlichen Kündigung hat der Gesetzgeber bei der OHG jedoch die Auflösungsklage zugelassen (§ 133 HGB). Wenn die Voraussetzun- **48** gen des § 133 HGB vorliegen, kann auf Auflösung der Gesellschaft geklagt werden. Es ist jedoch auch zulässig, daß auf Ausschluß des Gesellschafters geklagt wird, der einen wichtigen Grund zur Auflösung der Gesellschaft gegeben hat und gegen den deshalb die Auflösungsklage zulässig ist (§ 140 HGB). Sind nur zwei Gesellschafter vorhanden, so tritt an Stelle der Ausschließungsklage die Übernahmeklage (§ 142 HGB).

49 Die Ausschließung darf nicht den Charakter einer Bestrafung annehmen. Deshalb muß auch einem ausgeschlossenen Gesellschafter eine angemessene Abfindung gewährt werden.

50 Auch die gesetzliche Folge, daß mit dem Tod eines Gesellschafters das Gesellschaftsverhältnis endet und die Gesellschaft aufzulösen ist, kann durch vertragliche Vereinbarung geändert werden. Sind sich die Gesellschafter darüber einig, daß die Gesellschaft durch den Tod eines Gesellschafters nicht aufgelöst werden soll, so ist es möglich, daß sie in den Gesellschaftsvertrag Vereinbarungen aufnehmen, daß die Gesellschaft mit den Erben fortgesetzt wird. Statt der Fortsetzung mit den Erben können die Gesellschafter aber auch vereinbaren, daß die Gesellschaft unter den überlebenden Gesellschaftern weiterbestehen soll. Die Erben des verstorbenen Gesellschafters erwerben dann nur einen Auseinandersetzungsanspruch nach Maßgabe des Gesellschaftsvertrages.

51 Ist im Gesellschaftsvertrag festgelegt worden, daß das Gesellschaftsverhältnis mit den Erben des verstorbenen Gesellschafters fortgesetzt wird, so erwerben die Erben nach § 139 HGB ein Wahlrecht. Nach dieser Vorschrift hat jeder Erbe das Recht, von den übrigen Gesellschaftern der OHG zu verlangen, daß ihm die Stellung eines Kommanditisten eingeräumt wird. Um diese Rechtsstellung zu erwerben, muß der Erbe einen entsprechenden Antrag stellen und zwar gegenüber den übrigen Gesellschaftern. Wird der verstorbene Gesellschafter von mehreren Personen als Miterben beerbt, so hat jeder Miterbe für sich ein eigenes Entscheidungsrecht. Es ist also möglich, daß ein Miterbe die Rechtsstellung eines Kommanditisten wählt, während der andere Miterbe persönlich haftender Gesellschafter bleibt.

b) Die Kommanditgesellschaft

52 Bei Kommanditgesellschaften gelten die vorstehenden Ausführungen der offenen Handelsgesellschaft entsprechend (vgl. Rz. 43 f.).

4. Vor- und Nachteile einer Gründung einer Personenhandelsgesellschaft

Die Gründung einer Personenhandelsgesellschaft zur gemeinsamen Führung eines Gewerbebetriebs setzt voraus, daß mindestens einer der Gesellschafter bereit ist, die volle persönliche Haftung für die Verbindlichkeiten der Gesellschaft zu übernehmen. Von diesen Gesellschaftern muß ferner einer gewillt und in der Lage sein, die Gesellschaft nach außen zu vertreten. Ein Gesellschafter muß bereit sein, die Geschäfte der Gesellschaft zu führen. 53

Eine Personenhandelsgesellschaft ist deshalb als Gesellschaftsform für die Führung eines Gewerbebetriebs dann gut geeignet, wenn die einzelnen Gesellschafter sich nicht nur kapitalmäßig an dem Gewerbebetrieb beteiligen, sondern auch zur Erreichung des Gesellschaftszwecks selbst mitarbeiten wollen.

In vielen Fällen läßt sich jedoch bereits erkennen, daß der Gewerbebetrieb unabhängig von den Inhabern geworden ist und eine erhebliche Rendite hat. In diesen Fällen ist nicht damit zu rechnen, daß beim Ausscheiden einiger Gesellschafter das gewerbliche Betriebsvermögen liquidiert wird. Der erhebliche wirtschaftliche Wert, der durch die Organisation des Gewerbebetriebs entstanden ist, würde sonst bei einem Gesellschafterwechsel aufgelöst. Für solche Fälle müssen bereits Überlegungen angestellt werden, inwieweit das Gesellschaftsverhältnis unabhängig von der Person der derzeitigen Gesellschafter fortgeführt werden kann. Es müssen also Vereinbarungen in den Gesellschaftsvertrag aufgenommen werden, inwieweit die Gesellschaftsrechte beim Tode eines Gesellschafters oder bei dessen freiwilligem Ausscheiden auf andere übertragen werden können. 54

Bei einer Personenhandelsgesellschaft ist es wegen der im bürgerlichen Recht herrschenden Vertragsfreiheit möglich, bereits in den Gesellschaftsvertrag Bestimmungen aufzunehmen, wonach die Gesellschafter mit einer Übertragung von Gesellschaftsrechten an Dritte einverstanden sind oder doch Vereinbarungen getroffen werden, wonach die Mitgesellschafter der Veräußerung von Gesellschaftsanteilen nur in Ausnahmefällen widersprechen können. 55

Durch die enge persönliche Bindung einer Personenhandelsgesellschaft ist jedoch die Übertragung von Gesellschaftsrechten immer sehr problematisch. Das gilt vor allen Dingen dann, wenn ein Wechsel in 56 der Person derjenigen Gesellschafter eintritt, in deren Händen auch die Geschäftsführung und Vertretung der Gesellschaft liegt. Ist deshalb zu erwarten, daß ein Gesellschafterwechsel eintritt und ist nicht sicher, ob die neuen Gesellschafter willens und in der Lage sind, die Geschäfte der Gesellschaft zu führen, so ist es zweckmäßig, das bereits bei der Wahl der Gesellschaftsform zu berücksichtigen. In diesen Fällen sollte man rechtzeitig überlegen, ob man nicht die Gesellschaftsform einer GmbH wählt, durch die ein Wechsel der Gesellschafter erleichtert wird und bei der die Geschäftsführung auch Dritten übertragen werden kann.

57 Bei Personenhandelsgesellschaften können beim Ausscheiden der geschäftsführenden Gesellschafter Schwierigkeiten auftreten, wenn sich keiner der neuen Gesellschafter zur Geschäftsführung bereit erklärt oder wenn die Mitgesellschafter keinem anderen die Geschäftsführung übertragen wollen. Derartige Schwierigkeiten lassen sich dann vermeiden, wenn bereits dann, wenn die geschäftsführenden Gesellschafter noch den Betrieb weiter führen können, eine GmbH gegründet wird, die unter der Geschäftsführung der bisherigen Gesellschafter den Betrieb weiterführt. Die Übertragung der Geschäftsführung beim Fortfall der Gesellschafter/Geschäftsführer ist dann nicht so problematisch wie bei dem Fortfall des geschäftsführenden Gesellschafters bei einer Personenhandelsgesellschaft.

II. Steuerliche Auswirkungen

1. Einheitliche Versteuerung entnommener und thesaurierter Gewinne

58 Die Gesellschafter einer Personenhandelsgesellschaft beziehen unmittelbar Einkünfte aus gewerblicher Tätigkeit, Einkunftsquelle ist nach § 15 Abs. 1 Nr. 2 EStG, der von der Personenhandelsgesellschaft betriebene Gewerbebetrieb, deren Mitunternehmer der Gesellschafter auf Grund seiner Rechtsstellung ist. Die dieser Einkunftsquelle zuzurechnenden Einkünfte sind die Gewinnanteile und die im einzelnen näher bezeichneten Vergütungen. Die Gesellschafter einer Personenhandelsgesellschaft haben also eine Rechtsstellung, die weitgehend der eines Einzelunternehmers des Gewerbebetriebs vergleichbar ist. Nach den Vorschriften des Einkommensteuerrechts wird für jeden Mitunternehmer, dessen Gewinn aus Gewerbebetrieb ermittelt (vgl. auch Rz.

157 f.). Inzwischen hat der BdF zu einzelnen Fragen der Besteuerung der Mitunternehmer von Personengesellschaften eine Regelung getroffen (vgl. BdF-Schreiben v. 20. 12. 1977 [sog. Mitunternehmererlaß] S. 2241, NWB DokSt Erl. F. 3 §§ 15 — 17 EStG Rz. 1/78 zu Rz. 67).

Die Personenhandelsgesellschaft ist handels- und steuerrechtlich verpflichtet, kaufmännische Bücher zu führen und regelmäßig Abschlüsse zu machen (vgl. § 38 HGB, § 140 AO). Der Gewinn muß deshalb nach dem Bestandsvergleich ermittelt werden. In diesen Fällen ist der Gewinn der Unterschiedsbetrag zwischen dem Betriebsvermögen am Schluß des Wirtschaftsjahres und dem Betriebsvermögen am Schluß des vorangegangenen Wirtschaftsjahres, vermehrt bzw. vermindert um die Entnahmen und Einlagen. Als Gewerbetreibende, die auf Grund gesetzlicher Vorschriften verpflichtet sind, Bücher zu führen und regelmäßig Abschlüsse zu machen, haben die Gesellschafter einer Personenhandelsgesellschaft für den Schluß des Wirtschaftsjahres das Betriebsvermögen anzusetzen, das nach den handelsrechtlichen Grundsätzen ordnungsmäßiger Buchführung auszuweisen ist (§ 4 Abs. 1, § 5 Abs. 1 EStG). 59

Das bedeutet, daß die Mitunternehmer einer Personenhandelsgesellschaft den vollen Gewinn, der von der Gesellschaft erwirtschaftet worden ist, als ihr Einkommen versteuern müssen. Dabei spielt es keine Rolle, ob sie den Gewinn entnommen oder der Gesellschaft belassen haben. Die Mitunternehmer einer Personenhandelsgesellschaft müssen also auch solche Gewinne versteuern, die wegen einer schlechten Liquiditätslage der Gesellschaft gar nicht ausgeschüttet werden können. Jede Vermögensmehrung wirkt sich als Gewinn aus und muß von den einzelnen Gesellschaftern anteilmäßig als Einkommen versteuert werden. 60

2. Keine Anerkennung von schuldrechtlichen Verträgen zwischen Gesellschaft und Gesellschaftern

a) Vorabgewinne

Bürgerlich-rechtlich ist es zulässig, daß zwischen den Gesellschaftern und der Gesellschaft auch andere schuldrechtliche Verträge abge- 61 schlossen werden. So ist es denkbar, daß ein Gesellschafter einer Personenhandelsgesellschaft mit der Gesellschaft

- einen Arbeitsvertrag,
- einen Mietvertrag oder
- einen Darlehnsvertrag abschließt.

Beispiel: Der Kommanditist Schulze der Schmidt KG hat der Kommanditgesellschaft gewerbliche Räume vermietet und bezieht dafür eine monatliche Miete von 1 000 DM.

Der Kommanditist Krause ist Prokurist der Schmidt KG. Er ist als Angestellter für die KG tätig und bezieht ein Monatsgehalt von 4 000 DM.

62 Steuerrechtlich werden derartige schuldrechtliche Verträge zwischen der Personenhandelsgesellschaft und ihren Gesellschaftern nicht anerkannt. Nach § 15 Abs. 1 Nr. 2 EStG gehören zu den Einkünften aus Gewerbebetrieb die Gewinnanteile der Gesellschafter einer OHG, einer KG und auch einer anderen Gesellschaft, bei der die Gesellschafter als Unternehmer (Mitunternehmer) anzusehen sind. Das gleiche gilt für die Vergütung, die der Gesellschafter von der Gesellschaft für

- seine Tätigkeit im Dienste der Gesellschaft oder
- die Hingabe von Darlehn oder
- die Überlassung von Wirtschaftsgütern bezogen hat.

63 Steuerrechtlich handelt es sich bei den vorgenannten Vergütungen um Teile des gewerblichen Gewinns. Der gewerbliche Gewinn des Gesellschafters einer Personenhandelsgesellschaft besteht also aus

- seinem vertraglichen Gewinnanteil,
- seiner Vergütung für die Tätigkeit für die Gesellschaft,
- den Zinsen und sonstigen Vorteilen für die Hingabe von Darlehn an die Gesellschaft,
- der Miete oder Pacht für die Überlassung von Wirtschaftsgütern an die Gesellschaft.

Steuerrechtlich spielt es also keine Rolle, ob der Gesellschafter einer Personenhandelsgesellschaft Kapital oder Wirtschaftsgüter in das Gesellschaftsvermögen einbringt oder der Gesellschaft die Nutzung von Wirtschaftsgütern überlässt oder ob er mit der Gesellschaft schuldrechtliche Verträge abschließt und der Gesellschaft zusätzliches Kapital als Darlehn und Wirtschaftsgüter miet- oder pachtweise der Gesellschaft für deren Zwecke überläßt. Die Vergütung, die der Gesellschafter von der Gesellschaft für die Überlassung von Kapital oder Wirtschaftsgütern erhält, zählt in jedem Falle zu seinem gewerblichen Gewinn.

Für die Besteuerung ist es auch ohne Bedeutung, ob sich ein Gesell- **64**
schafter gesellschaftsrechtlich zur Tätigkeit zur Erreichung des Gesellschaftszwecks verpflichtet oder ob er seine Arbeitskraft der Gesellschaft auf Grund eines Arbeitsvertrages zur Verfügung stellt. Die Vergütung, die er dafür bezieht, ist auf jeden Fall Teil seines gewerblichen Gewinns.

Die Nichtanerkennung von schuldrechtlichen Verträgen zwischen **65**
einer Personenhandelsgesellschaft und ihren Gesellschaftern gilt auch für Kommanditisten. Soweit Kommanditisten im Gewerbebetrieb ihrer Gesellschaft tätig sind, werden diese öfters als persönlich haftende Gesellschafter als Arbeitnehmer beschäftigt. Sie beziehen dann wie andere Arbeitnehmer der Gesellschaft Arbeitslohn und bekleiden manchmal noch nicht einmal eine leitende Stellung im Betrieb. Für die Sozialversicherung werden auch in solchen Fällen Arbeitsverträge zwischen dem Kommanditisten und der Gesellschaft anerkannt. Deshalb sind für den Kommanditisten Beiträge für die Sozialversicherung zu entrichten, soweit nach der Höhe des Arbeitslohns Versicherungspflicht besteht. Selbst dann, wenn wegen der Höhe des Arbeitsentgelts keine Versicherungspflicht besteht, werden zu den freiwillig abgeschlossenen Versicherungen von der Gesellschaft als Arbeitgeberin Zuschüsse gezahlt, die steuerrechtlich bei fremden Arbeitnehmern auch als Betriebsausgaben abgesetzt werden können, ohne bei dem Arbeitnehmer zum stpfl. Arbeitslohn zu gehören. In solchen Fällen bestanden einige Zeit Zweifel, ob die Arbeitgeberbeiträge zu der Sozialversicherung, die von der KG zu zahlen waren, steuerrechtlich als Betriebsausgaben der Gesellschaft deren Gewinn mindern konnten. Der Große Senat des BFH (BFH-Beschluß v. 19. 10. 1970, BStBl. 1971 II S. 177) hat auf Grund eines Anrufungsbeschlusses inzwischen jedoch entschieden, daß auch die Arbeitgeberanteile zu den Vergütungen gehören, die der Kommanditist für seine Tätigkeit im Dienste der Gesellschaft bezogen hat. Das hat zur Folge, daß diese Arbeitgeberanteile zu den Sondervergütungen i. S. des § 15 Abs. 1 Nr. 2 EStG gehören und als Vorabgewinn des betreffenden Kommanditisten zu behandeln sind.

b) Sonderbetriebsausgaben

66 Die Nichtanerkennung von schuldrechtlichen Verträgen zwischen der Personenhandelsgesellschaft und ihren Gesellschaftern hat aber auch zur Folge, daß die Aufwendungen des Gesellschafters zu den Betriebsausgaben gehören. Betriebsausgaben sind diejenigen Aufwendungen, die durch den Betrieb veranlaßt sind. Betriebsausgaben im engeren Sinne sind alle Aufwendungen, die sofort als Aufwand den Gewinn mindern dürfen. Regelmäßig entstehen die Betriebsausgaben bei einem Gewerbebetrieb, der von einer Personenhandelsgesellschaft betrieben wird, der Gesellschaft. Es ist aber auch denkbar, daß den einzelnen Gesellschaftern derartige Aufwendungen entstehen. Grundsätzlich kann also jeder einzelne Gesellschafter die Aufwendungen, die bei ihm durch den Betrieb bedingt sind, als seine Betriebsausgaben absetzen. Das gilt vor allen Dingen dann, wenn die Gesellschafter auf Grund von schuldrechtlichen Verträgen der Gesellschaft Wirtschaftsgüter vermietet oder verpachtet haben.

Beispiel: Der Gesellschafter Krause der Krause und Schulze OHG hat der Gesellschaft ein Betriebsgebäude verpachtet. Die Gesellschaft zahlt dafür monatlich 1 000 DM Miete.

Im vorliegenden Beispiel kann der Gesellschafter Krause die AfA für das Gebäude als betrieblichen Aufwand absetzen. Läßt er an dem Gebäude Reparaturarbeiten ausführen, so handelt es sich bei den Aufwendungen um Sonderbetriebsausgaben, die er bei der Ermittlung seines gewerblichen Gewinns absetzen kann.

3. Erfassung von Gewinnen und Verlusten beim Betriebsvermögen

a) Steuerliche Bedeutung des Betriebsvermögens

67 Gewinne und Verluste, die bei der Veräußerung von Wirtschaftsgütern entstehen, werden nur dann als Teil des Einkommens erfaßt, wenn die Wirtschaftsgüter zum Betriebsvermögen gehören. Gehören die Wirtschaftsgüter zu einem Privatvermögen, so berühren die Gewinne und Verluste, die bei ihrer Veräußerung entstehen, — vom Spekulationsgewinn abgesehen — nur die Vermögensphäre. Deshalb ist die Unterscheidung, ob ein Wirtschaftsgut zum Betriebsvermögen gehört, für die Besteuerung äußerst wichtig. Bei den Personenhandelsgesellschaften ist

nach der neueren Rechtsprechung des BFH streng zwischen den Wirtschaftsgütern, die zum Betriebsvermögen der Personenhandelsgesellschaft gehören und denjenigen, die zum Betriebsvermögen der einzelnen Gesellschafter gehören, zu unterscheiden.

b) Gesellschaftsvermögen als notwendiges Betriebsvermögen

Zum Betriebsvermögen der Personenhandelsgesellschaften gehört regelmäßig das gemeinschaftliche Vermögen der Gesellschafter. Das sind die Wirtschaftsgüter, die die einzelnen Gesellschafter in die Gesellschaft eingebracht haben und das von der Gesellschaft erworbene Vermögen (§ 718 BGB). Die Gesellschafter können in das Vermögen einer Personenhandelsgesellschaft auch Grundstücke einbringen. Die Personenhandelsgesellschaft kann sogar als Eigentümerin des Grundstücks im Grundbuch eingetragen werden (§ 24 HGB). Zum Betriebsvermögen der Personenhandelsgesellschaft gehören deshalb nach der Rechtsprechung alle Wirtschaftsgüter, die im Gesamthandseigentum der Gesellschafter stehen und in die Bilanz der Gesellschaft aufgenommen worden sind (BFH-Urt. v. 8. 10. 1965, BStBl. III S. 708). **68**

Grundsätzlich ist jedoch auch bei einer Personenhandelsgesellschaft zwischen notwendigem und gewillkürtem Betriebsvermögen zu unterscheiden. Wie bei einem Einzelunternehmer gehören Wirtschaftsgüter, die zum Gesellschaftsvermögen gehören, nur dann zum notwendigen Betriebsvermögen, wenn sie für das Unternehmen der OHG eigenbetrieblich genutzt werden. Deshalb zählen bei einer OHG die eigenbetrieblich genutzten Wirtschaftsgüter zum notwendigen Betriebsvermögen. Bei Wirtschaftsgütern, die nicht eigenbetrieblich genutzt werden, haben die Gesellschafter ein Entscheidungsrecht, ob sie die Wirtschaftsgüter als Betriebsvermögen oder als gewillkürtes Betriebsvermögen behandeln. Voraussetzung der Behandlung von Wirtschaftsgütern als gewillkürtes Betriebsvermögen ist, daß die Personenhandelsgesellschaft eine Buchführung einrichtet und unterhält, die eine nachhaltige Kontrolle ihrer Entscheidung und der Vermögensentwicklung gewährleistet. **69**

Wirtschaftsgüter, die in das Gesellschaftsvermögen eingebracht worden sind, also Gesamthandsvermögen der Gesellschafter einer Personenhandelsgesellschaft geworden sind, sind, wenn sie nicht eigenbetrieblich genutzt werden, jedoch grundsätzlich als gewillkürtes Betriebsvermögen zu behandeln. Diese Rechtsfolge ergibt sich aus dem **70** steuerrechtlichen Begriff des gewillkürten Betriebsvermögens i. V. mit dem Grundsatz der Maßgeblichkeit der Handelsbilanz. Der BFH hat wiederholt ausgesprochen, daß bei einer gewerblich tätigen und bilanzierenden Personengesellschaft ein Wirtschaftsgut, das zivilrechtlich Gesellschaftseigentum ist und deshalb gemäß § 38 HGB in ihrer Handelsbilanz aufzunehmen ist, wegen der Maßgeblichkeit der Handelsbilanz für die Steuerbilanz (§ 5 Abs. 1 EStG) grundsätzlich auch einkommensteuerrechtlich Betriebsvermögen der Personengesellschaft ist (BFH-Urt. v. 13. 10. 1972, BStBl. 1973 II S. 209; v. 6. 6. 1973, BStBl. II S. 705).

71 Nach der Rechtsprechung gibt es jedoch von dem Grundsatz, daß alle Wirtschaftsgüter Gesamthandseigentum einer Personengesellschaft zum Betriebsvermögen gehören, Ausnahmen. Wirtschaftsgüter des Gesamthandsvermögens können grundsätzlich dann nicht Wirtschaftsgüter des Betriebsvermögens sein, wenn steuerrechtliche Vorschriften entgegenstehen. So soll dann, wenn eine Personengesellschaft von einem Gesellschafter oder von einer einem Gesellschafter nahestehenden Person entgeltlich eine Darlehnsforderung erwirbt, diese Forderung, obwohl sie zivilrechtlich Gesamthandsvermögen der Personengesellschaft ist, einkommensteuerrechtlich nicht als Betriebsvermögen der Personengesellschaft zu behandeln sein, wenn ein betrieblicher Anlaß für den Erwerb der Forderung fehlt (BFH-Urt. v. 22. 5. 1975, BStBl. II S. 804).

72 Der Grundsatz, daß Grundstücke, die im Gesamthandseigentum der Gesellschafter einer Personengesellschaft stehen und in die Bilanz der Gesellschaft aufgenommen worden sind, in der Regel zum Betriebsvermögen der Gesellschaft gehören, sollte nach der Rechtsprechung auch dann gelten, wenn das Grundstück ganz oder teilweise einem Mitgesellschafter zur privaten Nutzung überlassen worden war (BFH-Urt. v. 29. 11. 1960, BStBl. 1961 III S. 183). Der nutzende Gesellschafter sollte in diesem Falle nur die laufende Nutzung entnehmen. Nach dem Mitunternehmererlaß a. a. O. Ziff. 9 soll daran nicht mehr festgehalten werden. Nach den neuen Verwaltungsanweisungen soll z. B. ein zum Gesamthandsvermögen gehörendes Einfamilienhaus, das von einem Gesellschafter für eigene Wohnzwecke genutzt wird, nicht zum Betriebsvermögen der Personengesellschaft gehören können. Dagegen bestehen m. E. Bedenken, wenn die Gesellschaft ein wirtschaftliches Interesse daran hat, daß einer ihrer Gesellschafter in der Nähe des Betriebs wohnt.

c) Vermögen aller Gesellschafter als notwendiges Betriebsvermögen

Wirtschaftsgüter, die nicht in das Gesellschaftsvermögen einer Personenhandelsgesellschaft eingebracht worden sind, also nicht den Gesellschaftern zur gesamten Hand gehören, sondern die Bruchteilseigentum aller Gesellschafter sind, gehören nur dann zum Betriebsvermögen der Personenhandelsgesellschaft, wenn sie für Zwecke der Gesellschaft genutzt werden. Wie bereits ausgeführt, ist es bürgerlich-rechtlich zulässig, daß die Gesellschafter mit der Gesellschaft schuldrechtliche Verträge über die Nutzung von Wirtschaftsgütern abschließen, die nicht Gesellschaftsvermögen geworden sind. Das gilt auch für solche Wirtschaftsgüter, vor allen Dingen Grundstücke, die Bruchteilseigentum aller Gesellschafter der Personenhandelsgesellschaft sind. Die für die Nutzung derartiger Grundstücke von der Gesellschaft den Gesellschaftern gewährten Entgelte gehören jedoch zum gewerblichen Gewinn der einzelnen Gesellschafter. Es handelt sich, wie ausgeführt, um Gewinnanteile i. S. des § 15 Abs. 1 Nr. 2 EStG (vgl. Rz. 62 f.). 73

Besitzen alle Gesellschafter einer Personenhandelsgesellschaft privat Wirtschaftsgüter, vor allen Dingen Grundstücke, so ist wie bei einem Einzelunternehmer für jeden einzelnen Gesellschafter zu prüfen, ob die einzelnen Grundstücke zum notwendigen Betriebsvermögen gehören. Werden solche Grundstücke oder auch nur Teile des Grundstücks von der Gesellschaft eigenbetrieblich genutzt, so gehören diese Grundstücksteile zum notwendigen Betriebsvermögen der einzelnen Gesellschafter. Das gilt bei einer teilweisen betrieblichen Nutzung von Grundstücken nur dann nicht, wenn es sich um Grundstücksteile von untergeordneter Bedeutung handelt. Ein Grundstücksteil ist von untergeordneter Bedeutung, wenn sein Wert weder mehr als $^1/_5$ des ganzen Grundstücks noch mehr als 20 000 DM beträgt (EStR Abschn. 14 Abs. 2).

d) Vermögen einzelner Gesellschafter als notwendiges Betriebsvermögen

Auch dann, wenn nur ein Gesellschafter einer Personenhandelsgesellschaft dieser ein Wirtschaftsgut für deren betriebliche Zwecke vermietet, gehört das Wirtschaftsgut zum notwendigen Betriebsvermögen. Das gleiche gilt, wenn ein Gesellschafter die Nutzung eines Wirtschaftsgutes auf Grund gesellschaftsrechtlicher Vereinbarungen der Gesellschaft überläßt. Nach der Bilanzbündeltheorie, deren Geltung 74 heute umstritten ist, und die auch von der Rechtsprechung nicht mehr uneingeschränkt angewandt wird, muß für jeden einzelnen Gesellschafter auch heute noch geprüft werden, welche Wirtschaftsgüter er für betriebliche Zwecke eingesetzt hat. Deshalb gehören alle Wirtschaftsgüter, vor allen Dingen alle Grundstücke oder Grundstücksteile, die einem Gesellschafter einer Personenhandelsgesellschaft gehören, und von der Gesellschaft zur Erzielung gewerblicher Einkünfte eingesetzt werden, zum notwendigen Betriebsvermögen des Gesellschafters. Werden die Wirtschaftsgüter nur teilweise eigenbetrieblich genutzt, so gehören bewegliche Wirtschaftsgüter dann zum notwendigen Betriebsvermögen, wenn sie überwiegend betrieblich genutzt werden. Bei Grundstücken, die teilweise betrieblich genutzt werden, gehören die betrieblich genutzten Grundstücksteile zum notwendigen Betriebsvermögen, es sei denn, daß sie nur von untergeordneter Bedeutung sind (BFH-Urt. v. 1. 4. 1966, BStBl. III S. 365; v. 29. 9. 1971, BStBl. 1972 II S. 118).

75 Gehört ein Grundstück nur teilweise einem Gesellschafter, so kann es nur insoweit Betriebsvermögen sein, als es diesem gehört (BFH-Urt. v. 26. 1. 1978, BStBl. II S. 299). Erweitert jedoch ein Miteigentümer mit Zustimmung der anderen Miteigentümer ein Gebäude im eigenen Namen und für eigene Rechnung, um den hinzukommenden Gebäudeteil ausschließlich für eigenbetriebliche Zwecke zu nutzen, so ist dieser Gebäudeteil dem Gesellschafter zuzurechnen. Er hat die gesamten Herstellungskosten des Gebäudeteils nicht nur mit dem auf seinen ideellen Anteil entfallenden Teil zu aktivieren (BFH-Urt. v. 13. 7. 1977, BStBl. 1978 II S. 6).

e) Vermögen aller oder einzelner Gesellschafter als gewillkürtes Betriebsvermögen

76 Die Gesellschafter einer Personenhandelsgesellschaft können aber auch gewillkürtes Betriebsvermögen besitzen. Nach der Rechtsprechung und herrschenden Meinung sind allerdings nur solche Stpfl. berechtigt, Wirtschaftsgüter, die nicht für ihren Betrieb genutzt werden, als gewillkürtes Betriebsvermögen zu behandeln, die ihren Gewinn durch Vermögensvergleich ermitteln. Soweit eine Personenhandelsgesellschaft jedoch ihrer handels- und steuerrechtlichen Verpflichtung zur Einrichtung einer Buchführung und zur Gewinnermittlung durch Bestandsvergleich nachkommt, kann sie Wirtschaftsgüter, die nicht zum notwendigen Betriebsvermögen gehören, zu gewillkürtem Betriebsver-

mögen erklären. Bei einer Personenhandelsgesellschaft sind deshalb solche Wirtschaftsgüter, die in das Gesellschaftsvermögen eingebracht worden sind, grundsätzlich als Betriebsvermögen zu behandeln (vgl. Rz. 68 f.).

Wirtschaftsgüter, die nicht im Gesellschaftseigentum der Personen- **77**
handelsgesellschaft stehen, sondern den Gesellschaftern als Bruchteilseigentümer gehören, sind nur dann als notwendiges Betriebsvermögen zu behandeln, wenn sie tatsächlich durch den Gewerbebetrieb der Gesellschaft genutzt werden. Das gleiche gilt für solche Wirtschaftsgüter, die nur einem Gesellschafter gehören.

Die Frage, inwieweit Wirtschaftgüter, die nicht Gesellschaftseigentum geworden sind, sondern entweder allen Gesellschaftern als Bruchteilseigentum oder nur einzelnen Gesellschaftern gehören, als gewillkürtes Betriebsvermögen behandelt werden können, war eine Zeitlang umstritten. Nach den Verwaltungsanweisungen (Mitunternehmer-Erlaß a. a. O. Ziff. 15) ist für Grundstücksteile, die nicht zum Gesamthandsvermögen einer Personengesellschaft gehörten, sondern in dem Allein- oder Miteigentum eines oder mehrerer Gesellschafter stehen, bestimmt, daß sie zum gewillkürten Betriebsvermögen der Personengesellschaft gehören könnten.

Danach können gewillkürtes Sonderbetriebsvermögen grundsätzlich **78**
alle Wirtschaftsgüter sein, die auch ein Alleinunternehmer zu gewillkürtem Betriebsvermögen machen kann. Die Finanzverwaltung beruft sich auf die Rechtsprechung des BFH (BFH-Urt. v. 23. 7. 1975, BStBl. 1976 II S. 180 und v. 21. 10. 1976, BStBl. 1977 II S. 150). Beide Entscheidungen bestätigen jedoch m. E. nicht die vom BdF vertretene Rechtsansicht, daß Mitunternehmer wie Einzelunternehmer Wirtschaftsgüter zum gewillkürten Betriebsvermögen bestimmen können.

Nach der BFH-Entscheidung v. 23. 7. 1975 a. a. O. ist klarer als bisher zwischen dem Betriebsvermögen der Gesellschaft und dem Sonderbetriebsvermögen der einzelnen Gesellschafter zu unterscheiden. Nach Ansicht des BFH kann ein Mitunternehmer nicht im gleichen Umfang wie ein Einzelunternehmer gewillkürtes Betriebsvermögen bilden. Voraussetzung für die Behandlung als gewillkürtes Betriebsvermögen in der Ergänzungsbilanz eines Gesellschafters (vgl. Rz. 76) ist, daß diese Wirtschaftsgüter in einem gewissen objektiven Zusammenhang zu solchen Wirtschaftsgütern stehen, die in der Ergänzungsbilanz als Betriebsvermögen aktiviert werden müssen.

79 Nach Ansicht des BFH (Urt. v. 23. 7. 1975 a. a. O.) soll ein Wirtschaftsgut nur dann gewillkürtes Betriebsvermögen sein können, wenn es dazu bestimmt ist, dem Betrieb der Personenhandelsgesellschaft oder der Beteiligung des Gesellschafters an der Personengesellschaft zu dienen. Die Entscheidung hält es für unzulässig, daß dann, wenn einzelne Grundstücksteile von der Personengesellschaft eigenbetrieblich genutzt werden, der Mitunternehmer andere Grundstücksteile als gewillkürtes Sonderbetriebsvermögen behandeln kann.

Beispiel: Meyer ist Kommanditist der Schulze KG, die einen Textilwareneinzelhandel betreibt. Er hat das Erdgeschoß eines ihm gehörenden gemischtgenutzten Geschäftshauses der KG für gewerbliche Zwecke vermietet.

80 Der eigenbetrieblich genutzte Grundstücksteil, also das Erdgeschoß, des Hauses ist, falls es sich nicht um ein Grundstücksteil von untergeordneter Bedeutung handelt (vgl. Rz. 73), als notwendiges Betriebsvermögen des Kommanditisten Meyer zu behandeln. Nach der Rechtsprechung des BFH (vgl. Urt. v. 23. 7. 1975 a. a. O.) kann Meyer jedoch nicht das ganze Grundstück als Betriebsvermögen bilanzieren.

In einer späteren Entscheidung (BFH-Urt. v. 21. 10. 1976, (BStBl. 1977 II S. 150) hat der BFH erneut zu der Frage Stellung genommen, inwieweit der Gesellschafter gewillkürtes Sonderbetriebsvermögen bilden kann. Nach dieser Entscheidung können sich Unterschiede zwischen einem Einzelunternehmen und einem Gesellschafter für die Bildung von gewillkürtem Betriebsvermögen nur aus der Tatsache ergeben, daß der Gesellschafter einer Personengesellschaft als solcher keinen eigenen Gewerbebetrieb hat und deshalb das Wirtschaftsgut geeignet sein muß, dem Betrieb der Personengesellschaft oder der Beteiligung des Gesellschafters zu dienen und in einem objektiven Zusammenhang mit diesem Betrieb stehen muß. Die Folgerungen der Finanzverwaltung aus dieser Rechtsprechung gehen deshalb m. E. weit über die darin vertretenen Grundsätze hinaus.

f) Bilanzierung des Betriebsvermögens

81 In der Bilanz, die für die Personenhandelsgesellschaft aufgestellt wird, dürfen nur solche Wirtschaftsgüter bilanziert werden, die im Gesamthandelseigentum der Gesellschafter stehen, also Gesellschaftsvermögen der Personenhandelsgesellschaft geworden sind. Wirtschaftsgüter, die im Bruchteilseigentum aller Gesellschafter stehen, oder die nur einem der Gesellschafter gehören, müssen deshalb grundsätzlich

in einer für jeden Gesellschafter aufzustellenden Ergänzungsbilanz mit dessen Anteil am Wirtschaftsgut bilanziert werden.

g) Nutzungsänderung als Entnahme

Werden Wirtschaftsgüter, die der Personenhandelsgesellschaft gehören, veräußert, so scheiden sie aus dem Betriebsvermögen aus. Die Personenhandelsgesellschaft erwirbt dafür den Kaufpreis. In Höhe der Differenz zwischen dem erzielten Kaufpreis und dem Buchwert des Wirtschaftsgutes entsteht ein außerordentlicher Ertrag oder ein außerordentlicher Verlust, der Teil des gewerblichen Gewinns ist. Bei den Wirtschaftsgütern, die zum Sonderbetriebsvermögen eines oder mehrerer Gesellschafter gehören, wird auch ein bei der Veräußerung entstehender Ertrag oder Verlust als Teil des gewerblichen Gewinns des betreffenden Gesellschafters erfaßt und versteuert. Eine Gewinn- oder Verlustrealisierung tritt in diesen Fällen jedoch auch dann ein, wenn das Wirtschaftsgut, das wegen seiner Nutzung für den Gewerbebetrieb der Personenhandelsgesellschaft zum notwendigen Betriebsvermögen des betreffenden Gesellschafters gehört hat, aus dessen Betriebsvermögen ausscheidet. Die Wirtschaftsgüter, die zum Sonderbetriebsvermögen eines oder mehrerer Gesellschafter gehören, brauchen also nicht veräußert zu werden, um Einfluß auf den gewerblichen Gewinn zu haben. Es reicht aus, daß sich die Art der Nutzung ändert und das Wirtschaftsgut wegen der geänderten Nutzung nicht mehr als Betriebsvermögen (Sonderbetriebsvermögen des betreffenden Gesellschafters) behandelt werden kann. 82

Beispiel: Die Schulze und Schmidt KG betreibt einen Möbeleinzelhandel. Sie hat von ihrem Kommanditisten Schneider zwei Etagen, in dessen Geschäftshaus als Verkaufsräume gepachtet. Die KG errichtet ein eigenes Gebäude, kündigt den Mietvertrag mit Schneider und zieht aus. Schneider vermietet die Räume an einen anderen Gewerbetreibenden.

Schneider hatte hier, solange die Räume in seinem Hause von der Schulze und Schmidt KG für gewerbliche Zwecke angemietet und genutzt worden waren, die betreffenden Grundstücksteile als sein notwendiges Sonderbetriebsvermögen zu bilanzieren. Durch die Auflösung des Mietvertrages werden die Grundstücksteile nicht mehr eigenbetrieblich genutzt. Können sie durch die Nutzungsänderung nicht mehr als Sonderbetriebsvermögen des Kommanditisten Schneider behandelt werden, so müssen sie zu dem Teilwert, in dessen Privatvermögen überführt werden, obwohl in diesem Falle Schneider das ihm gehörende Grundstück nicht veräußert, hätte er dann die Differenz zwischen dem Buchwert des eigenbetrieblich genutzten Grundstücksteils und dem Teilwert als außerordentlichen Ertrag, also als Teil seines laufenden Gewinnanteils zu versteuern.

83 Wirtschaftsgüter, die zum notwendigen Betriebsvermögen (Sonderbetriebsvermögen eines Gesellschafters einer Personengesellschaft) gehört haben und künftig nicht mehr eigenbetrieblich genutzt werden, zählen durch die Nutzungsänderung nicht mehr zum notwendigen Betriebsvermögen. Sie können also auch als Privatvermögen der betreffenden Gesellschafter behandelt werden. Sie müssen als Privatvermögen der Gesellschafter behandelt werden, wenn sie aufgrund ihrer künftigen Nutzung zum notwendigen Privatvermögen des Gesellschafters zählen oder wenn ein Gesellschafter einer Personenhandelsgesellschaft Wirtschaftsgüter nicht als gewillkürtes Betriebsvermögen behandeln kann.

84 Die Rechtsprechung des BFH fordert für die Behandlung als gewillkürtes Betriebsvermögen bei Wirtschaftsgütern, die nicht Gesamthandseigentum aller Gesellschafter sind, daß ein wirtschaftlicher Zusammenhang des Wirtschaftsgutes mit dem Betrieb der Personenhandelsgesellschaft oder der Beteiligung des Gesellschafters an der Personengesellschaft besteht. Bei Wirtschaftsgütern, die einmal zum notwendigen Betriebsvermögen gehört haben, muß jedoch m. E. ein derartiger wirtschaftlicher Zusammenhang bejaht werden. Diese Wirtschaftsgüter waren einmal Betriebsvermögen und können nur durch eine Entnahmehandlung aus dem Betriebsvermögen ausscheiden. Das muß auch für Sonderbetriebsvermögen eines Gesellschafters gelten.

85 Die Entnahmehandlung ist eine Willensentscheidung des Stpfl., ein Wirtschaftsgut vom Betriebsvermögen in das Privatvermögen zu überführen. Wie bei einer Einlage genügt für eine Entnahme allerdings der innere Wille allein nicht. Der Wille, wie das Wirtschaftsgut steuerrechtlich zu behandeln ist, muß nach außen erkennbar in Erscheinung treten. Eine Entnahmehandlung muß immer dann angenommen werden, wenn das Wirtschaftsgut künftig so genutzt wird, daß es zum notwendigen Privatvermögen gehört.

Beispiel: Der Gesellschafter Meyer der Müller und Meyer OHG nutzt einen PKW, der ihm allein gehört, ausschließlich für betriebliche Fahrten.
Er kauft einen neuen PKW für seine betrieblichen Fahrten und überläßt den bisherigen PKW seiner Frau für Privatfahrten.

Im vorliegenden Falle hat der PKW, solange er von dem Kommanditisten Meyer für Betriebsfahrten genutzt wurde, zu dessen notwendigem Sonderbetriebsvermögen gehört. Durch die Nutzungsänderung, also dadurch, daß er von Meyer seiner Frau zur privaten Nutzung überlassen wurde, muß er auf jeden Fall aus dem Betriebsvermögen (Sonderbetriebsvermögen) des Kommanditisten Meyer ausscheiden. Durch die ausschließliche Nutzung für private Zwecke durch Frau Meyer gehört der PKW zum notwendigen Privatvermögen des Kommanditisten Meyer. Wird ein Wirtschaftsgut, das einmal zum notwendigen Betriebsvermögen eines Gesellschafters gehört hat, künftig so genutzt, daß es nicht zum notwendigen Privatvermögen zählt, so bleibt es m. E. solange Betriebsvermögen (Sonderbetriebsvermögen), bis es durch eine eindeutige Entnahmehandlung in das Privatvermögen überführt wird. Wie ausgeführt ist die Entnahme eine Willensentschließung des Gesellschafters, die allerdings nach außen in Erscheinung treten muß. Regelmäßig geschieht dies durch die buch- und bilanzmäßige Behandlung des Wirtschaftsgutes als Entnahme. Dadurch bringt der Gesellschafter seinen Willen zum Ausdruck, daß er das Wirtschaftsgut künftig als Privatvermögen behandeln will.

Vgl. auch BdF-Schreiben vom 15. 3. 1979 S 2135; BStBl. 1979 I S. 162; NWB DokSt. Erl. F. 3 §§ 4—5 EStG Rz. 8/79.

Wirtschaftsgüter, die einmal zum notwendigen Betriebsvermögen gehört haben, können jedoch auch dann als nunmehr gewillkürtes Betriebsvermögen weiter behandelt werden, wenn die Voraussetzungen, unter denen die Wirtschaftsgüter zu gewillkürtem Betriebsvermögen erklärt werden konnten, nicht mehr vorliegen. So ist z. B. Voraussetzung der Behandlung von Wirtschaftsgütern als gewillkürtes Betriebsvermögen, daß der Stpfl. eine Buchführung einrichtet und unterhält, die eine nachhaltige Kontrolle seiner Entschließung ermöglicht. Fallen diese Voraussetzungen fort, ermittelt also ein Stpfl. seinen Gewinn künftig nicht mehr durch Bestandsvergleich, sondern geht er zu einer Einnahme-Überschußrechnung (§ 4 Abs. 3 EStG) über. So scheidet das Wirtschaftsgut, das einmal zulässigerweise als gewillkürtes Betriebsvermögen behandelt worden ist, aus dem Betriebsvermögen aus. Nach der Rechtsprechung (BFH-Urt. v. 12. 2. 1976, BStBl. II S. 663) soll der Übergang vom Bestandsvergleich zu Überschußrechnung zur Entnahme eines privat genutzten Grundstücksteils führen, der bei der Gewinnermittlung durch Bestandsvergleich zulässigerweise zum gewillkürten Betriebsvermögen gezogen worden ist. **86**

87 Auch wenn bei Wirtschaftsgütern, die einmal zulässigerweise als gewillkürtes Betriebsvermögen behandelt worden sind, der objektive Zusammenhang mit dem Betrieb so weit gelockert ist, daß sie nicht mehr als gewillkürtes Betriebsvermögen behandelt werden können, scheiden sie nicht zwangsweise aus dem Betriebsvermögen aus. Auch in diesen Fällen bleiben sie solange Betriebsvermögen, bis sie durch eine eindeutige Entnahmehandlung des Stpfl. in das Privatvermögen überführt werden (BFH-Urt. v. 4. 10. 1968, BStBl. 1969 II S. 35). Aus der früheren Rechtsprechung ergab sich m. E. eindeutig, daß von einem Gesellschafter einer Personenhandelsgesellschaft Wirtschaftsgüter, die einmal zum notwendigen Betriebsvermögen gehört haben, die jedoch durch eine Änderung ihrer Nutzung, — also durch die Aufhebung des schuldrechtlichen Vertrages, durch den sie der Personenhandelsgesellschaft zur betrieblichen Nutzung überlassen worden sind, — nicht mehr zum notwendigen Betriebsvermögen gehören, weiterhin als Betriebsvermögen — nunmehr als gewillkürtes Betriebsvermögen — behandelt werden können. Daß diese Wirtschaftsgüter bei ihrer künftigen Nutzung nicht als gewillkürtes Betriebsvermögen hätten behandelt werden können, hat nicht zur Folge, daß sie deshalb zwingend aus dem Betriebsvermögen ausscheiden müssen. Der Gesellschafter, der deshalb ein Wirtschaftsgut, das wegen seiner Nutzung für betriebliche Zwecke der Gesellschaft einmal zum notwendigen Sonderbetriebsvermögen gehört hat, nicht mehr der Gesellschaft für betriebliche Zwecke zur Verfügung stellt, ist deshalb nicht gezwungen, bei der Nutzungsänderung das Wirtschaftsgut aus dem Sonderbetriebsvermögen in sein Privatvermögen zu überführen. Er braucht daher die bei dem Wirtschaftsgut bestehenden stillen Reserven nicht als außerordentlicher Ertrag zu versteuern. Er kann die Versteuerung der stillen Reserven dadurch vermeiden, daß er das Wirtschaftsgut weiterhin nunmehr als gewillkürtes Sonderbetriebsvermögen behandelt. Die Behandlung als Sonderbetriebsvermögen wird solange unterstellt, als nicht der Gesellschafter durch eine eindeutige Entnahmehandlung das Wirtschaftsgut in sein Privatvermögen überführt.

88 Voraussetzung für die Behandlung eines Wirtschaftsgutes als gewillkürtes Betriebsvermögen ist, daß der Unternehmer eine Buchführung einrichtet und unterhält, die eine nachhaltige Kontrolle seiner Entscheidungen und der Vermögensentwicklung ermöglicht (BFH-Urt. v. 15. 7. 1960, BStBl. III S. 484). Bei Gesellschaftern einer Personenhandelsge-

sellschaft ist dagegen nicht erforderlich, daß der Mitunternehmer, der Wirtschaftsgüter zu gewillkürtem Betriebsvermögen bestimmen will oder nach einer Nutzungsänderung Wirtschaftsgüter, die einmal zum notwendigen Betriebsvermögen gehört haben, als gewillkürtes Betriebsvermögen weiterbehandeln will, selbst eine Buchführung und eine Gewinnermittlung durch Bestandsvergleich hat. Es reicht aus, wenn die Personengesellschaft ihren Gewinn auf Grund des Bestandsvergleichs ermittelt und eine Buchführung unterhält, die eine nachhaltige Kontrolle derjenigen Wirtschaftsgüter ermöglicht, die zum gewillkürten Betriebsvermögen bestimmt sind. Für den Gesellschafter reicht es deshalb aus, daß die als gewillkürtes Betriebsvermögen behandelten Wirtschaftsgüter außerhalb der Bilanz der Gesellschaft als Betriebsvermögen erfaßt werden und sich deren Wertermittlung ableiten läßt. Nicht erforderlich ist, daß der Gesellschafter die durch das Wirtschaftsgut erwachsenen Sonderbetriebsausgaben buchmäßig erfaßt.

4. Auswirkung bei der Gewerbesteuer

Der Gewerbesteuer unterliegt jeder stehende Gewerbebetrieb, soweit 89
er im Inland betrieben wird (§ 2 Abs. 1 GewStG). Die Gewerbesteuer wird nach dem Gewerbeertrag (§ 7 GewStG) und nach dem Gewerbekapital (§ 12 GewStG) berechnet. Gewerbeertrag ist der nach den Vorschriften des Einkommensteuergesetzes zu ermittelnde Gewinn aus Gewerbebetrieb, der bei Ermittlung des Einkommens für den dem Erhebungszeitraum entsprechend Veranlagungszeitraum zu berücksichtigen ist, vermehrt und vermindert um die Hinzurechnungen (§ 8 GewStG) und Kürzungen (§ 9 GewStG). Bei Personengesellschaften wird jedoch ab 1. 1. 1980 beim Gewerbeertrag ein Freibetrag von 36 000 DM (bis 31. 12. 1979 24 000 DM) gewährt. Da für die Ermittlung des Gewerbeertrags von den Vorschriften des Einkommensteuergesetzes auszugehen ist, ist bei Personenhandelsgesellschaften zu berücksichtigen, daß steuerrechtlich keine schuldrechtlichen Verträge zwischen der Personenhandelsgesellschaft und ihren Gesellschaftern anerkannt werden. Das hat zur Folge, daß die Bezüge, die die einzelnen Gesellschafter — auch die Kommanditisten — für ihre Tätigkeit für die Gesellschaft beziehen, auch dann Teil des gewerblichen Gewinns sind, wenn die Gesellschafter auf Grund eines Arbeitsvertrages, den sie mit der Personenhandelsgesellschaft abgeschlossen haben, tätig werden und bürgerlich-rechtlich Anspruch auf Arbeitslohn haben. Die Vergütung, die einem Gesellschafter für seine Tätigkeit für die Gesellschaft

gewährt wird, ist also nicht nur Teil seines gewerblichen Gewinns, sondern auch Teil des Gewerbeertrags.

90 Das gleiche gilt für eine Vergütung, die dem Gesellschafter gezahlt wird, weil er der Personenhandelsgesellschaft Wirtschaftsgüter auf Grund eines Miet- oder Pachtverhältnisses gegen Zahlung eines Entgelts zur Verfügung stellt. Die Entgelte für die Überlassung dieser Wirtschaftsgüter gehören nicht nur bei den betreffenden Gesellschaftern zu seinem gewerblichen Gewinn, sondern sie sind auch bei der Ermittlung des Gewerbeertrags zu berücksichtigen.

91 Als Gewerbekapital gilt der Einheitswert des Betriebs im Sinne des Bewertungsgesetzes (§ 12 Abs. 1 GewStG). In den Absätzen 2 — 4 des § 12 GewStG hat der Gesetzgeber einzelne Hinzurechnungsvorschriften und Kürzungsvorschriften erlassen. Wirtschaftsgüter, die nur einem oder mehreren Gesellschaftern einer Personenhandelsgesellschaft gehören und auf Grund von schuldrechtlichen Verträgen der Personenhandelsgesellschaft für deren Gewerbebetrieb entgeltlich überlassen werden, gehören auch bewertungsrechtlich zum Betriebsvermögen und sind bei der Festsetzung des Einheitswertes des Betriebsvermögens zu erfassen. Die Rechtsfolge, daß schuldrechtliche Verträge zwischen der Personenhandelsgesellschaft und ihren Gesellschaftern nicht anerkannt werden (vgl. Rz. 61 f.), hat nicht nur bei der Ermittlung der Einkünfte zur Folge, daß diese Wirtschaftsgüter zum Sonderbetriebsvermögen der betreffenden Gesellschafter gehören. Die Wirtschaftsgüter, die nur einem oder mehreren Gesellschaftern gehören, sind vielmehr auch bei der Ermittlung des Einheitswertes des Gewerbebetriebs mitzuberücksichtigen und erhöhen somit den Einheitswert des Betriebs. Andererseits sind die Verbindlichkeiten, die auf diesen Wirtschaftsgütern ruhen, für die betreffenden Gesellschafter Betriebsschulden, die auch bei der Ermittlung des Einheitswertes zu berücksichtigen sind.

92 Hat z. B. der Gesellschafter einer Personenhandelsgesellschaft der Gesellschaft ein Grundstück für gewerbliche Zwecke vermietet, so gehört die von der Gesellschaft gezahlte Miete zum Gewinnanteil des betreffenden Gesellschafters. Sie erhöht als solche auch den Gewerbeertrag. Andererseits sind die mit dem Grundstück zusammenhängenden Aufwendungen des betreffenden Gesellschafters als Sonderbetriebsausgaben zu behandeln. Sie mindern nicht nur den Gewinn des betreffenden

Gesellschafters aus Gewerbebetrieb für die Ermittlung des Einkommens, sondern auch den Gewerbeertrag.

Im Einheitswert des Gewerbebetriebs ist dieses Grundstück als Be- 93
triebsgrundstück zu erfassen. Andererseits kann nach § 9 Nr. 1 GewStG die Summe des Gewinns und der Hinzurechnungen für die Ermittlung des Gewerbeertrags um 1,2 v. H. des Einheitswertes des zum Betriebsvermögen des Unternehmens gehörenden Grundbesitzes gemindert werden. Bei Vorliegen der sonstigen Voraussetzungen mindert sich also der Gewerbeertrag der Personenhandelsgesellschaft auch um 1,2 v. H. des Einheitswertes des Grundbesitzes, der nicht Eigentum der Personenhandelsgesellschaft, wohl jedoch eines ihrer Gesellschafter ist und auf Grund eines schuldrechtlichen Vertrages der Personenhandelsgesellschaft für gewerbliche Zwecke überlassen worden ist.

5. Vor- und Nachteile einer Gründung einer Personenhandelsgesellschaft

Für die Personenhandelsgesellschaft spricht, daß die entnommenen 94
und thesaurierten Gewinne steuerlich gleich behandelt werden. Die Gesellschafter der Personenhandelsgesellschaft haben also auch für die nicht entnommenen Gewinne nur die Einkommensteuer zu zahlen, die sich nach dem Tarif entsprechend ihrem zu versteuernden Einkommen errechnet. Haben sie aus anderen Einkunftsarten Verluste, die mit den Gewinnen der Personenhandelsgesellschaft ausgeglichen werden können, so wirkt sich das steuerlich vorteilhaft für sie aus. Im Gegensatz dazu muß eine GmbH als Körperschaft die thesaurierten Gewinne nach dem Tarif von 56 v. H. des steuerpflichtigen Einkommens versteuern. Das ist der höchste Steuersatz, der für Einkommen von natürlichen Personen erhoben wird.

Nachteilig wirkt sich bei einer Personenhandelsgesellschaft aus, daß ihre Gesellschafter aus dem von der Gesellschaft betriebenen Gewerbebetrieb nur einheitliche Einkünfte beziehen können. Da schuldrechtliche Verträge nicht anerkannt werden, gehören die den einzelnen Gesellschaftern für ihre Tätigkeit für die Gesellschaft oder die Überlassung von Wirtschaftsgütern gezahlten Entgelte zu ihrem gewerblichen Gewinn. Sie sind auch bei der Gewerbesteuer als Teil des Gewerbeertrags zu erfassen.

95 Noch nachteiliger als die Zurechnung der Entgelte für die Überlassung von Wirtschaftsgütern zu den gewerblichen Einkünften wirkt sich oftmals aus, daß die von der Personenhandelsgesellschaft eigenbetrieblich genutzten Wirtschaftsgüter, die nur einem oder mehreren Gesellschaftern gehören, zu dem gewerblichen Betriebsvermögen (Sonderbetriebsvermögen) der betreffenden Gesellschafter zählen. Das hat zur Folge, daß die bei einer Veräußerung oder auch nur bei einer Änderung der Nutzung (vgl. Rz. 82 f.) ausgelösten Veräußerungsgewinne oder Entnahmegewinne als Teil des laufenden Gewinns dieser Gesellschafter erfaßt werden und regelmäßig nach dem Tarif zu versteuern sind. Dabei ist zu berücksichtigen, daß bei der heutigen Geldentwertung oftmals als Veräußerungs- oder Entnahmegewinne keine tatsächlichen Wertsteigerungen versteuert werden müssen. Auch die durch die Geldentwertung eintretende Erhöhung des Geldwertes dieser Wirtschaftsgüter wird bei der Gewinnermittlung beim Ausscheiden aus dem gewerblichen Betriebsvermögen (Sonderbetriebsvermögen) als Teil des gewerblichen Gewinns erfaßt.

Beispiel: Der Kommanditist Müller der Meyer & Co. KG hat der KG ein gewerbliches Grundstück mit einem Gebäude, das er im Jahre der Gründung der KG 1969 mit einem Kostenaufwand von 500 000 DM errichtet hat, verpachtet. Im Jahre 1979 veräußert er das Grundstück.

1969 betrug der Buchwert für das Grundstück 20 000 DM, der des Gebäudes 500 000 DM. Die jährliche AfA betrug 10 000 DM. Für 10 Jahre 100 000 DM, so daß bei der Veräußerung das Gebäude einen Buchwert von 400 000 DM hatte. Durch die Geldentwertung sind die Baukosten gestiegen. Für ein Gebäude in der gleichen Bauausführung hätte der Kommanditist 1979 rund 800 000 DM aufwenden müssen. Die AfA für 10 Jahre hätte 160 000 DM betragen, der Buchwert 1979 640 000 DM. Veräußert der Kommanditist das Grundstück im Jahre 1979 für 660 000 DM, so erzielt er einen Veräußerungsgewinn von 240 000 DM, den er als Teil seines laufenden Gewinns versteuern muß.

Das gleiche gilt, wenn der Kommanditist das Grundstück aus seinem Betriebsvermögen in sein Privatvermögen überführt oder wegen einer privaten Nutzung in sein Privatvermögen überführen muß.

Auch bei der Gewerbesteuer ergeben sich durch die Nichtanerkennung von schuldrechtlichen Verträgen zwischen der Personenhandelsgesellschaft und ihren Gesellschaftern bei der Ermittlung des Gewerbeertrags und auch des Gewerbekapitals steuerliche Nachteile, die bei der Wahl dieser Gesellschaftsform ggfs. zu beachten sind. **96**

C. Stille Gesellschaft

I. Typische stille Gesellschaft

1. Begriff

97 Der Gesetzgeber hat die stille Gesellschaft im HGB geregelt (§§ 335 ff.). Danach ist der stille Gesellschafter am Handelsgewerbe eines anderen mit einer Vermögenseinlage beteiligt. Er erhält dafür einen Anteil am Gewinn. Die Beteiligung des stillen Gesellschafters am Gewinn ist typisch und begriffsnotwendig für die stille Gesellschaft. Eine Beteiligung am Gewinn kann also vertraglich nicht ausgeschlossen werden. Rechtlich ist die stille Gesellschaft eine Personengesellschaft. Deshalb finden die §§ 705 ff. BGB Anwendung. Das ist jedoch nicht ganz unbestritten (vgl. KLAUSS/MITTELBACH, Die stille Gesellschaft, Ludwigshafen 1973, Rz. 14). Eine typische stille Gesellschaft liegt dann vor, wenn zwischen dem Inhaber eines Handelsgeschäfts, das ist der Hauptgesellschafter oder Unternehmer, und einem anderen (stiller Gesellschafter) vertraglich vereinbart wird, daß sich der stille Gesellschafter mit einer Vermögenseinlage an dem Handelsgeschäft beteiligt. Dabei wird die Einlage des stillen Gesellschafters Vermögen des Geschäftsinhabers, der nach außen hin das Unternehmen allein betreibt, jedoch den stillen Gesellschafter an dem Gewinn beteiligt. Der Hauptgesellschafter kann ein Einzelunternehmen, eine Personengesellschaft oder ein Kapitalgesellschaft sein.

98 Die stille Gesellschaft kommt durch einen Gesellschaftsvertrag zustande, der formfrei abgeschlossen werden kann. Eine Pflicht zur Einhaltung einer Form kann jedoch dann bestehen, wenn das Vermögen, das der stille Gesellschafter als Einlage einbringt, ein Grundstück ist. Ist das der Fall, so muß der Vertrag über den Abschluß der stillen Gesellschaft und die Einlage eines Grundstücks notariell beurkundet werden (§ 313 BGB).

99 Will ein Hauptgesellschafter mehrere Personen als stille Gesellschafter an seinem Handelsgewerbe beteiligen, so bestehen mehrere stille Gesellschaften. Im Gegensatz zu Personen- oder Kapitalgesellschaften, an denen beliebig viele Gesellschafter beteiligt sein können, besteht eine stille Gesellschaft dagegen nur aus zwei Gesellschaftern, nämlich dem Hauptgesellschafter und seinem stillen Gesellschafter.

Nach § 335 HGB geht der Gesetzgeber davon aus, daß dem einen Hauptgesellschafter nur ein stiller Gesellschafter gegenübersteht. Das schließt natürlich nicht aus, daß in einem Vertrag der Hauptgesellschafter sich auch mehreren stillen Gesellschaftern gegenüber zum Abschluß einer stillen Gesellschaft verpflichtet. Auch in diesem Fall entstehen regelmäßig so viele stille Gesellschaften als stille Gesellschafter vorhanden sind, die sich an dem Handelsgewerbe des Hauptgesellschafters beteiligen wollen.

Es ist aber auch möglich, daß mehrere Personen, die sich als stille Gesellschafter an dem Handelsgewerbe eines Hauptgesellschafters beteiligen wollen, sich vorher zu einer Gesellschaft des bürgerlichen Rechts verbinden. Die Gesellschaft des bürgerlichen Rechts beteiligt sich dann als stiller Gesellschafter an dem Handelsgewerbe des Hauptgesellschafters. In diesem Falle besteht eine bürgerlich-rechtliche Gesellschaft zwischen den Personen, die sich als stille Gesellschafter beteiligen wollen und eine stille Gesellschaft zwischen der bürgerlich-rechtlichen Gesellschaft und dem Hauptgesellschafter. 100

2. Haftung

Die stille Gesellschaft tritt nach außen nicht in Erscheinung. Das gehört zu ihrem Wesen. Es ist ferner auch kein Gesellschaftsvermögen vorhanden, denn die Einlage des stillen Gesellschafters wird Vermögen des Hauptunternehmers. Da der Hauptgesellschafter nur im eigenen Namen handelt, ist er seinen Gläubigern allein verpflichtet. Nur er haftet also den Gläubigern gegenüber, die Ansprüche wegen der gewerblichen Tätigkeit des Hauptgesellschafters erwerben. Der stille Gesellschafter ist lediglich verpflichtet, seine Einlage einzubringen. Er hat einen Anspruch auf Rückzahlung der Einlage bei Beendigung der stillen Gesellschaft. Allerdings ist es auch nicht so, daß bei einer Rückzahlung der Einlage in jedem Falle die stille Gesellschaft als beendet angesehen werden muß. Es ist denkbar, daß aus irgendwelchen Gründen der Hauptgesellschafter dem stillen Gesellschafter seine Einlage zurückzahlt und gleichwohl dieser Vorgang nicht zur Auflösung der Gesellschaft führt. 101

Auch im Falle der Zurückzahlung der Einlage des stillen Gesellschafters erwerben die Gläubiger des Hauptgesellschafters keinen Anspruch gegen den stillen Gesellschafter. Die Gläubiger des Hauptge- 102 sellschafters können also auch dann, wenn der Hauptgesellschafter dem stillen Gesellschafter die Einlage zurückgezahlt hat, nicht Befriedigung ihrer Forderung von dem stillen Gesellschafter in Höhe der zurückgewährten Einlage verlangen.

103 Zum Wesen einer stillen Gesellschaft gehört es, daß der stille Gesellschafter an dem Gewinn, und zwar an den laufenden Gewinnen (vgl. Rz. 108 f.), des Hauptunternehmers beteiligt ist. Vertraglich kann vereinbart werden, daß der stille Gesellschafter auch an den Verlusten beteiligt ist. In diesen Fällen mindert sich durch den Verlust der Anspruch auf Rückzahlung seiner Einlage.

104 Von den vertraglichen Vereinbarungen hängt es also ab, ob

— der stille Gesellschafter nur am laufenden Gewinn des Hauptunternehmers oder
— auch an den laufenden Verlusten des Hauptunternehmers beteiligt ist.
— der stille Gesellschafter in Höhe des Verlustes Zahlungen an den Hauptgesellschafter erbringen muß oder
— die laufenden Verluste nur den Anspruch auf Rückzahlung der Einlage mindern,
— der stille Gesellschafter bei Verlusten die Einlage wieder aus Gewinnanteilen auffüllen muß (vgl. auch Rz. 111, 124 f.).

3. Geschäftsführung

105 Da nach außen nur der Unternehmer, also der Hauptgesellschafter, als Inhaber des Gewerbebetriebs in Erscheinung tritt, richtet sich das Recht zur Geschäftsführung und zur Vertretung des Hauptgesellschafters nach den für ihn gültigen Vorschriften. Hauptgesellschafter kann, wie bereits ausgeführt, ein Einzelunternehmer, eine Personenhandelsgesellschaft oder auch eine Kapitalgesellschaft sein. Nach der Rechtsform des Hauptgesellschafters richtet sich, wer die Geschäfte des Gewerbebetriebs des Hauptgesellschafters führt und nach außen berechtigt und verpflichtet ist, für den Hauptgesellschafter zu handeln.

106 Der stille Gesellschafter ist lediglich berechtigt, die abschriftliche Mitteilung der jährlichen Bilanz zu verlangen und deren Richtigkeit unter Einsicht der Bücher und Papiere zu prüfen. Bei Vorliegen eines wichti-

gen Grundes kann auf Antrag des stillen Gesellschafters das Gericht die Mitteilung einer besonderen Bilanz oder sonstige Aufklärung und die Vorlegung der Bücher und Papiere jederzeit anordnen (§ 338 Abs. 3 HGB).

Die Überwachungs- und Kontrollmöglichkeiten des stillen Gesellschaf- 107
ters sind jedoch nicht zwingend. Es ist durchaus möglich, daß durch vertragliche Vereinbarungen das Kontrollrecht noch weiter eingeschränkt wird. Das kann sogar sachlich notwendig sein, nämlich dann, wenn sich ein Konkurrenzbetrieb an dem Betrieb des Hauptgesellschafters als stiller Gesellschafter beteiligt.

4. Beteiligung am Gewinn und Verlust

Es gehört, wie ausgeführt, zum Wesen der stillen Gesellschaft, daß der 108
stille Gesellschafter am Gewinn des Hauptgesellschafters beteiligt wird (§ 336 Abs. 2 HGB, vgl. Rz. 97). Der Gewinnanteil des stillen Gesellschafters am Ergebnis des vom Hauptgesellschafter betriebenen Handelsgewerbes sollte jedoch nicht nur quotenmäßig bestimmt werden. Es ist unbedingt erforderlich, daß auch Vereinbarungen über die Art der Gewinnermittlung getroffen werden. Der Gesellschaftsvertrag sollte daher Bestimmungen enthalten, wie der Gewinn des vom Hauptgesellschafter betriebenen Unternehmens ermittelt werden soll. Dabei ist jedoch zu berücksichtigen, daß es auch zum Wesen einer typischen stillen Gesellschaft gehört, daß der stille Gesellschafter nur an dem laufenden Gewinn bzw. Verlust und nicht an den stillen Reserven des Anlagevermögens beteiligt wird. Das hat zur Folge, daß die wertmäßigen Veränderungen beim betrieblichen Anlagevermögen sich nur in Höhe des normalen Verschleißes, also der üblichen AfA auf den Gewinn des Gewerbebetriebs des Hauptgesellschafters auswirken, an dem der stille Gesellschafter beteiligt ist. Außerordentliche Wertverluste beim Anlagevermögen, die der Hauptgesellschafter z. B. durch eine Teilwertabschreibung handelsrechtlich berücksichtigen muß und auch steuerrechtlich berücksichtigen kann, berühren den Gewinnanteil des stillen Gesellschafters somit nicht.

Zweifel, ob sich Werteinbußen beim Anlagevermögen auf den Gewinn- 109
anteil des stillen Gesellschafters auswirken, können bestehen, wenn in einem Jahr die Voraussetzungen zur Vornahme einer Abschreibung für außergewöhnliche Abnutzung vorgelegen haben. In der Regel handelt

es sich bei einer derartigen Abschreibung um einen Vermögensverlust, der den laufenden Gewinn eines Handelsgewerbes nicht berührt. Es ist jedoch auch denkbar, daß die Möglichkeit, daß derartige Verluste auftreten, derartig groß ist, daß die im Einzelfall aufgetretenen Verluste den laufenden Gewinn eines Handelsgewerbes mindern.

110 Eine Beteiligung am Verlust kann vertraglich ausgeschlossen werden. Wenn ein Gesellschaftsvertrag nur eine Regelung über die Gewinnverteilung enthält, dann gilt im Zweifel auch, daß im gleichen Verhältnis der stille Gesellschafter auch am Verlust beteiligt ist. Es ist jedoch auch zulässig, die Beteiligung des stillen Gesellschafters am Verlust auszuschließen (vgl. Rz. 97).

111 Ist der stille Gesellschafter am Verlust beteiligt, so sollten auch Vereinbarungen darüber getroffen werden, in welcher Weise der stille Gesellschafter verpflichtet ist, den Verlust abzudecken. Grundsätzlich ist, wenn Vereinbarungen darüber fehlen, der stille Gesellschafter nicht verpflichtet, einen von ihm bezogenen Gewinnanteil wegen späterer Verluste zurückzuzahlen. Hat der Hauptgesellschafter Verluste erlitten, die der stille Gesellschafter teilweise zu tragen hat, so mindert sich dadurch die Einlage des stillen Gesellschafters, also sein Anspruch auf Rückzahlung seiner Einlage. Erzielt der Hauptgesellschafter später wieder Gewinne, an denen der stille Gesellschafter beteiligt ist, so muß der Gewinnanteil zur Deckung des Verlustes, also zur Auffüllung der Einlage, verwendet werden, wenn nichts anderes vereinbart ist (vgl. § 337 Abs. 2 HGB). Es können allerdings auch vertragliche Vereinbarungen getroffen werden, daß der stille Gesellschafter zwar an Verlusten beteiligt ist, insgesamt aber nur einmal in Höhe seiner Einlage für Verluste haftet. In diesen Fällen sind die Verluste von der Einlage abzubuchen, während der stille Gesellschafter einen Anspruch auf Auszahlung der Gewinnanteile erwirbt.

112 Grundsätzlich sollte auch im Vertrag über die Gründung einer stillen Gesellschaft geregelt sein, in welchem Umfang der stille Gesellschafter seine Gewinnanteile entnehmen kann und wann sie fällig werden. Sind keine vertraglichen Vereinbarungen getroffen, so vermehrt der Gewinn, welcher von dem stillen Gesellschafter nicht abgehoben wird, nicht dessen Einlage. Die nicht abgehobenen Gewinnanteile müssen also dem Privatkonto des stillen Gesellschafters gutgeschrieben werden, der stille Gesellschafter erwirbt dadurch eine jederzeit fällige Forderung auf Auszahlung seines Gewinnanteils. Das kann sowohl für den stillen Gesellschafter als auch für den Hauptgesellschafter nachteilige Folgen haben. Der stehengelassene Gewinn bringt dem stillen Gesellschafter keinen zulässigen Ertrag. Der Hauptgesellschafter kann über den stehengelassenen Gewinn des stillen Gesellschafters nicht verfügen, da dieser jederzeit abgerufen werden kann.

5. Übertragung der Gesellschaftsrechte

Grundsätzlich können die Beteiligungen an einer stillen Gesellschaft **113** ebenso wie die Beteiligungen an einer Personenhandelsgesellschaft nicht durch Rechtsgeschäfte auf Dritte übertragen werden. Eine Übertragung der Gesellschaftsrechte ist nur dann zugelassen, wenn die anderen Gesellschafter damit einverstanden sind. Wie bei Personenhandelsgesellschaften kann die Zustimmung jedoch schon im voraus im Gesellschaftsverrtrag erteilt werden, so daß der Gesellschaftsvertrag dem stillen Gesellschafter bereits das Recht einräumen kann, einem Dritten seine Gesellschafterstellung als stiller Gesellschafter zu übertragen (vgl. KLAUSS/MITTELBACH, Die stille Gesellschaft, Rz. 197).

Im Gegensatz zu einer Personenhandelsgesellschaft endet eine stille **114** Gesellschaft jedoch nicht mit dem Tode des stillen Gesellschafters. Mit dem Tod des stillen Gesellschafters treten vielmehr automatisch dessen Erben an seine Stelle. Wird der stille Gesellschafter von mehreren beerbt, so entsteht eine Erbengemeinschaft, die dann die Rechtsstellung eines stillen Gesellschafters einnimmt (§ 339 Abs. 2 HGB). Im Gesellschaftsvertrag können auch Vereinbarungen darüber getroffen werden, daß im Falle, daß der stille Gesellschafter von mehreren beerbt wird, nur einer von mehreren Erben die Rechtsstellung als stiller Gesellschafter erwerben soll. Eine derartige Abmachung ist rechtlich als eine Übertragung des Gesellschaftsanteils durch Rechtsgeschäfte unter Lebenden für den Todesfall anzusehen und wird von der Rechtsordnung zugelassen (vgl. BGH in NJW 1959 S. 1433). Auf Grund der im bürgerlichen Recht herrschenden Vertragsfreiheit ist es auch möglich, im Gesellschaftsvertrag Vereinbarungen darüber zu treffen, daß der Nachfolger für den verstorbenen stillen Gesellschafter unabhängig davon festgelegt wird, ob dieser nun Erbe wird oder nicht.

115 Ist der Hauptgesellschafter ein Einzelunternehmer und stirbt dieser, so wird die stille Gesellschaft aufgelöst (§ 727 Abs. 1 BGB). Das gilt auch dann, wenn der oder die Erben des Hauptgesellschafters das Handelsgeschäft fortführen, an dem die stille Beteiligung besteht.

116 Ist eine Personenhandelsgesellschaft Hauptgesellschafter einer stillen Gesellschaft, so ist die Auflösung der Personenhandelsgesellschaft nicht dem Tode des Hauptgesellschafters gleichzustellen. Nach herrschender Meinung führt erst die volle Beendigung der aufgelösten Gesellschaft zur Auflösung der stillen Gesellschaft (vgl. KLAUSS/MITTELBACH, Die stille Gesellschaft, Rz. 192).

6. Steuerliche Auswirkung beim Hauptgesellschafter

117 Der Hauptgesellschafter hat seinen Gewinn nach den Vorschriften des Einkommensteuergesetzes zu ermitteln. Ist Hauptgesellschafter eine Körperschaft, so gelten bei der Gewinnermittlung auch die Sondervorschriften des Körperschaftsteuerrechts. Bei der Ermittlung des stpfl. Gewinns müssen die Bilanzierungsvorschriften des Handels- und auch die des Steuerrechts beachtet werden. Das Steuerrecht gewährt eine Reihe von Bewertungswahlrechten, die es ermöglichen, den stpfl. Gewinn zu beeinflussen. Nach den vertraglichen Vereinbarungen richtet es sich, ob bei dem Anteil des stillen Gesellschafters von der Steuerbilanz oder von der Handelsbilanz auszugehen ist oder welche Sondervorschriften für die Gewinnermittlung zu berücksichtigen sind.

118 Der Hauptgesellschafter hat den Gewinnanteil des stillen Gesellschafters in der Höhe, in der er vertraglich vereinbart worden ist, in seiner Steuerbilanz als Verbindlichkeit einzusetzen. Dadurch mindert der Gewinnanteil des stillen Gesellschafters den eigenen steuerpflichtigen Gewinn des Hauptgesellschafters. Für die Frage, wann der Gewinnanteil des stillen Gesellschafters von dem Hauptgesellschafter als Verbindlichkeit zu passivieren ist, kommt es nicht darauf an, wann dem stillen Gesellschafter der Gewinn tatsächlich zufließt. Der Gewinnanteil des stillen Gesellschafters ist für den Hauptgesellschafter ein betrieblicher Aufwand für das Jahr, in dem der Hauptgesellschafter den Gewinn erwirtschaftet hat, von dem er also einen Teil an den stillen Gesellschafter abführen muß. Der Hauptgesellschafter hat also am Schluß des Wirtschaftsjahres eine Verbindlichkeit in Höhe des Gewinnanteils

des stillen Gesellschafters zu passivieren, der seinen eigenen Gewinnanteil für das betreffende Jahr mindert.

Besteht Streit über die Höhe des Gewinnanteils, so ist die Verbindlichkeit gegenüber den stillen Gesellschaftern nach handelsrechtlichen Grundsätzen zu bewerten. Das bedeutet, daß der Hauptgesellschafter nicht nur den Gewinnanteil passivieren darf, den er glaubt an den stillen Gesellschafter abführen zu müssen. Das bedeutet jedoch auch nicht, daß in jedem Falle der vom stillen Gesellschafter beanspruchte Gewinnanteil passiviert werden muß. Grundsätzlich muß der Hauptgesellschafter nach handelsrechtlichen Vorschriften das Risiko bewerten, den stillen Gesellschafter ggfs. mehr zahlen zu müssen als er glaubt. Die Höhe des Bilanzansatzes der Verpflichtung auf Abführung des Gewinnanteils wird also nach unten begrenzt, durch den Gewinnanteil, den der Hauptgesellschafter als Verbindlichkeit anerkennt und nach oben durch die Forderung des stillen Gesellschafters. Kommt es zu einem Rechtsstreit, so kann neben der Höhe des Gewinnanspruchs darüber hinaus auch die Gefahr, zu Kosten in Anspruch genommen zu werden, durch Rückstellungen berücksichtigt werden. Hinsichtlich der Passivierung des Gewinnsanspruchs bei Streit über dessen Höhe wird auf die Ausführungen von KLAUSS/MITTELBACH (Die stille Gesellschaft a. a. O., Rz. 357 ff.) verwiesen. 119

Ist der stille Gesellschafter auch an den Verlusten beteiligt, so muß sich das auch bei der Ermittlung des stpfl. Gewinns bzw. Verlustes durch den Hauptgesellschafter auswirken. Es kommt hier entscheidend auch auf die vertraglichen Vereinbarungen an. Ist der stille Gesellschafter rechtlich verpflichtet, dem Hauptgesellschafter Zahlungen in Höhe seines Verlustanteils zu leisten, so muß der Anspruch darauf aktiviert werden. Besteht Streit oder ist fraglich, ob der Anspruch sich realisieren läßt, so ist er ggfs. mit dem niedrigen Teilwert zu bilanzieren. Mindert dagegen ein Verlustanteil des stillen Gesellschafters lediglich dessen Anspruch auf Rückzahlung der Kapitaleinlage, so ist das von dem Hauptgesellschafter bei der Bilanzierung seiner Verpflichtung auf Rückzahlung der Kapitaleinlage zu berücksichtigen. 120

Ist die Kapitaleinlage durch Verlustanteile aufgebraucht und besteht kein Anspruch auf Ausgleich der Verluste, sondern sind nach den vertraglichen Vereinbarungen künftige Gewinne lediglich zur Auffüllung der Kapitaleinlage zu verwenden, so hat der Hauptgesellschafter den 121 vollen Verlust zu tragen. Wenn dann wieder Gewinne erzielt worden sind, die zum Ausgleich früherer Verluste verwendet werden müssen, erhöhen die auf den stillen Gesellschafter entfallenden Gewinnanteile auch wieder den stpfl. Gewinn des Hauptgesellschafters. Sie müssen also von dem Hauptgesellschafter versteuert werden, weil er nicht verpflichtet ist, dem stillen Gesellschafter einen Gewinnanteil auszuzahlen, sondern berechtigt ist, die in den Verlustjahren von ihm getragenen Verluste auszugleichen.

7. Steuerliche Auswirkung beim stillen Gesellschafter

a) Beteiligung gehört zum Betriebsvermögen

122 Gehört die Beteiligung als stiller Gesellschafter am Handelsgeschäft des Hauptgesellschafters beim stillen Gesellschafter zu dessen Betriebsvermögen, so ist die Beteiligung als Betriebsvermögen zu bilanzieren und nach handels- und steuerrechtlichen Grundsätzen zu bewerten. Dabei ist jedoch hinsichtlich der Bilanzierung des Gewinnanteils zu berücksichtigen, daß nach handels- und damit auch nach steuerrechtlichen Grundsätzen nicht realisierte Gewinne noch nicht bilanziert werden dürfen. Das bedeutet, daß der stille Gesellschafter seinen Anspruch auf Gewinn erst dann bilanzieren darf, wenn der Anspruch realisiert ist. Das ist nicht bereits dann der Fall, wenn das Wirtschaftsjahr, für den ein Gewinnanspruch entsteht, abgelaufen ist. Der Gewinnanspruch entsteht erst dann als bilanzierungsfähiges Wirtschaftsgut, wenn der Hauptgesellschafter den Gewinn aus dem Handelsgewerbe, an dem der stille Gesellschafter beteiligt ist, ermittelt hat. Erst dann ist für den stillen Gesellschafter der Gewinn insoweit realisiert, daß er als Anspruch in der Bilanz ausgewiesen werden darf.

b) Beteiligung gehört zum Privatvermögen

123 Gehört die stille Beteiligung beim stillen Gesellschafter zu dessen Privatvermögen, so erzielt er aus der stillen Beteiligung Einkünfte aus Kapitalvermögen (§ 20 Abs. 1 Nr. 4 EStG). Die Einkünfte aus Kapitalvermögen werden als Überschuß der Einnahmen über die Werbungskosten ermittelt. Die Einnahmen, also die Gewinnanteile des stillen Gesellschafters, sind dann zu versteuern, wenn sie diesem zugeflossen sind (§ 11 Abs. 1 EStG). Die Gewinnanteile fließen dem stillen

Gesellschafter in dem Zeitpunkt zu, in dem er die tatsächliche und rechtliche Verfügungsmöglichkeit darüber erhält. Auch hier kommt es auf die vertraglichen Vereinbarungen an. Soweit über den Zeitpunkt der Ausschüttung des Gewinnanteils keine Vereinbarungen getroffen werden, gilt als Zeitpunkt des Zufließens der Tag nach der Aufstellung der Bilanz oder nach einer sonstigen Feststellung des Gewinnanteils. Der Gewinnanteil ist also dem stillen Gesellschafter nicht erst dann zugeflossen, wenn er von dem Hauptgesellschafter ausgezahlt worden ist, sondern bereits dann, wenn der Hauptgesellschafter durch Aufstellung seiner Bilanz den Gewinnanteil des stillen Gesellschafters mitfeststellt. Ist jedoch der Hauptgesellschafter aus Liquiditätsgründen nicht in der Lage, den Gewinnanteil auszuzahlen, obwohl er bereits fällig ist, so kann er m. E. nicht als zugeflossen behandelt werden.

c) Auswirkung von Verlusten

Hat der stille Gesellschafter vertraglich auch Verluste mitzutragen, so **124**
sind die Aufwendungen für Verluste, die der stille Gesellschafter zu tragen hat, Werbungskosten bei den Einkünften aus Kapitalvermögen. Sie können bei dieser Einkunftsart dazu führen, daß der stille Gesellschafter Verluste erleidet, die mit anderen Einkünften ausgleichsfähig sind und für die der Verlustvortrag und Verlustrücktrag geltend gemacht werden kann. Bürgerlich-rechtlich ist der stille Gesellschafter nicht verpflichtet, Verluste über seine Einlage hinaus zu tragen. Verluste belasten ihn nur bis zum Betrag seiner Einlage, abweichende Vereinbarungen sind jedoch möglich. Der stille Gesellschafter braucht also, auch wenn er einen Verlust zu tragen hat, dem Hauptgesellschafter keine Zahlungen zum Ausgleich des Verlustes zu leisten. Steuerrechtlich mindert in diesem Falle der Verlustanteil des stillen Gesellschafters seine Einlage, d. h. seinen Anspruch auf Rückzahlung. Diese Minderung tritt mit Feststellung des Verlustes ein, also mit der Aufstellung der Bilanz. Zu diesem Zeitpunkt gilt der Verlustanteil als abgeflossen und kann als Werbungskosten bei den Einkünften aus Kapitalvermögen geltend gemacht werden.

Erzielt der Hauptgesellschafter später wieder Gewinne und stehen **125**
dem stillen Gesellschafter wieder Gewinnanteile zu, so muß er bürgerlich-rechtlich damit seine Kapitaleinlage wieder auffüllen. Steuerrechtlich fließen ihm aber auch diese Gewinnanteile, über die er nicht

verfügen kann, wieder als Einkünfte aus Kapitalvermögen zu. Der stille Gesellschafter hat also die Gewinnanteile auch dann als Einkünfte aus Kapitalvermögen zu versteuern, wenn sie ihm nicht ausgezahlt, sondern zur Auffüllung seiner Kapitaleinlage verwendet werden.

Bürgerlich-rechtlich ist es auch möglich, durch vertragliche Vereinbarungen den stillen Gesellschafter zu verpflichten, den auf ihn entfallenden Verlustanteil abzudecken. Steuerrechtlich hat das zur Folge, daß die Verlustanteile dann von dem stillen Gesellschafter als Werbungskosten bei den Einkünften aus Kapitalvermögen abgesetzt werden können, wenn der stille Gesellschafter seinen Verlustanteil dem Hauptgesellschafter zahlt.

d) Verlust des Rückzahlungsanspruchs

126 Der Verlust der Kapitaleinlage führt aber nur dann zu einer Minderung des Einkommens des stillen Gesellschafters, wenn dieser vertraglich Verluste mitzutragen hat. In diesen Fällen sind die Verlustanteile, die die Kapitaleinlage mindern, Werbungskosten bei den Einkünften aus Kapitalvermögen.

Verlustanteile, die der Hauptgesellschafter allein zu tragen hat, können dazu führen, daß der Hauptgesellschafter nicht in der Lage ist, die Kapitaleinlage des stillen Gesellschafters zurückzuzahlen. In diesem Fall ist jedoch der Verlust der Kapitaleinlage für den stillen Gesellschafter nicht bei der Ermittlung seines Einkommens zu berücksichtigen. Die Verluste berühren allein die Vermögenssphäre. Sie können bei den Einkünften aus Kapitalvermögen nicht als Werbungskosten abgesetzt werden, weil auf Grund der vertraglichen Vereinbarung der stille Gesellschafter keine Verluste zu tragen hat.

127 Das gleiche gilt dann, wenn die Kapitaleinlage durch Zahlungsunfähigkeit des Hauptgesellschafters verloren geht, die ihre Ursache nicht in Verlusten aus dem Handelsgewerbe haben. Hat der Hauptgesellschafter z. B. laufend Gewinne aus seinem Handelsgewerbe, verbraucht er jedoch mehr Geld als er an Gewinnen erzielt, so ist es denkbar, daß wegen Überschuldung des Hauptgesellschafters der stille Gesellschafter seine Kapitaleinlage nicht zurückerhalten kann. In diesen Fällen ist selbst dann der Verlust der Kapitaleinlage bei dem stillen Gesellschafter nicht als Werbungskosten bei den Einkünften aus Kapitalvermögen zu behandeln, wenn der stille Gesellschafter vertraglich verpflichtet ist, Verluste mitzutragen. Der Ausfall der Forderung auf

Rückzahlung der Kapitaleinlage ist hier nicht die Folge davon, daß der Hauptgesellschafter bei seinem Handelsgewerbe Verluste erleidet, die der stille Gesellschafter teilweise mitzutragen hatte, sondern eine Folge der aus anderen Gründen eingetretenen Zahlungsunfähigkeit des Hauptgesellschafters.

8. Anerkennung von schuldrechtlichen Verträgen mit dem Hauptgesellschafter

a) Keine einheitlichen Einkünfte

Bei den Personenhandelsgesellschaften beziehen die Gesellschafter aus den von der Gesellschaft betriebenen Gewerbebetrieben nur einheitlich gewerbliche Einkünfte. Obwohl bürgerlich-rechtlich zwischen der Gesellschaft und den Gesellschaftern schuldrechtliche Verträge abgeschlossen werden können, auf Grund derer die Gesellschafter der Gesellschaft Wirtschaftsgüter vermieten oder verpachten oder Arbeitsleistungen entgeltlich erbringen können, werden diese Entgelte für die Besteuerung als Gewinnanteile behandelt (vgl. Rz. 61 f.). **128**

Der stille Gesellschafter ist jedoch nicht Mitunternehmer des vom Hauptgesellschafter betriebenen Gewerbebetriebs. Er kann deshalb mit dem Hauptgesellschafter auch andere Verträge abschließen, die dann auch steuerrechtlich anerkannt werden. So ist es möglich, daß der stille Gesellschafter Arbeitnehmer des Hauptgesellschafters ist und in dem Handelsgewerbe, an dessen Ertrag er als stiller Gesellschafter beteiligt ist, als Arbeitnehmer beschäftigt wird. Es ist ferner möglich, daß der stille Gesellschafter dem Hauptgesellschafter für den Betrieb seines Handelsgewerbes Wirtschaftsgüter vermietet oder verpachtet oder Kapital gegen Zinszahlung zur Verfügung stellt. In all diesen Fällen sind die Entgelte für die Leistungen des stillen Gesellschafters, also der Arbeitslohn, die Miete oder Pacht und die Zinsen bei der Ermittlung des Gewinns aus dem Handelsgewerbe des Hauptgesellschafters als Betriebsausgaben abzusetzen. Sie mindern dadurch nicht nur den Gewinn des Hauptgesellschafters, sondern auch den Gewinnanteil des stillen Gesellschafters aus seiner Beteiligung an dem Handelsgewerbe. Die Entgelte, die der stille Gesellschafter als Arbeitnehmer des Hauptgesellschafters bezieht, gehören bei ihm zu den Einkünften aus nichtselbständiger Arbeit (§ 19 EStG), die Miete oder Pacht für Grundbesitz gehört zu den Einkünften aus Vermietung und Verpachtung (§ 21 EStG) **129** und die Zinsen aus der Überlassung von Darlehn gehören bei dem stillen Gesellschafter und Gläubiger des Darlehns zu den Einkünften aus Kapitalvermögen (§ 20 Abs. 1 Nr. 8 EStG).

130 Die Anerkennung eines Arbeitsverhältnisses zwischen dem stillen Gesellschafter und dem Hauptgesellschafter führt dazu, daß der stille Gesellschafter für seine Tätigkeit für den Hauptgesellschafter keine gewerblichen Einkünfte, sondern Einkünfte aus selbständiger Arbeit bezieht. Das hat zur Folge, daß er

— den Arbeitnehmerfreibetrag,

— den Weihnachtsfreibetrag und

— den Pauschbetrag für Werbungskosten

in Anspruch nehmen kann. Zu seinen Bruttoeinnahmen aus nichtselbständiger Arbeit gehören bestimmte Beträge nicht. So braucht der stille Gesellschafter wie ein anderer Arbeitnehmer nicht freiwillige soziale Leistungen und die Leistungen des Arbeitgebers zur gesetzlichen Sozialversicherung als Teil seines Einkommens zu versteuern.

131 Durch die Anerkennung von Miet- und Pachtverträgen werden nicht nur die Einkünfte aus der Vermietung als Einkünfte aus Vermietung und Verpachtung bzw. als sonstige Einkünfte, wenn es sich um bewegliche Wirtschaftsgüter handelt, erfasst, sondern die betreffenden Wirtschaftsgüter gehören auch bei dem stillen Gesellschafter, da er nicht Mitunternehmer des Gewerbebetriebs ist, nicht zu dessen Sonderbetriebsvermögen. Das hat zur Folge, daß die bei einer Veräußerung oder Entnahme dieser Wirtschaftsgüter aus dem Betriebsvermögen sich ergebenden Veräußerungs- oder Entnahmegewinne nicht als Teil des Einkommens des stillen Gesellschafters versteuert werden müssen.

b) Vorteile bei der Gewerbesteuer

132 Auch bei dem Hauptgesellschafter wirkt sich die Anerkennung von schuldrechtlichen Verträgen mit dem stillen Gesellschafter vorteilhaft bei der Besteuerung aus. Bei einer Personenhandelsgesellschaft gehören zum Gewerbeertrag auch die Sondervergütungen, die einem Gesellschafter für die Mitarbeit oder für die Überlassung von Wirtschaftsgütern gewährt werden. Da bei den stillen Gesellschaftern schuldrechtliche Verträge anerkannt werden, werden beim Hauptgesellschafter die für die Mitarbeit des stillen Gesellschafters gezahlten Arbeitsentgelte

als Betriebsausgaben anerkannt. Auch die für die Überlassung von Wirtschaftsgütern vom Hauptgesellschafter dem stillen Gesellschafter gezahlte Miete und Pacht sind keine Gewinnanteile des stillen Gesellschafters aus Gewerbebetrieb, sondern für den Hauptgesellschafter Betriebsausgaben. Das gilt auch für die Ermittlung des Gewerbeertrags, da dieser nach den Vorschriften des Einkommensteuerrechts bzw. des Körperschaftsteuerrechts zu ermitteln ist.

Beispiel: Arbeitet der stille Gesellschafter Meyer in dem Betrieb des Hauptgesellschafters der Fa. Müller und Schulze KG mit und erhält Meyer als Prokurist der Firma ein Jahresgehalt von 60 000 DM, so kann die KG die durch die Beschäftigung des Meyer entstandenen Aufwendungen als Betriebsausgaben absetzen. Das gilt nicht nur für den Bruttoarbeitslohn, sondern für den Arbeitgeberanteil zu den gesetzlichen Sozialversicherungen und für die freiwilligen sozialen Leistungen.

Das gleiche gilt, wenn der stille Gesellschafter Wirtschaftsgüter der KG vermietet. Auch die Miete ist in diesen Fällen als Betriebsausgabe abzusetzen. Dabei ist jedoch zu berücksichtigen, daß die Miete dann, wenn es sich um Miete für bewegliche Wirtschaftsgüter des Anlagevermögens handelt, dem gewerblichen Gewinn für die Ermittlung des Gewerbeertrags zur Hälfte wieder zuzurechnen ist. Bei der Vermietung von Grundstücken ist zu beachten, daß die Miete in diesen Fällen zwar in voller Höhe den Gewerbeertrag mindert, daß jedoch dann, wenn der Grundbesitz bei dem Mitunternehmer einer Personenhandelsgesellschaft zu dessen notwendigem Sonderbetriebsvermögen gehören würde, der Gewerbeertrag um 1,2 v. H. des Einheitswertes dieser zum Betriebsvermögen gehörenden Grundstücke zu kürzen ist. 133

c) Berechnung der Belastung mit Gewerbeertragsteuer

Durch die Anerkennung von Arbeitsverträgen und Miet- oder Pachtverträgen über Grundstücke ergeben sich somit für den Hauptgesellschafter steuerrechtliche Vorteile. Sein Gewerbeertrag wird dadurch niedriger. Dadurch ermäßigt sich die Steuer. Die Höhe der Steuerermäßigung hängt einmal davon ab, wie hoch der gewerbliche Gewinn und damit die Steuermeßzahl für die Gewerbesteuer ist. Bei mittleren Gewerbebetrieben ist regelmäßig davon auszugehen, daß sie einen Gewerbeertrag erzielen, bei dem die Minderung des Ertrags durch die Anerkennung von Arbeitsverträgen oder Mietverträgen bei Grundstükken mit einer Meßzahl von 5 v. H. belastet ist. Die Höhe der Steuerer- 134 sparnis bei der Gewerbeertragsteuer hängt aber ferner auch von dem Hebesatz der Gemeinden ab.

135 Bei der Berechnung der Ermäßigung an Gewerbesteuer ist ferner zu berücksichtigen, daß die Gewerbesteuer selbst wieder eine Betriebsausgabe ist. Die Ermäßigung der Gewerbesteuer durch Minderung des Gewerbeertrags wirkt sich also wieder gewinnerhöhend und damit auch erhöhend auf den Gewerbeertrag aus. Diese Erhöhung wiederum wirkt sich wieder gewinnmindernd und damit erhöhend auf den Gewerbeertrag aus usw. Es handelt sich um eine unendlich alternierende geometrische Reihe.

136 Die Belastung des unversteuerten Gewinns ergibt sich nach der Formel:

$$\underset{\text{(Grenzwert)}}{\lim} = \frac{A}{1 - q}$$

Dabei ist $A = \text{unversteuerter Gewinn} \times \frac{\text{Meßzahl}}{100} \times \frac{\text{Hebesatz}}{100}$

$$q = \left(- \frac{\text{Meßzahl}}{100} \times \frac{\text{Hebesatz}}{100} \right)$$

137 Es ergibt sich somit folgende Formel:

$$\text{GewErtrSt} = \frac{\text{uG} \times \frac{M}{100} \times \frac{H}{100}}{\left(1 + \frac{M}{100} \times \frac{H}{100} \right)}$$

138 Dabei ist GewErtrSt = Gewerbeertragsteuer
M = Meßzahl
H = Hebesatz
uG = unversteuerter Gewinn

Geht man von einer Meßzahl von 5 v. H. und einem Hebesatz von 350 v. H. aus, so ist 139

$$\text{GewErtrSt} = \frac{\text{uG} \times 0{,}175}{1 + 0{,}175} = \frac{\text{uG} \times 0{,}175}{1{,}175} = \text{uG} \times 0{,}148936$$

Wird ein stiller Gesellschafter vom Hauptgesellschafter als Arbeitnehmer in seinem Handelsgewerbe beschäftigt und betragen die Aufwendungen für die Beschäftigung, also 140

— der Bruttoarbeitslohn,

— die Arbeitgeberbeiträge zur gesetzlichen Sozialversicherung sowie

— die freiwilligen sozialen Leistungen

68 000 DM und ist der Gewerbeertrag in seinen Spitzenbeträgen einem Hebesatz von 5 v. H. belastet, so beträgt bei einem Hebesatz der Gemeinde von 350 v. H. die Einsparung an Gewerbeertragsteuer:
Einsparung: 68 000 × 0,148936 = 10 127 DM.

9. Vor- und Nachteile einer typischen stillen Gesellschaft

Bürgerlich-rechtlich ergeben sich durch den Abschluß einer stillen Gesellschaft dadurch Nachteile gegenüber der Personenhandelsgesellschaft, daß durch die Einlage des stillen Gesellschafters kein Gesellschaftsvermögen entsteht, sondern der stille Gesellschafter durch seine Einlage lediglich einen Anspruch auf Rückzahlung derselben gegen den Hauptgesellschafter erwirbt. Dabei handelt es sich regelmäßig um einen Anspruch auf Zahlung einer Geldsumme. Bei Geldwertschwankungen wirkt sich das zum Nachteil des stillen Gesellschafters aus. 141

Nachteilig ist die Gründung einer stillen Gesellschaft im Vergleich mit einer Personenhandelsgesellschaft auch dadurch, daß der stille Gesellschafter keinen Einfluß auf die Geschäftsführung hat und seine Kontrollrechte stark eingeschränkt sind. 142

Wirtschaftlich ergibt sich jedoch gelegentlich die Notwendigkeit, sich als stiller Gesellschafter an dem Handelsgewerbe eines anderen zu beteiligen. Nämlich dann, wenn das Beteiligungsverhältnis nach außen 143 nicht in Erscheinung treten soll. Das wird oft dann gewünscht, wenn der stille Gesellschafter selbst einen Gewerbebetrieb ausübt und nach außen nicht erkennbar sein soll, daß er auch an einem anderen Gewerbebetrieb beteiligt ist. In der Praxis kommt es häufig vor, daß sich Großhandelsunternehmer an Einzelhandelsunternehmen als stille Gesellschafter beteiligen, weil die anderen Einzelhändler nicht wissen sollen, daß der Großhändler an einem Konkurrenzbetrieb beteiligt ist.

144 Die Wahl der Rechtsform der stillen Gesellschaft, und zwar der typischen stillen Gesellschaft, kann steuerliche Vorteile bieten, wenn der stille Gesellschafter die Rechtsfolgen einer Mitunternehmerschaft vermeiden will. Hat ein Großhandelsunternehmen gewerbliche Räume in dem dem Meyer gehörenden Geschäftshaus gemietet und will sich Meyer an dem Gewerbebetrieb der Großhandlung beteiligen, so werden die dem Großhandelsunternehmen vermieteten gewerblichen Räume dann notwendiges Sonderbetriebsvermögen des Meyer, wenn dieser Mitunternehmer des Großhandelsbetriebs wird. In solchen Fällen besteht die Gefahr, daß Meyer bei einer Veräußerung des Geschäftshauses oder aber auch schon bei einer Auflösung des Mietvertrages mit dem Großhandelsunternehmen die bei dem Grundbesitz inzwischen gebildeten stillen Reserven als Teil des laufenden gewerblichen Gewinns als Mitunternehmer des Großhandelsunternehmens versteuern muß. Will Meyer sich nur mit einer bestimmten Einlage an dem Großhandelsunternehmen beteiligen, so ist die Beteiligung als stiller Gesellschafter aus diesem Grunde vorteilhafter als die Beteiligung als Kommanditist, bei der Meyer Mitunternehmer des Großhandelsunternehmens wird. Er kann als stiller Gesellschafter dem Hauptgesellschafter die gewerblichen Räume nach wie vor vermieten. Die von dem Großhandelsunternehmen genutzten Gebäudeteile werden nicht Sonderbetriebsvermögen des Meyer. Sie bleiben dessen Privatvermögen. Die bei einem Ausscheiden aus dem Betriebsvermögen aufzulösenden stillen Reserven brauchen deshalb nicht als Teil des gewerblichen Gewinns versteuert zu werden.

145 Auch dann, wenn sich z. B. ein Prokurist an dem Unternehmen, in dem er beschäftigt ist, beteiligen will, ist es gelegentlich vorteilhafter, wenn er den Abschluß einer stillen Gesellschaft wählt. Als stiller Gesellschafter bleibt er Arbeitnehmer des Unternehmens. Die Bezüge als Arbeitnehmer hat er als Einkünfte aus nichtselbständiger Arbeit zu versteuern. Würde er sich dagegen als Kommanditist an dem Unternehmen beteiligen, so wäre er Mitunternehmer. Er würde dann aus dem Großhandelsunternehmen einheitlich gewerbliche Einkünfte beziehen. Das hätte zur Folge, daß die von dem Großhandelsunternehmen gewährte Vergütung für seine Mitarbeit für ihn Teil seines gewerblichen Gewinns ist. Es muß in diesen Fällen nicht nur sein Bruttoarbeitslohn als Vorabgewinn behandelt werden, sondern zu seinem Gewinnanteil gehören auch die Leistungen des Großhandelsunternehmens für die gezahlten Arbeitgeberbeiträge zur gesetzlichen Kranken- und Rentenversicherung sowie die freiwilligen sozialen Leistungen.

Auch die bisherigen Inhaber des Großhandelsunternehmens hätten **146**
durch den Abschluß einer stillen Gesellschaft mehr steuerliche Vorteile als durch die Beteiligung ihres Prokuristen z. B. als Kommanditisten, also Mitgesellschafter einer Personenhandelsgesellschaft. Das Gehalt, das der Prokurist für seine Arbeitsleistung bezieht, mindert bei dem Abschluß einer stillen Gesellschaft den Gewerbeertrag, während es beim Abschluß einer Kommanditgesellschaft Teil des gewerblichen Gewinns und damit auch Teil des Gewerbeertrags wäre (vgl. Rz. 61 f.).

II. Atypische stille Gesellschaft

1. Begriff

Für die stille Gesellschaft nach § 365 ff HGB ist es typisch, daß der **147**
stille Gesellschafter nur am Betriebsergebnis, nicht aber an dem Vermögen, also an den stillen Reserven des Hauptgesellschafters beteiligt ist. Diese für eine stille Gesellschaft typischen Umstände sind jedoch nicht begriffsnotwendig für jede nicht nach außen in Erscheinung tretende Gesellschaft. Die im bürgerlichen Recht herrschende Vertragsfreiheit macht es möglich, abweichende Vereinbarungen zu treffen. Wird deshalb ein Vertrag abgeschlossen, wonach sich die Vertragsschließenden verpflichten, daß einer von ihnen nach außen als Unternehmer eines Handelsgewerbes in Erscheinung treten soll, daß jedoch auch ein anderer, der nach außen nicht als Gesellschafter erscheint, am Vermögen des Hauptgesellschafters beteiligt ist, so liegt eine atypische stille Gesellschaft vor.

Die Vertragsschließenden können so vereinbaren, daß das dem Haupt- **148**
gesellschafter nach außen gehörende Betriebsvermögen im Innenverhältnis zwischen den Gesellschaftern so behandelt werden soll, als sei

es gemeinsames Vermögen der beiden Gesellschafter geworden. Durch eine solche Vereinbarung entsteht jedoch kein Gesellschaftsvermögen. Bürgerlich-rechtlicher Eigentümer der Wirtschaftsgüter, die dem gewerblichen Unternehmen dienen, ist derjenige, der nach außen als Gewerbetreibender in Erscheinung tritt. Die Vereinbarungen zwischen den Vertragsschließenden haben nur schuldrechtlichen Charakter. Es entstehen keine gemeinschaftlichen dinglichen Rechte. Die Gesellschafter sind lediglich schuldrechtlich verpflichtet, sich so zu stellen, als wäre das Vermögen des Hauptgesellschafters, soweit es dem Gewerbebetrieb dient, Gesamthandsvermögen der Gesellschafter geworden.

149 Das hat zur Folge, daß der nach außen nicht in Erscheinung tretende atypische stille Gesellschafter einen schuldrechtlichen Anspruch (§ 241 BGB) gegen den Hauptgesellschafter besitze, nach dem er so zu stellen ist, als seien die Wirtschaftsgüter, die dem gewerblichen Betrieb dienen, Gesamthandseigentum geworden. Er hat daher auch bei dem Anlagevermögen Anspruch auf die bei der Veräußerung aufgelösten stillen Reserven. Bei einer Liquidation der Gesellschaft hat er also den Anspruch, so gestellt zu werden, als sei das gesamte Vermögen, das dem gewerblichen Betrieb dient, Gesamthandsvermögen geworden und wäre bei der Beendigung des Vertragesverhältnisses nach den Vorschriften über das Gesamthandseigentum aufzulösen.

2. Geschäftsführung

150 Auch die atypische stille Gesellschaft ist nur eine Innengesellschaft. Sie tritt nach außen nicht in Erscheinung. Für die Geschäftsführung und Vertretung Dritten gegenüber ist deshalb allein der Hauptgesellschafter berechtigt, denn auch bei einer atypischen stillen Gesellschaft ist nach außen der Hauptgesellschafter Unternehmer des Gewerbebetriebs. Der Hauptgesellschafter kann ein Einzelunternehmen, eine Personenhandelsgesellschaft oder eine Kapitalgesellschaft sein. Je nach der Rechtsform, die für den Hauptgesellschafter besteht, richtet es sich, wer berechtigt und verpflichtet ist, die Geschäfte des Hauptgesellschafters zu führen und wer berechtigt und verpflichtet ist, nach außen für den Hauptgesellschafter zu handeln.

3. Wechsel der Gesellschafter

151 Die atypische stille Gesellschaft ist auch eine Personengesellschaft. Deshalb können die Gesellschaftsrechte nicht ohne weiteres auf Dritte übertragen werden. Für eine Übertragung der Gesellschaftsrechte auf Dritte sind daher vertragliche Vereinbarungen zwischen den ausscheidenden Gesellschaftern und den Dritten (Übergabevertrag) und den verbleibenden Gesellschaftern und den Dritten über die Aufnahme in die Gesellschaft (Aufnahmevertrag) notwendig.

Die gesetzliche Bestimmung, daß beim Tode eines (typischen) stillen Gesellschafters die Erben die Rechtsstellung des Erblassers erhalten, kann m. E. nicht bei der atypischen stillen Gesellschaft gelten. Die atypische stille Gesellschaft weicht derartig von der typischen stillen Gesellschaft ab, daß ausdrücklich vertragliche Vereinbarungen für den Fall des Todes des atypischen stillen Gesellschafters getroffen werden müssen, wenn davon ausgegangen werden soll, daß der Erbe in die gesellschaftsrechtliche Stellung des atypischen stillen Gesellschafters eintreten soll. 152

4. Haftung

Auch die atypische stille Gesellschaft tritt als eine Innengesellschaft nicht nach außen in Erscheinung. Deshalb haftet der atypische stille Gesellschafter den Gläubigern des gewerblichen Unternehmens nicht unmittelbar. Die von ihm gleistete Kapitaleinlage wird Vermögen des Hauptgesellschafters und nur der Hauptgesellschafter haftet für Verbindlichkeiten des Unternehmens. 153

Im Innenverhältnis richtet sich die Haftung nach den vertraglichen Vereinbarungen. Bei einer atypischen stillen Gesellschaft müssen derartige Vereinbarungen getroffen worden sein, denn nur dadurch, daß die Beteiligten von der typischen Rechtsform der stillen Gesellschaft abweichende Vereinbarungen über die Haftung und Beteiligung am Vermögen getroffen haben, liegt eine atypische stille Gesellschaft vor. Ohne solche abweichende Vereinbarungen würde es sich um eine typische stille Gesellschaft handeln. 154

5. Gewinnverteilung

Bei einer atypischen stillen Gesellschaft ist Voraussetzung, daß hinsichtlich der Gewinnverteilung Vereinbarungen getroffen werden, die von den typischen Vereinbarungen bei der stillen Gesellschaft abweichen. Voraussetzung für das Vorliegen einer atypischen stillen Ge- 155 sellschaft ist deshalb, daß vertragliche Vereinbarungen getroffen werden, wonach der stille Gesellschafter nicht nur an dem laufenden Gewinn des Handelsgewerbes des Hauptgesellschafters beteiligt ist, sondern daß er auch einen schuldrechtlichen Anspruch besitzt, wonach er so zu behandeln ist, als wäre er auch am Vermögen des Hauptgesellschafters, das seinem Handelsgewerbe dient, wie ein Mitgesellschafter beteiligt. Durch die Beteiligung am Vermögen ergibt sich auch eine Beteiligung an den stillen Reserven der dem Betrieb dienenden Wirtschaftsgüter. Bei einer Auflösung der Gesellschaft hat der stille Gesellschafter gegenüber dem Hauptgesellschafter den schuldrechtlichen Anspruch so gestellt zu werden, als seien die dem Betrieb dienenden Wirtschaftzsgüter Gesamthandseigentum geworden.

6. Stiller Gesellschafter als Mitunternehmer — einheitliche Gewinnfeststellung

156 Soweit vertragliche Vereinbarungen vorliegen, die eine Beteiligung am Anlagekapital bezwecken und die auch eine Abfindung beim Ausscheiden des Gesellschafters vorsehen, die über den Betrag seiner Einlage hinausgeht, wird der stille Gesellschafter als atypischer stiller Gesellschafter steuerlich als Mitunternehmer im Sinne des § 15 Abs. 1 Nr. 2 EStG behandelt. Das hat zur Folge, daß der stille Gesellschafter keine Einkünfte aus Kapitalvermögen bezieht, sondern gewerbliche Einkünfte. Bei einer atypischen stillen Gesellschaft sind also alle Gesellschafter Mitunternehmer und beziehen gewerbliche Einkünfte.

157 Nach § 180 Abs. 1 Nr. 2a AO 1977 sollen die einkommensteuerpflichtigen Einkünfte gesondert festgestellt werden, wenn an den Einkünften mehrere Personen beteiligt sind und die Einkünfte diesen Personen steuerlich zuzurechnen sind. Danach sind die Einkünfte eines atypischen stillen Gesellschafters genauso wie die Einkünfte einer OHG, einer KG oder einer Gesellschaft des bürgerlichen Rechts einheitlich festzustellen. Bei der Veranlagung zur Einkommensteuer werden also nicht für jeden Gesellschafter dessen Gewinnanteile ermittelt, sondern die Feststellung des Gewinns der Gesellschaft erfolgt in einem besonderen Verfahren.

158 Wie bisher wird im Verfahren der gesonderten Gewinnfeststellung auch künftig darüber entschieden, ob steuerrechtlich die Gesellschaft anzuerkennen ist und ob eine atypische stille Gesellschaft, also Mit-

unternehmerschaft, vorliegt oder ob es sich um eine typische stille Gesellschaft handelt, bei der der stille Gesellschafter lediglich Einkünfte aus Kapitalvermögen bezieht. Auch wenn das Finanzamt die Angemessenheit der Gewinnverteilung beanstandet, muß über die Verteilung des Gewinns ebenfalls im Verfahren über die einheitliche Gewinnfeststellung entschieden werden.

Im Verfahren über die einheitliche Feststellung der Gewinne eines atypischen stillen Gesellschafters wird auch darüber entschieden, ob und in welcher Höhe den einzelnen Gesellschaftern Vorabgewinne, also Vergütungen, die zu den gewerblichen Einkünften zählen, zufließen. Ist z. B. ein atypischer stiller Gesellschafter Arbeitnehmer des Hauptgesellschafters, so wird im Verfahren über die einheitliche Gewinnfeststellung entschieden, wie hoch die Sondervergütung des stillen Gesellschafters für seine Tätigkeit für den Hauptgesellschafter ist.

Das gleiche gilt dann, wenn der atypische stille Gesellschafter dem **159**
Hauptgesellschafter Wirtschaftsgüter für gewerbliche Zwecke vermietet oder verpachtet hat. Auch über die Höhe der dafür gewährten Vergütung wird im Verfahren über die einheitliche Gewinnfeststellung entschieden.

Im Verfahren über die einheitliche Feststellung der Gewinne wird ferner darüber befunden, ob einzelnen Gesellschaftern Sonderbetriebsausgaben entstanden sind. Betriebsausgaben sind die durch den Betrieb veranlaßten Aufwendungen. Sonderbetriebsausgaben eines Gesellschafters sind solche Aufwendungen, die nicht der Gesellschaft, also den Gesellschaftern insgesamt, sondern nur einzelnen Gesellschaftern erwachsen sind. Auch diese Aufwendungen sind bei der Ermittlung des Gewinnanteils, der dem einzelnen Gesellschafter aus dem von der atypischen stillen Gesellschaft betriebenen gewerblichen Unternehmen zufließen, zu berücksichtigen.

7. Keine Anerkennung von anderen schuldrechtlichen Verträgen

Liegt eine atypische stille Gesellschaft vor, wonach der stille Gesell- **160**
schafter auf Grund von schuldrechtlichen Ansprüchen auch an dem gewerblichen Betriebsvermögen des Hauptgesellschafters beteiligt ist und somit der stille Gesellschafter steuerrechtlich als Mitunternehmer

des Gewerbebetriebs anzusehen ist, so bezieht der atypische stille Gesellschafter wie jeder andere Mitunternehmer nur gewerbliche Einkünfte aus dem von dem Hauptgesellschafter auf gemeinsame Rechnung betriebenen Gewerbebetrieb. Das bedeutet, daß andere schuldrechtliche Verträge zwischen den stillen Gesellschaftern und dem Hauptgesellschafter steuerrechtlich nicht anerkannt werden. Der atypische stille Gesellschafter kann daher nicht gleichzeitig Arbeitnehmer des Hauptgesellschafters sein. Er kann dem Hauptgesellschafter auch keine Wirtschaftsgüter vermieten und verpachten, die dieser für seine gewerbliche Tätigkeit nutzt.

Das hat nicht nur zur Folge, daß die Entgelte, die der Hauptgesellschafter dem stillen Gesellschafter für die Überlassung dieser Wirtschaftsgüter zahlt, bei dem stillen Gesellschafter zu dessen gewerblichen Gewinn gehören. Auch bei der Gewerbeertragsteuer können derartige Entgelte nicht als Betriebsausgaben behandelt werden. Sie sind Vorabgewinne und erhöhen als solche den Gewerbeertrag (vgl. Rz. 89 f.).

161 Eine weitere Rechtsfolge der steuerlichen Behandlung des atypischen stillen Gesellschafters als Mitunternehmer ist, daß alle Wirtschaftsgüter, die der stille Gesellschafter dem Hauptgesellschafter für dessen Gewerbebetrieb vermietet oder verpachtet, zum Sonderbetriebsvermögen des stillen Gesellschafters zählen. Das bedeutet zunächst, daß diese Wirtschaftsgüter in einer für den atypischen stillen Gesellschafter aufzustellenden Ergänzungsbilanz als dessen Betriebsvermögen zu bilanzieren sind. Veräußert der stille Gesellschafter derartige Wirtschaftsgüter, so werden die bei der Veräußerung erzielten Gewinne und ggfs. natürlich auch die Verluste als außerordentliche Erträge oder als außerordentliche Aufwendungen erfaßt. Sie erhöhen bzw. mindern also den Gewinnanteil, den der stille Gesellschafter aus dem vom Hauptgesellschafter im eigenen Namen aber für gemeinsame Rechnung betriebenen Gewerbebetrieb erzielt.

162 Bei den Wirtschaftsgütern, die zum Sonderbetriebsvermögen des stillen Gesellschafters zählen, werden aber nicht nur Veräußerungsgewinne, sondern auch Entnahmegewinne erfaßt. Ändert sich deshalb die Nutzung des Wirtschaftsgutes, so daß ohne Veräußerung das Wirtschaftsgut nicht mehr zum notwendigen Betriebsvermögen des atypischen stillen Gesellschafters zählt, so ist immer dann ein Entnahmegewinn als außerordentlicher Ertrag von dem atypischen stillen Gesellschafter zu versteuern, wenn das Wirtschaftsgut nicht weiterhin als nunmehr gewillkürtes Betriebsvermögen behandelt werden kann. Es gelten hier die gleichen Grundsätze wie bei den Sonderbetriebsvermögen anderer Gesellschafter einer Personenhandelsgesellschaft (vgl. Rz. 77 f.).

8. Vor- und Nachteile einer atypischen stillen Gesellschaft

Bürgerlich-rechtlich hat der atypische stille Gesellschafter eine we- **163**
sentlich schlechtere Rechtsstellung als der Gesellschafter einer Personenhandelsgesellschaft, der wie z. B. der Kommanditist die Haftung auf den Betrag seiner Einlage beschränken kann. Der atypische stille Gesellschafter haftet im Innenverhältnis dem Hauptgesellschafter gegenüber wie ein Mitunternehmer für die Verbindlichkeiten. Er kann lediglich nicht von den Gläubigern des Hauptunternehmers unmittelbar in Anspruch genommen werden. Andererseits kann der atypische stille Gesellschafter, da das Beteiligungsverhältnis nach außen nicht in Erscheinung treten soll, nicht den Einfluß auf die Geschäftsführung und Vertretung der Gesellschaft nehmen wie es bei dem Abschluß einer Personenhandelsgesellschaft möglich wäre.

Auch steuerrechtlich hat der atypische stille Gesellschafter keine bes- **164**
sere Rechtsstellung als der Gesellschafter einer Personenhandelsgesellschaft. Er wird steuerrechtlich wie dieser als Mitunternehmer behandelt. Schuldrechtliche Verträge zwischen ihm und dem Hauptgesellschafter werden steuerrechtlich nicht anerkannt.

Eine atypische stille Gesellschaft wird daher in der Praxis nur dann **165**
abgeschlossen, wenn die Beteiligten zwar Mitunternehmerschaft für den Gewerbebetrieb vereinbaren wollen, der stille Gesellschafter aber aus wirtschaftlichen oder persönlichen Gründen nach außen nicht als Mitunternehmer des Gewerbebetriebs in Erscheinung treten will.

D. Gesellschaft mit beschränkter Haftung

I. Bürgerlich-rechtliche Auswirkungen

1. Die GmbH als juristische Person

a) Träger von Rechten und Pflichten

166 Die GmbH ist eine Kapitalgesellschaft, also eine juristische Person. Nach § 13 GmbHG hat die GmbH als solche selbständig ihre Rechte und Pflichten. Sie kann Eigentum und andere dingliche Rechte an Grundstücken erwerben und vor Gericht klagen und verklagt werden. Für die Verbindlichkeiten der Gesellschaf haftet den Gläubigern derselben gegenüber nur das Gesellschaftsvermögen. Im Gegensatz zur Aktiengesellschaft bei denen der Mindestnennbetrag des Grundkapitals 100 000 DM betragen muß (§ 7 Aktiengesetz; vgl. Rz. 1), beträgt das Stammkapital einer GmbH nur mindestens 20 000 DM, nach künftigem Recht 50 000 DM (vgl. KLAUSS/MITTELBACH, Die GmbH, Ludwigshafen/Rhein 1977). Die Stammeinlage eines jeden Gesellschafters muß mindestens 500 DM betragen. Dadurch ist die GmbH als Kapitalgesellschaft für mittlere und kleinere gewerbliche Unternehmen geeignet, während die Aktiengesellschaft und die Kommanditgesellschaft auf Aktien meistens die Rechtsform von größeren Gewerbebetrieben ist.

Wie ausgeführt, beschränken sich die Ausführungen in der vorliegenden Schrift nur für die Gesellschaftsformen, die für mittlere gewerbliche Unternehmen in Frage kommen.

167 Als juristische Person entsteht die GmbH mit der Eintragung ins Handelsregister. Nach § 11 GmbHG besteht die GmbH vor der Eintragung in das Handelsregister als solche nicht.

b) Gesellschaftsvertrag

168 Die GmbH wird als juristische Person durch den Gesellschaftsvertrag errichtet. Der Gesellschaftsvertrag muß in notarieller Form abgeschlossen werden und ist von sämtlichen Gesellschaftern zu unterzeichnen. Bevollmächtigte können nur auf Grund der notariell errichteten oder beglaubigten Vollmacht die Unterzeichnung vornehmen.

Der Gesellschaftsvertrag, durch den eine GmbH errichtet werden soll, muß enthalten

— die Firma und den Sitz der Gesellschaft,
— den Gegenstand des Unternehmens,
— den Betrag des Stammkapitals,
— den Betrag, der von jedem Gesellschafter auf das Stammkapital zu leistenden Einlage (Stammeinlage).

Wie ausgeführt, muß das Stammkapital mindestens 20 000 DM, künftig 50 000 DM betragen.

Die Gesellschaft muß einen oder mehrere Geschäftsführer haben. Zu **169** den Geschäftsführern können Gesellschafter oder andere Personen bestellt werden (vgl. Rz. 174 f.).

c) Anmeldung zum Handelsregister

Die Anmeldung einer GmbH zur Eintragung in das Handelsregister **170** darf nur erfolgen, nachdem von jeder Stammeinlage, soweit nicht andere als in Geld zu leistende Einlagen auf das Stammkapital gemacht sind, 1/4, mindestens aber der Betrag von 250 DM eingezahlt ist. Außerdem muß der Anmeldung beigefügt sein,

— der Gesellschaftsvertrag und soweit der Gesellschaftsvertrag vom Bevollmächtigten unterzeichnet ist, die Vollmacht der Vertreter, welche den Gesellschaftsvertrag unterzeichnet haben oder eine beglaubigte Abschrift dieser Urkunde,
— die Legitimation der Geschäftsführer, soweit dieselben nicht im Gesellschaftsvertrag bestellt sind,
— eine von den Anmeldenden unterzeichnete Liste der Gesellschafter, aus welchen Name, Vorname, Stand und Wohnort der Gesellschafter sowie der Betrag, der von ihnen übernommenen Stammeinlage ersichtlich ist,
— in dem Falle, daß der Gegenstand des Unternehmens der staatlichen Genehmigung bedarf, die Genehmigungsurkunde,
— Unbedenklichkeitsbescheinigung des Finanzamts (§ 7 KVStDV).

Mit der Anmeldung muß die Versicherung abgegeben werden, daß auf **171** die Stammeinlage mindestens die Einzahlung von 25 v. H. bewirkt. wurde und der Gegenstand der Leistung sich in der freien Verfügung der Geschäftsführer befindet (vgl. KLAUSS/MITTELBACH, Die GmbH, Ludwigshafen/Rhein 1977 Rz. 47 f.).

2. Haftungsbeschränkung

172 Durch die Gründung einer GmbH kann die völlige Haftungsbeschränkung erreicht werden. Nach § 13 Abs. 2 GmbHG haftet den Gläubigern der GmbH gegenüber nur das Gesellschaftsvermögen für die Verbindlichkeiten der Gesellschaft. Nach § 26 GmbHG kann im Gesellschaftsvertrag zwar bestimmt werden, daß die Gesellschafter über den Betrag der Stammeinlage hinaus die Einforderung von weiteren Einzahlungen (Nachschüsse) beschließen können. Gesellschaftsverträge, durch die vertraglich eine Nachschußpflicht vereinbart worden ist, sind jedoch äußerst selten.

173 Im Regelfall ist also davon auszugehen, daß die einzelnen Gesellschafter einer GmbH nur in Höhe der von ihnen übernommenen Stammeinlage haften und bei Gründung der Gesellschaft auf die von ihnen übernommene Stammeinlage lediglich 25 v. H. der Haftungssumme eingezahlt haben müssen.

3. Geschäftsführung durch Angestellte

174 Als juristische Person kann die GmbH ihre Geschäfte nicht selbst wahrnehmen. Natürliche Personen müssen für die GmbH handeln, sie müssen die Geschäfte der GmbH führen und Dritten gegenüber rechtsverbindliche Erklärungen abgeben. Nach § 35 GmbHG wird die Gesellschaft durch ihre Geschäftsführer gerichtlich und außergerichtlich vertreten. Die Geschäftsführer haben in der durch den Gesellschaftsvertrag bestimmten Form ihre Willenserklärung kundzutun und für die Gesellschaft zu zeichnen. Durch die von den Geschäftsführern im Namen der Gesellschaft vorgenommenen Rechtsgeschäfte wird die GmbH berechtigt und verpflichtet. Dabei ist es gleichgültig, ob das Geschäft ausdrücklich im Namen der Gesellschaft vorgenommen wird oder ob sich aus den Umständen ergibt, daß es nach dem Willen der Beteiligten für die Gesellschaft vorgenommen werden sollte.

175 Die Geschäftsführer sind lediglich der Gesellschaft gegenüber verpflichtet, die Beschränkungen einzuhalten, welche für den Umfang ihrer Befugnis die Gesellschaft zu vertreten durch den Gesellschaftsvertrag oder, soweit dieser nicht ein anderes bestimmt, durch die Beschlüsse der Gesellschafter festgesetzt sind. Diese Beschränkungen in der Vertretungsbefugnis der Geschäftsführer wirkt gegen dritte Personen jedoch grundsätzlich nicht.

Der Geschäftsführer einer GmbH braucht nicht deren Gesellschafter 176
zu sein. Es ist durchaus möglich, daß auch Nichtgesellschafter zu Geschäftsführern bestimmt werden. Dadurch hat der einzelne Gesellschafter auf die Geschäftsführung keinen Einfluß. In der Regel besteht sein Einfluß auf die Geschäftsführung als solche nur insoweit, als er Einfluß auf die Bestellung des Geschäftsführers nehmen kann. Nach § 46 Nr. 5 GmbH gehört es zu den Aufgabenkreisen der Gesellschafter der GmbH, die Bestellung und Abberufung von Geschäftsführern vorzunehmenden. Die von den Gesellschaftern diesbezüglich vorzunehmenden Entscheidungen erfolgen durch Beschlußfassung in der Gesellschafterversammlung (§ 48 Abs. 1 GmbHG). Soweit nichts anderes bestimmt ist, entscheiden die Gesellschafter nach Mehrheit der abgegebenen Stimmen. Das Stimmrecht richtet sich nach der Höhe des Geschäftsanteils.
Dabei ist davon auszugehen, daß je 100 DM eines Geschäftsanteils eine Stimme besitzt (§ 47 GmbHG).

Der durch Beschlußfassung der Gesellschafterversammlung bestimmte 177
Geschäftsführer einer GmbH kann ein Gesellschafter sein. Es kann aber auch ein beliebiger Dritter sein. Ob ein Geschäftsführer einer GmbH als deren Organ Gesellschafter oder Nichtgesellschafter ist, spielt grundsätzlich keine Rolle. Ebenfalls ohne Bedeutung auf die Vertretungsbefugnis des Geschäftsführers ist es, in welcher Weise dieser für die GmbH tätig wird.

Wird ein Gesellschafter als Geschäftsführer der GmbH tätig, so hat er 178
ein Wahlrecht. Er kann als Gesellschafter tätig werden und sich darauf beschränken, daß er durch seine Tätigkeit Gewinnanteile bezieht. Er kann aber auch mit der Gesellschaft einen Arbeitsvertrag abschließen und auf Grund dieses Arbeitsvertrages für die Gesellschaft tätig werden, (vgl. Rz. 228 f.).

Ganz gleich, ob der Geschäftsführer der GmbH ein Gesellschafter oder 179
ein Nichtgesellschafter ist oder ob der Geschäftsführer auf Grund eines Arbeitsvertrages für die GmbH tätig wird, nach § 43 GmbHG hat der Geschäftsführer in Angelegenheiten der Gesellschafter die Sorgfalt eines ordentlichen Geschäftsmannes anzuwenden. Er haftet, wenn er seine Obliegenheiten verletzt, der Gesellschaft für den dadurch entstandenen Schaden. Sind mehrere Geschäftsführer bestellt, so haften sie nach § 43 Abs. 2 GmbHG solidarisch für den entstandenen Schaden.

4. Übertragbarkeit der Geschäftsanteile

180 Nach dem Gesetz sind die Geschäftsanteile veräußerlich und vererblich. Der Gesetzgeber ist davon ausgegangen, daß bei der GmbH als einer Kapitalgesellschaft die Gesellschafter normalerweise geringe persönliche Bindungen zu der Gesellschaft haben. Die persönliche Bindung der Gesellschafter an die GmbH ist jedoch nicht auszuschließen. Sie ist stärker als die Bindung der Aktionäre an die Aktiengesellschaft. Diesem Umstand trägt das Gesetz dadurch Rechnung, daß es für die Abtretung von Geschäftsanteilen die notarielle Beurkundung verlangt und den Gesellschafterwechsel auf diese Art erschwert. Durch die Beurkundungspflicht wird auch verhindert, daß die Geschäftsanteile einer GmbH an der Börse gehandelt werden.

181 Wenn aber in einigen Fällen die persönliche Bindung der Gesellschafter an die GmbH noch stärker sein soll, so hat der Gesetzgeber es zugelassen, daß der Gesellschaftsvertrag die Abtretung der Geschäftsanteile weiter erschwert (§ 15 Abs. 5 GmbHG). Durch die Satzung kann deshalb bestimmt werden, daß der Geschäftsanteil nur an solche Personen abgetreten werden darf, die bestimmte Voraussetzungen erfüllen, z. B. an andere Gesellschafter oder an Angehörige der Gesellschafter. Es ist auch möglich, den Mitgesellschaftern und der Gesellschaft selbst ein Vorkaufsrecht einzuräumen.

Grundsätzlich ist jedoch festzuhalten, daß die Geschäftsanteile der GmbH veräußert und vererbt werden können und daß eine Einschränkung der Veräußerungsmöglichkeit nur durch die Satzung erfolgen kann. Die persönliche Bindung der Gesellschafter an die GmbH ist also stark gelockert.

II. Steuerliche Auswirkungen

1. Selbständige Steuerpflicht

182 Als Kapitalgesellschaften ist die GmbH selbständig steuerpflichtig. Sie hat das von ihr erzielte Einkommen zu versteuern. Was als Einkommen gilt und wie das Einkommen zu ermitteln ist, bestimmt sich im wesentlichen nach den Vorschriften des Einkommensteuerrechts (§ 8 Abs. 1 KStG). Nach § 8 Abs. 3 KStG dürfen Ausschüttungen jeder Art auf Genußscheine, mit denen das Recht auf Beteiligung am Gewinn und am Li-

quidationserlös der Kapitalgesellschaft verbunden ist, nicht das Einkommen mindern. Das gilt nicht nur für eine offene von der Gesellschaft beschlossenen Ausschüttung der erzielten Gewinne, sondern auch für die sog. verdeckte Gewinnausschüttung (vgl. Rz. 233 f.).

Dadurch, daß die GmbH als Körperschaft ihr Einkommen selbst zu versteuern hat, bei ihren Gesellschaftern jedoch Gewinnausschüttungen — offene und verdeckte Gewinnausschüttungen — als deren Einkünfte nochmals erfaßt und versteuert worden sind, trat nach bisherigem Recht eine doppelte Besteuerung der von der GmbH erzielten Gewinne ein. Die Doppelbesteuerung wurde nur dadurch gemindert, daß offene Gewinnausschüttungen nach einem ermäßigten Tarif versteuert worden sind. 183

Eine Vermeidung der Besteuerung von Einkommensteilen bei der GmbH kann dadurch vermieden werden, daß zwischen den Gesellschaftern und der Gesellschaft schuldrechtliche Verträge abgeschlossen werden (vgl. Rz. 187 f.), durch die die Gesellschafter der GmbH Leistungen entgeltlich erbringen und die Entgelte für die Leistungen bei der GmbH als Betriebsausgaben deren Gewinn und damit deren stpfl. Einkommen mindern. Eine weitere Möglichkeit, die Besteuerung von Einkommensteilen bei der GmbH zu vermeiden, besteht darin, daß zwischen der GmbH und ihren Gesellschaftern eine Personengesellschaft abgeschlossen wird (z. B. eine KG oder stille Gesellschaft) und die Gesellschafter der GmbH Gewinnanteile als Gesellschafter der Personengesellschaft mit der GmbH erzielen. 184

Eine Doppelbesteuerung besteht nach wie vor für das Vermögen der GmbH. Das Vermögen der GmbH wird einmal bei der GmbH als juristischer Person erfaßt. Das geschieht dadurch, daß für das Betriebsvermögen der GmbH ein Einheitswert festgestellt wird, der nicht wie bei den Personenhandelsgesellschaften auf die einzelnen Gesellschafter aufgeteilt wird, sondern den die GmbH selbst als juristische Person als ihr Vermögen versteuern muß (vgl. KLAUSS/MITTELBACH, Die GmbH a. a. O. Rz. 582 f.). 185

Die Gesellschafter der GmbH besitzen die Geschäftsanteile an der GmbH. Diese Geschäftsanteile sind Teile ihres Vermögens. Sie haben deshalb die Geschäftsanteile, soweit sie nicht zu ihrem Betriebsvermögen gehören, als Teil ihres sonstigen Vermögens nochmals der Vermögensteuer zu unterwerfen. 186

2. Anerkennung von schuldrechtlichen Verträgen

187 Die GmbH ist als Kapitalgesellschaft eine selbständige juristische Person (vgl. Rz. 166 f.). Bürgerlich-rechtlich können deshalb die Gesellschafter der GmbH mit der GmbH als juristische Person Verträge jeglicher Art abschließen. Diese Verträge werden auch für die Besteuerung anerkannt. Es ist deshalb möglich, daß zwischen der Gesellschaft und den Gesellschaftern

- Arbeitsverträge,
- Miet- oder Pachtverträge,
- Darlehnsverträge,
- Lizenzverträge,
- Gesellschaftsverträge

abgeschlossen werden.

188 Besteht zwischen der GmbH und einem ihrer Gesellschafter ein Arbeitsvertrag, so ist der Gesellschafter von der GmbH wie jeder andere Arbeitnehmer zu behandeln. Das dem Arbeitnehmer gezahlte Arbeitsentgelt, die gesetzlichen und freiwilligen sozialen Leistungen gehören bei der GmbH zu den Betriebsausgaben, die den Gewinn und damit das stpfl. Einkommen der GmbH mindern. Für den Gesellschafter sind die Bezüge aus dem Arbeitsverhältnis Arbeitslohn, den er wie jeder andere Arbeitnehmer zu versteuern hat.

189 Stellt der Gesellschafter der GmbH Wirtschaftsgüter miet- oder pachtweise zur Verfügung und zahlt die GmbH dafür Miete, so sind für die GmbH die Mietaufwendungen Betriebsausgaben und mindern den Gewinn und damit das Einkommen. Bei dem Gesellschafter kommt es für die steuerliche Behandlung der Mieteinnahmen darauf an, ob die vermieteten oder verpachteten Wirtschaftsgüter bei ihm zum Betriebsvermögen oder zum Privatvermögen gehören. Zählen die Wirtschaftsgüter zum Betriebsvermögen, so handelt es sich bei der Vermietung oder Verpachtung um einen betrieblichen Vorgang. Die Einnahmen daraus sind betrieblich bedingt, also Betriebseinnahmen, die den Gewinn des Gesellschafters beeinflussen. Gehören dagegen die Wirtschaftsgüter zum Privatvermögen des Gesellschafters, so erzielt er dann, wenn es sich bei den Wirtschaftsgütern um Grundstücke oder Sachgesamtheiten handelt, Einkünfte aus Vermietung und Verpachtung (§ 21 EStG). Handelt es sich dagegen um bewegliche Wirtschaftsgüter, so erzielt er sonstige Einkünfte im Sinne des § 22 EStG.

Die steuerrechtliche Anerkennung von Miet- und Pachtverträgen zwischen der GmbH und ihren Gesellschaftern hat jedoch auch zur Folge, daß die vermieteten und verpachteten Wirtschaftsgüter bei dem Gesellschafter nicht zu dessen notwendigem Sonderbetriebsvermögen gehören, wie dies bei einer Verpachtung an eine Personenhandelsgesellschaft der Fall wäre, bei der die einzelnen Gesellschafter Mitunternehmer sind (vgl. Rz. 74). Die von dem Gesellschafter der GmbH verpachteten oder vermieteten Wirtschaftsgüter können also Privatvermögen des Gesellschafters bleiben. Bei einer Veräußerung dieser Wirtschaftsgüter gehören deshalb die bei der Veräußerung erzielten Gewinne nicht zu den gewerblichen Einkünften. Sie werden also nicht als außerordentliche Erträge erfaßt. Bei einer Änderung der Nutzung müssen diese Wirtschaftgüter auch nicht aus dem Betriebsvermögen zum Teilwert in das Privatvermögen überführt werden. Es ist also nicht möglich, daß durch die Nutzungsänderung und Überführung in das Privatvermögen bei diesen Wirtschaftsgütern ein Entnahmegewinn entsteht, der als laufender Gewinn zu versteuern wäre. **190**

III. Besteuerung des Einkommens

1. Grundsatz

Auch nach der Körperschaftsteuerreform ist die GmbH als Kapitalgesellschaft steuerpflichtig. Sie hat das von ihr erzielte Einkommen selbst zu versteuern. Im Gegensatz zum bisherigen Recht tritt jedoch dann, wenn die Kapitalgesellschaft das von ihr erzielte Einkommen an ihre Gesellschafter ausschüttet, nicht nur eine Ermäßigung der von der Kapitalgesellschaft für das ausgeschüttete Einkommen zu zahlende Steuer ein, sondern die von der Kapitalgesellschaft für ausgeschüttete Gewinne zu zahlende Körperschaftsteuer wird auf die Steuer vom Einkommen ihrer Gesellschafter angerechnet bzw. soweit die Gesellschafter keine Einkommensteuer zu zahlen haben, erstattet. Das hat zur Folge, daß die ausgeschütteten Gewinne nur bei den Gesellschaftern der Kapitalgesellschaft als deren Einkommen versteuert werden. **191**

Nach dem Anrechnungsverfahren, das eine Ermäßigung, in Einzelfällen aber auch eine Erhöhung der Körperschaftsteuer für die ausgeschütteten Gewinne vorsieht und nach dem die für die ausgeschütteten **192**

Gewinne zu zahlende Körperschaftsteuer auf die Einkommensteuer der Gesellschafter angerechnet wird, bzw. bei dem eine Erstattung der Körperschaftsteuer vorgenommen wird, ergeben sich eine Reihe von Problemen. In der vorliegenden Schrift können diese nicht besprochen werden. Man muß sich hier auf die Darstellung der typischen Auswirkung beschränken, da nur diese Einfluß auf die Wahl der Gesellschaftsform haben kann.

2. Besteuerung thesaurierter Gewinne

193 Eine GmbH, die ihre Geschäftsleitung oder ihren Sitz im Inland hat, ist als Kapitalgesellschaft nach § 1 Abs. 1 Nr. 1 KStG unbeschränkt körperschaftsteuerpflichtig. Befreiungsvorschriften kommen für eine GmbH, die einen Gewerbebetrieb auf eigene Rechnung führen will, nicht in Betracht.

194 Die Körperschaftsteuer bemißt sich nach dem zu versteuernden Einkommen (§ 7 Abs. 1 KStG). Was als Einkommen gilt und wie das Einkommen zu ermitteln ist, bestimmt sich nach den Vorschriften des Einkommensteuergesetzes, soweit das Körperschaftsteuergesetz keine abweichenden Vorschriften enthält. Für die Ermittlung des Einkommens ist es ohne Bedeutung, ob das Einkommen verteilt wird. Auch verdeckte Gewinnausschüttungen sowie Ausschüttungen jeder Art auf Genußscheine, mit denen das Recht auf Beteiligung am Gewinn und am Liquidationserlös der Kapitalgesellschaft verbunden ist, mindern das Einkommen nicht.

Die GmbH ist als Handelsgesellschaft nach den Vorschriften des HGB, zur Führung von Büchern verpflichtet. Sie hat alle Einkünfte als Einkünfte aus Gewerbebetrieb zu behandeln. Besteht der Zweck der GmbH also in der Vermietung von Grundbesitz, so sind die Einkünfte aus den Mietgrundstücken Einkünfte aus Gewerbebetrieb. Das gleiche gilt dann, wenn eine GmbH gegründet wurde, die die Beratung in Steuersachen betreiben soll. Auch in diesem Fall sind die Einkünfte aus der Beratertätigkeit der GmbH Einkünfte aus Gewerbebetrieb.

195 Der Gesetzgeber hat in § 9 KStG bestimmt, welche Aufwendungen bei der Ermittlung des Einkommens abgezogen werden können. In § 10 KStG ist dagegen festgelegt, welche Aufwendungen nicht abziehbar sind. Das sind:

- die Aufwendungen für die Erfüllung von Zwecken der steuerpflichtigen Körperschaft, die durch Stiftungsgeschäft, Satzung oder sonstige Verfassung vorgeschrieben sind, 196
- die Steuern vom Einkommen und sonstige Personensteuern sowie die Umsatzsteuer für den Eigenverbrauch,
- die Hälfte der Vergütungen jeder Art, die an Mitglieder des Aufsichtsrats, Verwaltungsrats, Grubenvorstands oder anderer mit der Überwachung der Geschäftsführung beauftragte Personen gewährt werden.

Bei einer GmbH ist im Gesetz nicht ausdrücklich vorgeschrieben worden, daß die Geschäftsführung durch einen Aufsichtsrat überwacht werden muß. Die Satzung der GmbH, also der Gesellschaftsvertrag, kann jedoch vorsehen, daß ein Aufsichtsrat bestellt wird, dem dann die gleichen Aufgaben übertragen werden können wie dem Aufsichtsrat bei einer Aktiengesellschaft. Wird in einem solchen Falle den Mitgliedern des Aufsichtsrats eine Vergütung gezahlt, so können die dafür aufgewandten Beträge nur zur Hälfte als Betriebsausgaben behandelt werden. Die Hälfte der für den Aufsichtsrat aufgewandten Beträge hat die GmbH als ihr eigenes Einkommen zu versteuern.

Nach § 23 Abs. 1 KStG beträgt die Körperschaftsteuer 56 v. H. des 197
zu versteuernden Einkommens, für einzelne Körperschaften ermäßigt sich dieser Körperschaftsteuersatz. Bei den hier zu behandelnden Fragen der steuerlichen Belastung einer GmbH, die einen Gewerbebetrieb betreibt, haben diese ermäßigten Steuersätze jedoch keine Bedeutung.

Erwirtschaftet also eine GmbH, die einen Gewerbebetrieb betreibt, ei- 198
nen steuerpflichtigen Gewinn, so hat sie aus dem Gewinn die Personensteuern, also die Vermögensteuer und die Einkommensteuer und gegebenenfalls andere nicht abzugsfähige Ausgaben (vgl. Rz. 195; 208) zu entrichten. Den verbleibenden Gewinn kann sie dann für Neuinvestitionen verwenden.

Gewinn	200 000 DM
abzüglich Vermögensteuer (geschätzt)	20 000 DM
abzüglich Körperschaftsteuer (56 v. H. von 200 000 DM)	112 000 DM
für Neuinvestitionen verwendbarer Gewinn	68 000 DM

3. Besteuerung entnommener Gewinne

199 Schüttet eine unbeschränkt steuerpflichtige Kapitalgesellschaft Gewinne aus, so mindert oder erhöht sich ihre Körperschaftsteuer um den Unterschiedsbetrag, zwischen der bei ihr eingetretenen Belastung des Eigenkapitals (Tarifbelastung), das nach nachstehenden Ausführungen (vgl. Rz. 204 f.) als für die Ausschüttung verwendet gilt und der Belastung, die sich hierfür bei der Anwendung eines Steuersatzes von 36 v. H. des Gewinns vor Abzug der Körperschaftsteuer ergibt (§ 27 Abs. 1 KStG). Dabei gehört zur Tarifbelastung nur die Belastung mit inländischer Körperschaftsteuer, soweit sie nach dem 31. Dezember 1976 entstanden ist.

200 Das ist die Körperschaftsteuer, die sich nach der Steuerreform ergibt, denn nach § 48 KStG entsteht die Körperschaftsteuer

- für Steuerabzugsbeträge in dem Zeitpunkt, in dem die steuerpflichtigen Einkünfte zufließen,
- für Vorauszahlungen mit Beginn des Kalendervierteljahres, in dem die Vorauszahlungen zu entrichten sind oder wenn die Steuerpflicht erst im Laufe des Kalenderjahres begründet wird, mit Begründung der Steuerpflicht,
- für die veranlagte Steuer mit Ablauf des Veranlagungszeitraums, soweit die Steuer nicht nach vorstehenden Ausführungen schon früher entstanden ist.

201 Eigenkapital im Sinne dieser Vorschriften (§§ 29 ff. KStG) ist der Unterschiedsbetrag zwischen dem auf der Aktivseite und dem auf der Passivseite der Steuerbilanz ausgewiesenen Betriebsvermögen (vgl. Rz. 204). Dabei sind die Änderungen der Körperschaftsteuer, also die Erhöhung und Minderung, die durch die Ausschüttung eintreten, nicht zu berücksichtigen.

202 Das Eigenkapital ist zum Schluß eines Wirtschaftsjahres in das für die Ausschüttung verwendbare, das ist das verwendbare Eigenkapital, und das übrige Eigenkapital aufzuteilen. Dabei ist das verwendbare Eigenkapital der das Nennkapital übersteigende Teil des Eigenkapitals, der sich zum Schluß des letzten vor dem Gewinnverteilungsbeschluß abgelaufenen Wirtschaftsjahres ergibt (vgl. aber Rz. 203). Die Minderung oder Erhöhung der Körperschaftsteuer tritt in dem Veranlagungszeitraum ein, in dem das Wirtschaftsjahr endet, für das die Aus-

schüttung erfolgt, wenn die Ausschüttung auf einem den gesellschaftsrechtlichen Vorschriften entsprechenden Beschluß beruht. Beschließt somit eine GmbH, im Jahre 1979 den im Jahre 1978 erwirtschafteten Gewinn ganz oder teilweise auszuschütten, so tritt hinsichtlich der Gewinnausschüttung auf Grund des Verteilungsbeschlusses die Ermäßigung, gegebenenfalls die Erhöhung der Körperschaftsteuer am Ende des Veranlagungszeitraums 1978 ein. Die für 1978 zu zahlende Körperschaftsteuer mindert oder erhöht sich also.

Beruht die Gewinnausschüttung nicht auf Grund eines den gesell- 203
schaftsrechtlichen Vorschriften entsprechenden Beschlusses, so ändert sich die Körperschaftsteuer für den Veranlagungszeitraum, in dem das Wirtschaftsjahr endet, in das die Ausschüttung entfällt. Erfolgt also eine derartige Ausschüttung im Laufe des Kalenderjahres 1978, so tritt eine Minderung oder Erhöhung der Körperschaftsteuer am Ende des Veranlagungszeitraums 1978 ein. In diesen Fällen ist auch das verwendbare Eigenkapital für den Schluß des Kalenderjahres 1978 zu ermitteln.

4. Gliederung und Feststellung des verwendbaren Eigenkapitals

Verwendbares Eigenkapital ist: 204

Aktives Betriebsvermögen lt. Steuerbilanz	863 500 DM
Abzüglich Verbindlichkeiten lt. Steuerbilanz	364 000 DM
= Eigenkapital	499 500 DM
abzüglich Nennbetrag des Stammkapitals	120 000 DM
= verwendbares Eigenkapital	379 500 DM

Das verwendbare Eigenkapital ist zum Schluß eines jeden Wirtschafts- 205
jahres entsprechend der Tarifbelastung zu gliedern (Hinweis auf Abschn. 82 ff. KStR). Dabei sind die einzelnen Teilbeträge jeweils aus der Gliederung für das vorangegangene Wirtschaftsjahr abzuleiten. Das verwendbare Eigenkapital ist danach in Teilbeträgen getrennt auszuweisen, die entstanden sind aus:

- Einkommensteilen, die nach dem 31. 12. 1976 der Körperschaftsteuer ungemildert unterliegen,
- Einkommensteilen, die nach dem 31. 12. 1976 ermäßigter Körperschaftsteuer unterliegen (vgl. Rz. 207),

— Vermögensmehrungen, die der Körperschaftsteuer nicht unterliegen oder die das Eigenkapital der Kapitalgesellschaft in vor dem 1. 1. 1977 abgelaufenen Wirtschaftsjahren erhöht haben.

206 Der letztgenannte Teilbetrag ist ferner zu unterteilen in:

— Eigenkapitalsteile, die nach dem 31. 12. 1976 abgelaufenen Wirtschaftsjahren aus ausländischen Einkünften entstanden sind,

— sonstige Vermögensmehrungen, die der Körperschaftsteuer nicht unterliegen, soweit es sich nicht handelt um:

— verwendbares Eigenkapital, das bis zum Ende des letzten vor dem 1. 1. 1977 abgelaufenen Wirtschaftsjahres entstanden ist,

— Einlagen der Anteilseigner, die das Eigenkapital in nach dem 31. 12. 1976 abgelaufenen Wirtschaftsjahren erhöht haben.

207 Die ermäßigt belasteten Eigenkapitalteile sind, wenn die Körperschaftsteuer nicht nur nach einem besonderen Steuersatz ermäßigt wird, nach nachstehender Maßgabe aufzuteilen.

Aufzuteilen sind:

— ein Eigenkapitalteil, dessen Tarifbelastung niedriger ist als die Ausschüttungsbelastung in einen in Höhe der Ausschüttungsbelastung belasteten Teilbetrag und in einen nicht mit Körperschaftsteuer belasteten Teilbetrag,

— ein Eigenkapitalteil, dessen Tarifbelastung höher ist als die Ausschüttungsbelastung in einen in Höhe der Ausschüttungsbelastung belasteten Teilbetrag und in einen ungemindert mit Körperschaftsteuer belasteten Teilbetrag.

Einzelheiten können hier nicht behandelt werden (vgl. dazu Abschn. 87 KStR; KLAUSS/MITTELBACH, Die GmbH a. a. O. Rz. 450 ff.).

208 Zur Berechnung der Teilbeträge des verwendbaren Eigenkapitals (vgl. Rz. 204) sind die bei der Ermittlung des Einkommens nicht abziehbaren Ausgaben (vgl. Rz. 195) für nach dem 31. 12. 1976 abgelaufene Wirtschaftsjahre wie folgt abzuziehen:

— die Körperschaftsteuererhöhung (vgl. Rz. 216) von dem Teilbetrag, auf den sie entfällt,

— ermäßigte Körperschaftsteuer von dem Teilbetrag, der ihr unterliegt,

— ausländische Steuer von den ihr unterliegenden ausländischen Einkünften,

— sonstige nicht abziehbare Ausgaben von den Einkommensteilen, die nach dem 31. 12. 1976 ungemildert der Körperschaftsteuer unterliegen.

Die sich danach ergebenden Teilbeträge des verwendbaren Eigenkapitals (vgl. Rz. 205 f.) werden gesondert festgestellt (§ 47 Abs. 1 KStG). Der Feststellungsbescheid ist zu ändern, wenn der Körperschaftsteuerbescheid geändert wird und die Änderung die Höhe des Einkommens oder der Tarifbelastung berührt. Der Körperschaftsteuerbescheid gilt insoweit als Grundlagenbescheid. Das bedeutet, daß, wenn er Bestandskraft erlangt hat, Einwendungen gegen die durch ihn festgestellten Besteuerungsgrundlagen also die Höhe des Einkommens und der Tarifbelastung nicht mehr gegen den Feststellungsbescheid erhoben werden können (KLAUSS/MITTELBACH, Die GmbH a. a. O. Rz. 543 ff.). **209**

5. Minderung der Körperschaftsteuer

Schüttet eine GmbH als Kapitalgesellschaft Gewinne aus, so schreibt das Gesetz vor, in welcher Reihenfolge das verwendbare Eigenkapital als für die Gewinnausschüttung verwendet gilt. Nach § 28 Abs. 2 KStG gelten mit Körperschaftsteuer belastete Teilbeträge des Eigenkapitals in der Reihenfolge als für die Ausschüttung verwendet, in der die Belastung abnimmt. Für die nicht belasteten Teilbeträge gilt die Reihenfolge des § 30 Abs. 2 KStG (vgl. Rz. 206). In welcher Höhe ein Teilbetrag als verwendet gilt, ist also aus seiner Tarifbelastung abzuleiten. Als für die Ausschüttung verwendet gilt dabei auch der Betrag, um den sich die Körperschaftsteuer mindert. **210**

Eine Kapitalgesellschaft, die Gewinne ausschüttet, muß also nach künftigem Recht für die Gewinnausschüttung zunächst die Einkommensteile verwenden, die nach dem 31. 12. 1976 der Körperschaftsteuer ungemindert unterlegen haben. Es sind also zunächst die Einkommensteile für die Gewinnausschüttung zu verwenden, die nach dem neuen Recht versteuert worden sind. **211**

212 Regelmäßig ist davon auszugehen, daß eine Kapitalgesellschaft nicht mehr Gewinne ausschüttet, als sie erzielt hat. Das gilt vor allen Dingen für neu gegründete Kapitalgesellschaften. Ihnen stehen für Gewinnausschüttungen nur die Gewinne zur Verfügung, die der Körperschaftsteuer nach dem 31. 12. 1976 unterlegen haben. Diese Gewinne sind regelmäßig mit 56 v. H. Körperschaftsteuer belastet. In diesen Fällen ermäßigt sich die Körperschaftsteuer auf 36 v. H. des ausgeschütteten Gewinns vor Abzug der Körperschaftsteuer.

213 Schüttet deshalb eine GmbH Gewinne aus, so sind zunächst von den aus dem verwendbaren Eigenkapital ausgeschütteten Einkommensteilen, die dort nach Abzug der Körperschaftsteuer ausgewiesen wurden, die Eigenkapitalsteile vor Abzug der Körperschaftsteuer zu ermitteln.

Eigenkapital vor Abzug der Körperschaftsteuer = EvK, Eigenkapital nach Abzug der Körperschaftsteuer = EnK.

$$\text{EvK} = \frac{\text{EnK} \times 100}{44}$$

214 Beschließt eine Kapitalgesellschaft, die im Kalenderjahr 1979 einen Gewinn von 200 000 DM erzielt hat, und die aus ihrem Gewinn 20 000 DM Vermögensteuer zahlen mußte, die volle Ausschüttung des Gewinns, so stehen ihr dafür 68 000 DM zur Verfügung (vgl. Rz. 198). Ein nach dem normalen Tarif mit 56 v. H. versteuerter Gewinn von 68 000 DM entspricht einem unversteuerten Gewinn von 154 545 DM. Dieser Gewinn ist mit einer tariflichen Körperschaftsteuer von 56 v. H. = 86 545 DM belastet. Durch die Ausschüttung wird die Belastung auf 36 v. H. = 55 636 DM ermäßigt. Wegen der Ausschüttung ermäßigt sich somit die von der GmbH für 1979 zu zahlende Körperschaftsteuer von 112 000 DM nach dem Tarif um 30 909 DM auf 81 091 DM.

215 Der Betrag, um den sich die Körperschaftsteuer mindert, gilt als für die Ausschüttung verwendet. Bei der Gliederung des zur Ausschüttung verwendbaren Eigenkapitals sind also von den Einkommensteilen, die nach dem neuen Gesetz der Körperschaftsteuer ungemindert unterlegen haben, 68 000 DM als ausgeschüttete Gewinne abzubuchen. Bei der Berechnung dieses Betrages ist eine Körperschaftsteuer von 112 000 DM berücksichtigt. Die Ermäßigung der für den Veranlagungszeitraum 1979 zu zahlenden Körperschaftsteuer um 30 909 DM gilt jedoch ebenfalls als ausgeschüttet, so daß der volle verwendbare Betrag insofern als ausgeschüttet gilt.

6. Erhöhung der Körperschaftsteuer 216

Stehen für die Ausschüttung von Gewinnen der Kapitalgesellschaft keine Einkommensteile zur Verfügung, die nach dem 31. 12. 1976 der Körperschaftsteuer ungemindert unterlegen haben, und kann die GmbH für die Gewinnausschüttung auch keine Einkommensteile verwenden, die nach dem 31. 12. 1976 in Höhe der Ausschüttungsbelastung der Körperschaftsteuer unterlegen haben, so muß für die Ausschüttung der Gewinne Eigenkapital verwendet werden, das aus Vermögensvermehrungen entstanden ist, die der Körperschaftsteuer nicht unterliegen, oder die das Eigenkapital der Kapitalgesellschaft in vor dem 1. 1. 1977 abgelaufenen Wirtschaftsjahren erhöht haben. Das für die Gewinnausschüttung verwendete Eigenkapital ist somit nicht tarifbelastet, denn zu der Tarifbelastung gehört nur die Belastung mit inländischer Körperschaftsteuer, soweit sie nach dem 31. 12. 1976 entstanden ist (§ 27 Abs. 2 KStG).

In diesen Fällen erhöht sich durch die Ausschüttung des Gewinns die 217
Körperschaftsteuer um 36 v. H. des verwendeten Eigenkapitals vor Abzug der Körperschaftsteuer. Das ist eine Folge davon, daß die ausgeschütteten Gewinne immer mit 36 v. H. des für die Gewinnausschüttung verwendeten Eigenkapitals vor Abzug der Körperschaftsteuer belastet sind. Da im vorliegenden Fall das verwendete Eigenkapital nach Inkrafttreten der Körperschaftsteuerreform nicht der Körperschaftsteuer unterlegen hat, ist für den ausgeschütteten Betrag in Höhe des Nennbetrags vor Abzug der Körperschaftsteuer 36 v. H. Körperschaftsteuer als Ausschüttungsbelastung zu erheben. Da die Tarifbelastung gleich Null war, erhöht sich die Körperschaftsteuer durch die Ausschüttung um $36 \text{ v. H.} \times \frac{(\text{EnK} \times 100)}{64}$.

Schüttet also die GmbH aus vor dem 1. 1. 1977 erzielten Gewinnen 20 000 DM aus, so erhöht sich die Körperschaftsteuer um 36 v. H. von 31 250 DM = 11 250 DM.

Reicht für eine Gewinnausschüttung das verwendbare Eigenkapital 218

— also nicht nur das verwendbare Eigenkapital aus Einkommensteilen, die nach dem 31. 12. 1976 ungemildert der Körperschaftsteuer unterlegen haben, sondern auch
— aus Einkommensteilen, die nach dem 31. 12. 1976 ermäßigter Körperschaftsteuer unterlegen haben, sowie auch

— aus Vermögensmehrungen, die nicht der Körperschaftsteuer unterlegen haben,

nicht aus, so erhöht sich die Körperschaftsteuer um $^9/_{16}$ des Unterschiedsbetrages. Werden also 20 000 DM mehr Gewinne ausgeschüttet als der Kapitalgesellschaft am Schluß des vorangegangenen Wirtschaftsjahres an verwendbarem Eigenkapital (vgl. Rz. 205 f.) zur Verfügung standen, so erhöht sich die Körperschaftsteuer um $^9/_{16}$ von 20 000 DM, also um 11 250 DM. Der Differenzbetrag von 20 000 DM und der darauf entfallende Betrag der Körperschaftsteuererhöhung von 11 250 DM = 31 250 DM ist in den folgenden Wirtschaftsjahren bei der Ermittlung des Teilbetrages des verwendbaren Eigenkapitals (vgl. Rz. 204 f.) jeweils von den neu entstehenden sonstigen Vermögensvermehrungen abzuziehen (§ 35 KStG).

7. Berechnung der Gewinnausschüttung

219 Bei einer GmbH, die einen Gewerbebetrieb unterhält, ist regelmäßig davon auszugehen, daß von der Gesellschaft nur die von ihr erwirtschafteten und der Körperschaftsteuer unterworfenen Gewinne ausgeschüttet werden können. Beschließt eine GmbH, eine Gewinnausschüttung, so sind für die Gewinnausschüttung immer die Einkommensteile, beginnend mit der höchsten steuerlichen Belastung, zu verwenden. Schüttet eine Kapitalgesellschaft Gewinne aus, so ist die Gewinnausschüttung von dem verfügbaren Eigenkapital, und zwar immer von den Einkommensteilen, beginnend mit der höchsten Belastung an Körperschaftsteuer, abzusetzen. Beschließt z. B. eine GmbH 1979, Gewinne auszuschütten, so ist zunächst der ausgeschüttete Gewinn von den Einkommensteilen, die der Körperschaftsteuer ungemindert unterlegen haben (§ 30 Abs. 1 Nr. 1 KStG) abzubuchen. Nur wenn dieser Betrag nicht ausreicht, können die Einkommensteile, die der ermäßigten Körperschaftsteuer nach dem 31. 12. 1976 unterlegen haben, und die übrigen Vermögensvermehrungen (§ 30 Abs. 1 Nr. 2 und 3 KStG) für die Gewinnausschüttung verwendet werden.

220 Werden Einkommensteile verwendet, die nach neuem Recht ungemildert der Körperschaftsteuer unterlegen haben, so ermäßigt sich durch die Gewinnausschüttung die Körperschaftsteuer (vgl. Rz. 210 f.). Nach § 28 Abs. 3 KStG gilt auch der Betrag, um den sich die Körperschaftsteuer mindert, als für die Ausschüttung verwendet. Daraus er-

gibt sich, daß der ausschüttungsfähige Gewinn nicht nur der verwendbare Betrag ist, der von den Einkommensteilen nach § 30 Abs. 1 Nr. 1 KStG ausgeschüttet werden soll, sondern daß dieser Betrag sich um die Differenz seiner Tarifbelastung mit Körperschaftsteuer und der Ausschüttungsbelastung erhöht. Die von der Kapitalgesellschaft ausgeschüttete Dividende ist also höher als das für die Ausschüttung verwendete Eigenkapital, das der vollen Tarifbelastung unterlegen hat und ausgeschüttet werden soll.

Die Dividende ergibt sich aus folgender Formel: **221**

Dividende = D,
verwendbares Einkommen nach § 30 Abs. 1 Nr. 1 KStG = vE,

$$D = vE + \left[\frac{(vE \times 100)}{44} \times \frac{56}{100}\right] ./. \left[\frac{(vE \times 100)}{44} \times \frac{36}{100}\right]$$

$$D = \frac{64\ vE}{44} \text{ oder } D = \frac{16\ vE}{11}$$

Will also eine Kapitalgesellschaft von ihrem verwendbaren Eigenkapital, und zwar von Einkommensteilen, die nach dem 31. 12. 1976 der Körperschaftsteuer ungemildert unterlegen haben, einen Betrag von 100 000 DM ausschütten, so kann sie eine Dividende von 145 454 DM gewähren. Die von der Kapitalgesellschaft ausgeschüttete Dividende von 145 454 DM unterliegt der Kapitalertragsteuer (§ 43 Abs. 1 Nr. 1 EStG).

Wird diese Dividende gleichmäßig an vier Gesellschafter ausgeschüttet, so beträgt die Dividende eines jeden Gesellschafters 36 363 DM. Diese Dividende unterliegt nach § 43 Abs. 1 Nr. 1 EStG der Kapitalertragsteuer, die nach § 43a Abs. 1 Nr. 1 EStG 1977 25 v. H. beträgt und auf die Einkommensteuerschuld angerechnet wird. Die Kapitalgesellschaft hat also von der Dividende eines jeden Gesellschafters je 9 090,75 DM Kapitalertragsteuer einzubehalten, so daß jeder Gesellschafter nur eine Bardividende von 27 272,25 DM erhält. **222**

IV. Besteuerung der entnommenen Gewinne bei den Gesellschaftern

1. Einkünfte aus Kapitalvermögen

223 Die Gewinnanteile aus der Beteiligung an einer Kapitalgesellschaft gehören nach § 20 Abs. 1 Nr. 1 EStG zu den Einkünften aus Kapitalvermögen. Schüttet im Beispiel (vgl. Rz. 222) die Kapitalgesellschaft ihren vier Gesellschaftern die Dividende aus und fließt die Bardividende von 27 272,25 DM den einzelnen Gesellschaftern 1979 zu, so hat jeder Gesellschafter 36 363 DM Dividende als Einkünfte im Sinne des § 20 Abs. 1 Nr. 1 EStG zu versteuern. Die von der Kapitalgesellschaft einbehaltene Kapitalertragsteuer ist für Rechnung der Gesellschafter einbehalten. Die Bruttodividende, die dem Gesellschafter zugeflossen ist, ist also der Barbetrag, den er erhalten hat, zuzüglich der von der Kapitalgesellschaft einbehaltenen Kapitalertragsteuer.

224 Zu den Einkünften aus Kapitalvermögen gehört aber auch die nach § 36 Abs. 2 Nr. 3 EStG anzurechnende Körperschaftsteuer. Nach dieser Vorschrift wird auf die zu zahlende Einkommensteuer die Körperschaftsteuer einer unbeschränkt körperschaftsteuerpflichtigen Körperschaft in Höhe von $^{9}/_{16}$ der Einnahmen i. S. des § 20 Abs. 1 Nr. 1 EStG angerechnet. Hat somit die Gesellschaft im Jahre 1979 eine Dividende von 36 363 DM ausgeschüttet, so führt das zu einer anrechenbaren Körperschaftsteuer von 20 454 DM. Diese anzurechnende Körperschaftsteuer ist der Gewinnausschüttung von 36 363 DM hinzuzurechnen, so daß jeder Gesellschafter wegen der Gewinnausschüttung von 36 363 DM Einkünfte aus Kapitalvermögen von 56 817 DM zu versteuern hat. Die anzurechnende Körperschaftsteuer gilt nämlich mit den Einnahmen aus der Dividende als zugeflossen. Die Einkünfte aus der Gewinnausschüttung in Höhe von 56 817 DM erhöhen die übrigen Einkünfte der Gesellschafter.

2. Anrechnung der Körperschaftsteuer

225 Bei der Veranlagung des Gesellschafters zur Einkommensteuer sind, wie bereits ausgeführt, (vgl. Rz. 223) die zugeflossenen Einkünfte aus Kapitalvermögen zu erfassen, die zusammen mit den übrigen Einkünften abzüglich der Sonderausgaben und der außergewöhnlichen Belastung das zu versteuernde Einkommen bilden. Die Höhe der Einkom-

mensteuer richtet sich dann nach dem Einkommensteuertarif. Danach ergibt sich die von den einzelnen Gesellschaftern zu zahlende Steuer. Nach § 36 Abs. 2 Nr. 3 EStG wird auf die zu zahlende Einkommensteuer die Körperschaftsteuer einer unbeschränkt körperschaftsteuerpflichtigen Körperschaft in Höhe von 9/16 der Einnahmen i. S. des § 20 Abs. 1 Nr. 1 EStG angerechnet. Wie ausgeführt, beträgt danach die anzurechnende Körperschaftsteuer 20 454 DM.

3. Anrechnung der Kapitalertragsteuer

Wie ausgeführt hat die Kapitalgesellschaft von der ausgeschütteten 226
Dividende Kapitalertragsteuer einzubehalten. Die einzubehaltende Kapitalertragsteuer von 9 090,75 DM wird ebenfalls auf die von dem Gesellschafter zu zahlende Einkommensteuer angerechnet.

4. Ergebnis

Durch den Beschluß der Gesellschafter, eine Dividende von 36 363 DM 227
jedem der vier Gesellschafter auszuschütten, ist somit die Kapitalgesellschaft verpflichtet, von der Dividende 9 090,75 DM Kapitalertragsteuer einzubehalten. Der Gesellschafter hat neben der Bruttodividende von 36 363 DM 20 454 DM anzurechnende Körperschaftsteuer als Einkünfte aus Kapitalvermögen zu versteuern. Insgesamt also 56 817 DM. Dafür wird auf die von ihm nach seinem stpfl. Einkommen zu zahlende Einkommensteuer angerechnet:

— 20 454 DM Körperschaftsteuer und
— 9 090 DM Kapitalertragsteuer,

29 544 DM insgesamt.

V. Einsparung durch Arbeitsverträge mit den Gesellschaftern

1. Wahlrecht

Bei vielen Gesellschaften sind die Gesellschafter zugleich Geschäfts- 228
führer der GmbH. Sie haben in diesen Fällen die Wahl, ob sie für die Gesellschaft unentgeltlich tätig werden wollen und lediglich Gewinne und Gewinnanteile von der Gesellschaft beziehen oder ob sie der Gesellschaft ihre Dienste entgeltlich auf Grund eines Dienstverhältnisses zur Verfügung stellen wollen.

229 Zur Schaffung klarer Verhältnisse ist der Gesellschafter verpflichtet, eindeutig zum Ausdruck zu bringen, ob er als Gesellschafter für seine Gesellschaft oder als deren Arbeitnehmer tätig werden will. Nach der Rechtsprechung des BFH kann ein Gesellschafter, der als Geschäftsführer tätig ist, sich nicht, wenn er zunächst unentgeltlich für die Gesellschaft tätig geworden ist, nachträglich ein Gehalt zahlen lassen. Er hatte die Wahl, ob er als Arbeitnehmer für die Gesellschaft tätig werden wollte, ist aber an die ausgeübte Wahl gebunden. Nach den gleichen Grundsätzen ist auch eine nachträgliche Erhöhung des Gehalts steuerrechtlich unwirksam.

230 Wird der Gesellschafter/Geschäftsführer für die Gesellschaft als Arbeitnehmer tätig, so kann die GmbH das dem Gesellschafter gezahlte Gehalt als Betriebsausgabe absetzen. Es mindert also ihr Einkommen. Ist das Gehalt jedoch unangemessen hoch, so liegt eine verdeckte Gewinnausschüttung (vgl. Rz. 233 f.) vor, die das stpfl. Einkommen der GmbH nicht mindern darf.

2. Nichterfassung von sozialen Leistungen

231 Nach der Körperschaftsteuerreform hat die Kapitalgesellschaft bei Gewinnausschüttungen eine ermäßigte Körperschaftsteuer zu entrichten und die ermäßigte Körperschaftsteuer wird bei Veranlagung des Gesellschafters auf dessen Einkommensteuerschuld angerechnet. Wird der Gesellschafter somit als solcher für die GmbH tätig und begnügt er sich mit entsprechenden Gewinnanteilen, so führt das nicht wie nach bisherigem Recht zu einer doppelten Belastung der Gewinne bei der Körperschaft und bei der Ausschüttung der Gewinne bei dem Gesellschafter. Der Abschluß von Arbeitsverträgen des Gesellschafters und Geschäftsführers mit der Gesellschaft bietet aber auch nach künftigem Recht bei der Versteuerung des Einkommens der Körperschaft und des Einkommens des Gesellschafters Vorteile. Bei dem Gesellschafter gehört nur der Bruttoarbeitslohn zu den Einkünften aus nichtselbständiger Arbeit. Die Gesellschaft kann dagegen nicht nur den Bruttoarbeitslohn als Betriebsausgaben absetzen, sie kann auch die Beiträge, die sie als Arbeitgeber zu den gesetzlichen Sozialversicherungen zu leisten hat, sowie freiwillige soziale Zuwendungen an den Gesellschafter/Geschäftsführer als ihren Arbeitnehmer bei der steuerlichen Gewinnermittlung als Betriebsausgaben absetzen. Das gilt nur dann nicht, wenn die Gesamtbezüge des Gesellschafter/Geschäftsführers überhöht sind.

3. Einsparung bei der Gewerbeertragsteuer

Durch den Abschluß eines Arbeitsvertrages zwischen dem Gesellschafter/Geschäftsführer und der GmbH ergeben sich auch Steuereinsparungen bei der Gewerbeertragsteuer. Die GmbH kann das dem Gesellschafter/Geschäftsführer gezahlte Bruttogehalt einschließlich der Beiträge zu den gesetzlichen Krankenversicherungen und den freiwilligen sozialen Leistungen als betrieblichen Aufwand bei der Ermittlung ihres steuerpflichtigen Gewinns absetzen. Bei der Ermittlung des Gewerbeertrags ist von den Gewinnermittlungsvorschriften des Einkommensteuerrechts und des Körperschaftsteuerrechts auszugehen. Deshalb mindern die Aufwendungen für das Arbeitsverhältnis mit dem Gesellschafter und Geschäftsführer nicht nur den steuerpflichtigen Gewinn der GmbH, sondern auch den steuerpflichtigen Gewerbeertrag. Das führt zu einer nicht unerheblichen Minderung der Gewerbesteuerpflicht (vgl. dazu Rz. 132 f.). 232

VI. Verdeckte Gewinnausschüttungen — sonstige Leistungen

1. Begriff der verdeckten Gewinnausschüttung

Eine verdeckte Gewinnausschüttung setzt voraus, daß eine Kapitalgesellschaft ihren Gesellschaftern außerhalb der gesellschaftsrechtlichen Gewinnverteilung einen Vermögensvorteil zuwendet, den sie unter gleichen Umständen bei der Anwendung der Sorgfalt eines ordentlichen und gewissenhaften Geschäftsleiters einem Nichtgesellschafter nicht gewährt hätte (BFH-Urt. v. 10. 11. 1973, BStBl. II S. 322). Es kommt also für die Frage, ob eine verdeckte Gewinnausschüttung vorliegt, auf die Sorgfalt eines ordentlichen und gewissenhaften Geschäftsführers an. Ohne Bedeutung ist es, ob der Geschäftsführer im Streitfall nicht auch anderen unter den gleichen Umständen ein entsprechendes Entgelt gewährt hätte. Ohne Bedeutung für die Frage, ob eine verdeckte Gewinnausschüttung vorliegt, ist es auch, ob die Kapitalgesellschaft die Absicht hatte, verdeckt Gewinne zu verteilen oder die Zuwendung mit Rücksicht auf das Gesellschaftsverhältnis erfolgt ist (BFH-Urt. v. 3. 12. 1969, BStBl. 1970 II S. 229, vgl. Abschn. 31 KStR). 233

2. Steuerliche Folgen bei dem Gesellschafter

234 Nach § 20 Abs. 1 Nr. 1 EStG gehören zu den Einkünften aus Kapitalvermögen Gewinnanteile (Dividende), Ausbeuten und sonstige Bezüge aus Aktien, Kuxen, Genußscheinen, mit denen das Recht am Gewinn und Liquidationserlös einer Kapitalgesellschaft verbunden ist, aus Anteilen an Gesellschaften mit beschränkter Haftung, an Erwerbs- und Wirtschaftgenossenschaften, Kolonialgesellschaften und an bergbautreibenden Vereinigungen, die die Rechte einer juristischen Person haben. Nach § 20 Abs. 2 Nr. 1 EStG gehören zu den Einkünften aus Kapitalvermögen auch besondere Entgelte oder Vorteile, die neben den in Abs. 1 bezeichneten Einnahmen oder an deren Stelle gewährt werden. Beide Vorschriften sind aus dem bisherigen Recht wörtlich übernommen worden.

235 In der Vergangenheit ist die Frage, ob die sog. verdeckten Gewinnausschüttungen als Einkünfte nach § 20 Abs. 1 Nr. 1 EStG, nämlich als sonstige Bezüge aus Anteilen an einer Kapitalgesellschaft angesehen werden oder als besondere Entgelte oder Vorteile im Sinne des § 20 Abs. 2 Nr. 1 EStG behandelt werden, nicht einheitlich beantwortet worden.

236 Gleichwohl ist jedoch der Gesetzgeber bei der Beratung der Körperschaftsteuerreform davon ausgegangen, daß künftig verdeckte Gewinnausschüttungen wie offene Ausschüttungen behandelt werden sollen. Nach § 41 Abs. 1 KStG gelten die Vorschriften der §§ 27 bis 40 KStG entsprechend, wenn eine Kapitalgesellschaft sonstige Leistungen bewirkt, die bei dem Empfänger Einnahmen im Sinne des § 20 Abs. 1 Nr. 1 oder 2 EStG sind. Der Gesetzgeber ist dabei davon ausgegangen, daß verdeckte Gewinnausschüttungen als sonstige Bezüge aus Anteilen an einer Kapitalgesellschaft anzusehen sind (vgl. Abschn. 80 KStR).

237 Hat eine Kapitalgesellschaft einem Gesellschafter, z. B. durch ein überhöhtes Gehalt, als Geschäftsführer verdeckte Gewinne ausgeschüttet, so ist der überhöhte Teil des Gehalts für die Gesellschaft keine Betriebsausgabe und für den Gesellschafter keine Einnahme aus nichtselbständiger Arbeit. Es handelt sich bei den überhöhten Gehaltsteilen um Einnahmen aus Kapitalvermögen, die als solche zu versteuern sind.

Beispiel: Der Gesellschafter/Geschäftsführer Müller erhält ein Gehalt für seine Tätigkeit als Geschäftsführer, das im Jahre 1979 als um 20 000 DM überhöht angesehen werden muß.

Im vorgenannten Beispiel hat Müller einen um 20 000 DM niedrigeren Bruttoarbeitslohn als Arbeitnehmer von der GmbH erhalten. In Höhe dieses Betrages von 20 000 DM bezieht er Einkünfte aus Kapitalvermögen im Sinne des § 20 Abs. 1 Nr. 1 EStG. Er bezieht aber ferner Einkünfte im Sinne des § 20 Abs. 1 Nr. 3 EStG in Höhe der anzurechnenden Körperschaftsteuer in Höhe von $^9/_{16}$ der Gewinnausschüttung, also in Höhe von 11 250 DM. Durch das überhöhte Gehalt von 20 000 DM hat Müller also 31 250 DM Einkünfte aus Kapitalvermögen im Sinne des § 20 Abs. 1 Nr. 1 und 3 EStG zu versteuern. Diese Einkünfte erhöhen seine übrigen Einkünfte. Auf die dann nach seinem steuerpflichtigen Einkommen und dem Tarif zu ermittelnde Einkommensteuerschuld wird die Körperschaftsteuer in Höhe von 11 250 DM dann jedoch wieder angerechnet. **238**

Übernimmt im vorgenannten Beispiel die GmbH die für die verdeckte Gewinnausschüttung zu zahlende Kapitalertragsteuer, so beträgt die Kapitalertragsteuer 6 666 DM. Die Einkünfte aus Kapitalvermögen, die der Geschäftsführer Müller durch die verdeckte Gewinnausschüttung bezieht, betragen somit 26 666 DM, zuzüglich der anrechenbaren Körperschaftsteuer = 14 999 DM. Die Einkünfte aus Kapitalvermögen betragen dann 41 665 DM. Auf diesen Betrag werden die Körperschaftsteuer in Höhe von 15 000 DM und Kapitalertragsteuer in Höhe von 6 666 DM angerechnet. **239**

3. Steuerliche Folgen bei der GmbH

Nach § 8 Abs. 3 Satz 2 KStG dürfen verdeckte Gewinnausschüttungen sowie Ausschüttungen jeder Art auf Genußscheine, mit denen **240** das Recht auf Beteiligung am Gewinn oder Liquidationserlös der Gesellschaft verbunden ist, das Einkommen nicht mindern. Das hat zur Folge, daß dann, wenn eine GmbH ihrem Gesellschafter/Geschäftsführer ein um 20 000 DM überhöhtes Gehalt zahlt, die überhöhte Gehaltszahlung als verdeckte Gewinnausschüttung den steuerpflichtigen Gewinn der GmbH nicht mindern darf. Die Gewinnerhöhung wirkt sich auch auf den Gewerbeertrag aus, so daß auch der Gewerbeertrag der GmbH durch die Nichtanerkennung des überhöhten Gehalts als Betriebsausgabe um 20 000 DM steigt. Das hat zur Folge, daß die GmbH eine höhere Gewerbeertragsteuer zu zahlen hat (vgl. Rz. 232).

241 Bei der Körperschaftsteuer erhöht sich durch die verdeckte Gewinnausschüttung das zu versteuernde Einkommen um 20 000 DM. Das hat zunächst zur Folge, daß die verdeckte Gewinnausschüttung mit 11 200 DM Körperschaftsteuer belastet ist. Bei der verdeckten Gewinnausschüttung handelt es sich jedoch um ausgeschüttete Gewinne. Nach § 41 Abs. 1 KStG gelten die Vorschriften der §§ 27 — 40 KStG über ausgeschüttete Gewinne auch dann, wenn eine Kapitalgesellschaft sonstige Leistungen bewirkt, die bei dem Empfänger Einnahmen im Sinne des § 20 Abs. 1 Nr. 1 EStG sind. Deshalb mindert sich für die verdeckte Gewinnausschüttung die Körperschaftsteuer um 20 v. H. des Gewinns vor Abzug der Körperschaftsteuer, wobei der Gewinn vor Abzug der Körperschaftsteuer nach der Formel $\text{EvK} = \frac{\text{EnK} \times 100}{44}$ (vgl. Rz. 213) zu berechnen ist. Bei einer netto verdeckten Gewinnausschüttung von 20 000 DM beträgt der Gewinn vor Abzug der Körperschaftsteuer 45 454 DM, die Ermäßigung um 20 v. H. beträgt also 9 091 DM. Die Körperschaftsteuer von 11 200 DM ermäßigt sich also auf 2 109 DM.

242 Die verdeckte Gewinnausschüttung muß sich auch auf die Berechnung des verwendbaren Eigenkapitals auswirken. Die Einkommensteile, die nach dem 31. 12. 1976 der Körperschaftsteuer unterlegen haben, haben sich durch die verdeckte Gewinnausschüttung um 20 000 DM erhöht. Nach Abzug der Körperschaftsteuer vor der Ausschüttungsermäßigung verblieben deshalb 8 800 DM verwendbares Eigenkapital. Tatsächlich sind jedoch 20 000 DM ausgeschüttet. Damit ist eine Dividende in Höhe von 20 000 DM gewährt worden.

243 Nach der Formel $\text{D} = \frac{16\,\text{vE}}{11}$ (vgl. Rz. 221) entspricht die Dividende von 20 000 DM einem verwendbaren Einkommen von Einkommensteilen, die nach dem 31. 12. 1976 der Körperschaftsteuer ungemildert unterlegen haben, in Höhe von $\text{vE} = \frac{\text{D} \times 11}{16}$ = 13 750 DM an verwendbaren Einkommen. Es standen aber durch die verdeckte Gewinnausschüttung nur 20 000 DM abzüglich 11 200 DM = 8 800 DM zur Verfügung. In Höhe der Differenz von 13 750 DM verwendbares Einkommen abzüglich 8 800 DM = 4 950 DM wird also durch die verdeckte Gewinnausschüttung das verwendbare Eigenkapital zu Lasten aller Gesellschafter belastet.

Das setzt jedoch voraus, daß die GmbH die für die verdeckte Gewinnausschüttung von 20 000 DM zu entrichtende Kapitalertragsteuer in Höhe von 5 000 DM ihrem begünstigten Gesellschafter wieder in Rechnung stellt. Übernimmt die GmbH dagegen die Kapitalertragsteuer in Höhe von 6 666 DM, so schüttet sie auch dadurch verdeckt Gewinne aus. Das wirkt sich auf die Körperschaftsteuer und das verwendbare Eigenkapital aus (vgl. Rz. 204 f.).

VII. Auswirkung bei der Vermögensteuer

1. Doppelbesteuerung

Die bisher bei der Vermögensteuer bestehende Doppelbesteuerung der 244
Kapitalgesellschaft und ihrer Gesellschafter wird durch die Körperschaftsteuerreform nicht aufgehoben. Das bedeutet, daß nach wie vor die Kapitalgesellschaft als juristische Person ihr Vermögen zu versteuern hat. Die einzelnen Gesellschafter haben ihre Geschäftsanteile nochmals zu versteuern. Gehören die Geschäftsanteile zu einem Betriebsvermögen, so erhöhen sie den Einheitswert des Betriebsvermögen. Gehören sie zum Privatvermögen, so sind sie als sonstiges Vermögen zu erfassen und unterliegen bei den einzelnen Gesellschaftern unter Berücksichtigung der Freibeträge der Vermögensteuer.

2. Belastung des versteuerten Einkommens mit Vermögensteuer

Die Vermögensteuer gehört nach § 10 Nr. 2 KStG als sonstige Per- 245
sonensteuer zu den Aufwendungen, die für die Ermittlung des steuerpflichtigen Einkommens der GmbH nicht abgesetzt werden dürfen. Bei der Aufgliederung des verwendbaren Eigenkapitals sind die nicht abzugsfähigen Personensteuern nach § 31 Abs. 1 Nr. 4 KStG von den Einkommensteilen abzuziehen, die nach dem 31. 12. 1976 ungemildert der Körperschaftsteuer unterliegen. Das bedeutet, daß die GmbH die Vermögensteuer aus den Einkommen zu entrichten hat, das dem normalen Tarif von 56 v. H. des Einkommens unterliegt. Die gezahlte

Vermögensteuer ist deshalb bei der GmbH nochmals mit 56 v. H. Körperschaftsteuer und Gewerbeertragsteuer belastet. Um 10 000 DM Vermögensteuer aufzubringen, muß die GmbH also Gewinne von ca. 26 000 DM erzielen.

VIII. Betriebsaufspaltung

1. Begriff

246 Zwischen einer GmbH und ihren Gesellschaftern werden grundsätzlich schuldrechtliche Verträge u. a. auch Miet- und Pachtverträge über Wirtschaftsgüter, die von der GmbH für betriebliche Zwecke genutzt werden, anerkannt (vgl. Rz. 187 f.). Das hat zur Folge, daß bei dem Gesellschafter, die Miete oder Pacht nicht wie bei den Personengesellschaften Teil der gewerblichen Einkünfte ist (vgl. Rz. 61 f.). Die Miete und die Pacht zählen dann, wenn die Wirtschaftsgüter bei dem Gesellschafter zum Privatvermögen gehören, zu den Einkünften aus Vermietung und Verpachtung, soweit es sich um Grundstücke und Sachgesamtheiten handelt bzw. zu den sonstigen Einkünften bei Vermietung und Verpachtung von beweglichen Wirtschaftsgütern.

247 Die Vermietung und Verpachtung von Grundbesitz und Sachgesamtheiten kann jedoch auch eine gewerbliche Tätigkeit sein, wenn sie im Rahmen einer Betriebsaufspaltung ausgeübt wird. Eine Betriebsaufspaltung liegt immer dann vor, wenn einzelne zusammengehörende Aufgabengebiete mehreren rechtlich selbständigen Unternehmen übertragen werden. Im Regelfall kommt eine Betriebsaufspaltung dadurch zustande, daß sich ein bestehendes Unternehmen darauf beschränkt, nur noch einzelne Funktionen auszuüben und andere bisher auch von ihm ausgeübte Funktionen einem anderen Unternehmen zu überlassen.

Beispiel: Die Firma Schulze und Krause, die bisher in der Form einer OHG eine Maschinenfabrik betrieben hat, gründet eine GmbH, die dann von der OHG das Anlagevermögen pachtet und die Produktion fortführt.

248 Im vorgenannten Beispiel handelt es sich um eine Betriebsaufspaltung im eigentlichen Sinne, eine sog. echte Betriebsaufspaltung, weil hier die Funktionen eines bisher einheitlichen Unternehmens auf mehrere Unternehmen aufgespaltet d. h. aufgeteilt worden sind.

Es ist aber auch denkbar, daß von Anfang an gleich zwei Unternehmen gegründet werden, von denen jedes einzelne Unternehmen bestimmte aber wirtschaftlich zusammengehörige Funktionen übernimmt. 249

Beispiel: Müller und Schmidt bauen auf einem Grundstück, das ihnen als Bruchteilseigentümer zu je ½ gehört, ein Hotelgebäude. Sie gründen eine GmbH, die das Hotel von ihnen mietet und auf eigene Rechnung betreibt.

Nach der Rechtsprechung des BFH liegt in der Verpachtung von Grundvermögen und von anderen Wirtschaftsgütern des Betriebsvermögens dann eine gewerbliche Tätigkeit, wenn das Grundstück oder die Sachgesamtheit des Betriebsvermögens an ein vom Verpächter beherrschtes Unternehmen verpachtet wird und die Wirtschaftsgüter zur wesentlichen Grundlage des Betriebs gehören. Dabei spielt es keine Rolle, ob es sich um die Aufspaltung eines einheitlichen Unternehmens in mehrere Unternehmen handelt oder ob gleichzeitig oder nacheinander mehrere Unternehmen gegründet worden sind (BFH-Urt. v. 16. 1. 1962, BStBl. III S. 104; Urt. v. 25. 7. 1963, BStBl. III S. 505). Inzwischen ist durch die Rechtsprechung des Großen Senats (Beschluß v. 8. 11. 1971, BStBl. 1972 II S. 63) geklärt, daß es für die Frage, ob sich das Besitzunternehmen gewerblich betätigt, nicht darauf ankommt, ob dieses Unternehmen mit der Betriebsgesellschaft wirtschaftlich ein einheitliches Unternehmen bildet. Nach der Rechtsprechung handelt es sich bei dem Besitzunternehmen und dem Betriebsunternehmen um zwei selbständige Unternehmen. Entscheidend für die gewerbliche Betätigung ist jedoch, daß die hinter den beiden Unternehmen stehende Personen einen einheitlichen geschäftlichen Betätigungswillen haben. Ist das der Fall, so ist die Vermietung und Verpachtung von Grundbesitz oder der Sachgesamtheit eines gewerblichen Betriebsvermögens keine Tätigkeit mehr, wie sie von einem normalen Vermieter ausgeübt wird. 250

Voraussetzung für die Annahme einer echten oder unechten Betriebsaufspaltung ist, daß an beiden Unternehmen die gleichen Personen beteiligt sind. Dafür reicht es aus, daß die Personen, die das Besitzunternehmen tatsächlich beherrschen, in der Lage sind, auch in der Betriebsgesellschaft ihren Willen durchzusetzen. Nach der Rechtsprechung reicht es also aus, wenn die Gesellschafter der Besitzgesellschaft auch an der Betriebskapitalgesellschaft beteiligt sind. Dabei ist es ohne Bedeutung, daß die Beteiligung in einem unterschiedlichen Verhältnis besteht, sofern die Gesellschafter die Doppelgesellschaft auf Grund 251 ihrer Gesamtbeteiligung beherrschen können (BFH-Urt. v. 2. 8. 1972, BStBl. II S. 796 v. 30. 9. 1973, BStBl. II S. 869 und v. 11. 12. 1974, BStBl. 1975 II S. 266).

252 Die Vermietung und Verpachtung von Grundstücken oder Sachgesamtheiten an ein beherrschtes Unternehmen ist jedoch nicht in jedem Falle eine gewerbliche Tätigkeit. Für die Annahme einer echten oder unechten Betriebsaufspaltung muß noch hinzukommen, daß die vermieteten Wirtschaftsgüter die wesentliche Grundlage des Betriebs bilden. Voraussetzung dafür ist, daß es sich nach dem Gesamtbild der Verhältnisse bei den verpachteten Wirtschaftsgüter um solche handelt, die für die Betriebsführung wirtschaftliches Gewicht besitzen und bei denen es einen deutlichen Unterschied ausmacht, ob sie sich im Eigentum befinden oder von einem fremden Eigentümer gemietet oder gepachtet worden sind (BFH-Urt. v. 24. 6. 1969, BStBl. 1970 S. 17). Ob diese Voraussetzungen vorliegen, muß sich nach dem Gesamtbild der Verhältnisse in den Streitjahren richten. Vor allen Dingen bei Grundstücken ist davon auszugehen, daß die Voraussetzung, daß ihre Verpachtung die wesentliche Grundlage des Betriebs bildet, dann nicht vorliegen, wenn es ohne Schwierigkeiten möglich ist, daß der Betrieb in andere Räume umziehen kann und auch der Vermieter die Räume an einen Gewerbetreibenden einer anderen Branche vermieten kann.

253 Liegt nach vorgenannten Grundsätzen eine Betriebsaufspaltung zwischen einer Personengesellschaft als Besitzunternehmen und einer Kapitalgesellschaft als Betriebsunternehmen vor, so ist auch die Vermietung eines Grundstücks oder eines Grundstücksteils durch einen Mitunternehmer des Besitzunternehmens, also von einem Gesellschafter einer GmbH an die Gesellschaft, eine gewerbliche Tätigkeit mit der Rechtsfolge, daß das von dem Mitunternehmer und Gesellschafter der GmbH vermietete oder verpachtete Grundstück oder der Grundstücksteil zum notwendigen Sonderbetriebsvermögen des Gesellschafters gehört. Nach der Rechtsprechung soll das auf jeden Fall dann gelten, wenn das Grundstück mit einem speziellen Gebäude auf Grund einer nicht geänderten betrieblichen Zweckbestimmung als Beitrag des betreffenden Gesellschafters zu Förderung auch des neuen gemeinschaftlichen Gesellschaftszwecks der Personengesellschaft Sonderbetriebsvermögen geblieben ist (BFH-Urt. v. 15. 5. 1975, BStBl. II S. 781).

2. Steuerliche Folgen

Liegt eine Betriebsaufspaltung vor, so werden Miet- und Pachtverträge zwischen der Personengesellschaft, die zwischen den Gesellschaftern der GmbH besteht und der GmbH als juristische Person mit steuerrechtlicher Wirkung zwar anerkannt. Die Tätigkeit der Vermietung und Verpachtung durch die Gesellschafter der GmbH, die eine Personengesellschaft bilden, an die GmbH wird jedoch als gewerbliche Tätigkeit behandelt. Da die Vermietung und Verpachtung selbst als gewerbliche Tätigkeit behandelt wird, gehören die vermieteten und verpachteten Wirtschaftsgüter zum notwendigen Betriebsvermögen der zwischen den Gesellschaftern der GmbH bestehenden Personengesellschaft. Auch die Wirtschaftsgüter, die den einzelnen Gesellschaftern gehören und der GmbH für gewerbliche Zwecke verpachtet oder vermietet worden sind, gehören, in diesem Falle zum Betriebsvermögen (Sonderbetriebsvermögen) des einzelnen Gesellschafters, der Eigentümer der Wirtschaftsgüter ist (vgl. Rz. 74 f.). **254**

Die steuerliche Behandlung der Vermietung oder Verpachtung von Wirtschaftsgütern durch die Gesellschafter an die GmbH hat also nicht nur zur Folge, daß die Tätigkeit als gewerbliche Tätigkeit behandelt wird, sondern die vermieteten und verpachteten Wirtschaftsgüter gehören in diesen Fällen auch zum gewerblichen Betriebsvermögen der Gesellschafter der Personenhandelsgesellschaft, die gleichzeitig Gesellschafter der GmbH sind. Das wiederum hat zur Folge, daß Gewinne und Verluste, die bei der Veräußerung dieser Wirtschaftsgüter entstehen, bei der Ermittlung des gewerblichen Gewinns aus der Vermietung und Verpachtung dieser Wirtschaftsgüter an die GmbH zu berücksichtigen sind. Auch dann, wenn sich durch eine Aufhebung des Miet- oder Pachtvertrages mit der GmbH die Nutzung ändert und dadurch keine Betriebsaufspaltung mehr vorliegt, muß das Grundstück zum Teilwert in das Privatvermögen überführt werden. Eine Überführung in das Privatvermögen ist in diesen Fällen notwendig, weil die Gesellschafter der GmbH kein Betriebsvermögen mehr besitzen dürfen, wenn sie das Grundstück nicht mehr so nutzen, daß eine Betriebsaufspaltung vorliegt. Soweit in diesen Fällen von der Besitzgesellschaft, also den Gesellschaftern der GmbH, der GmbH kein Vermögen mehr verpachtet wird, **255** das als wesentliche Betriebsgrundlage angesehen werden kann, ist die Vermietung und Verpachtung zur reinen Vermögensverwaltung geworden. Die besonderen Umstände, unter denen die Vermietung und Verpachtung als gewerbliche Tätigkeit angesehen werden kann (vgl. Rz. 246 f.) liegen nicht mehr vor. Die Gesellschafter der GmbH, die das Besitzunternehmen bilden, üben deshalb keine gewerbliche Tätigkeit mehr aus mit der Folge, daß der Gewerbebetrieb, den sie durch Vermietung und Verpachtung ihres Vermögens an das von ihnen beherrschte Unternehmen ausübten, als aufgelöst gelten muß. Die diesem Betrieb dienenden Wirtschaftsgüter müssen deshalb in das Privatvermögen überführt werden.

IX. Vor- und Nachteile einer Gründung einer GmbH

1. Bürgerlich-rechtliche Überlegungen

256 Die GmbH ist dann die richtige Gesellschaftsform, wenn keiner der Gesellschafter bereit ist, voll für die Verbindlichkeiten des gemeinsam betriebenen Gewerbebetriebs zu haften. Erstreben alle eine beschränkte Haftung an, so bleibt den Gesellschaftern nur die Rechtsform einer GmbH, um den Gewerbebetrieb gemeinsam zu betreiben, übrig.

257 Sie können dann lediglich noch überlegen, ob sie mit der GmbH als juristische Person eine Personenhandelsgesellschaft, z. B. eine GmbH u. Co. KG, gründen (vgl. Rz. 262 ff.), die den Gewerbebetrieb übernimmt oder ob sie sich als stille Gesellschafter an dem Gewerbebetrieb der GmbH beteiligen wollen. Sie stellen dann der GmbH über ihren Geschäftsanteil hinaus als stille Gesellschafter weiteres Kapital zur Verfügung und werden deshalb von der GmbH an dem Gewinn des von ihr betriebenen Gewerbebetriebs als stille Gesellschafter beteiligt (vgl. Rz. 297).

258 Abgesehen davon, daß die GmbH die einzige Möglichkeit ist, einen mittleren Gewerbebetrieb mit voller Haftungsbeschränkung durch eine Kapitalgesellschaft zu führen, können sich Gründe für die Einschaltung einer Kapitalgesellschaft dann ergeben, wenn die Gesellschafter mit einem Gesellschafterwechsel rechnen und diesen erleichtern wollen. Die Rechtsform der Personenhandelsgesellschaft wird nicht nur durch

die Kapitalbeteiligung der Gesellschafter, sondern durch die Mitarbeit aller oder mindestens einzelner Gesellschafter geprägt. Bei der GmbH als Kapitalgesellschaft steht die Kapitalbeteiligung im Vordergrund. Es ist nicht notwendig, daß die Gesellschafter die Geschäftsführung der GmbH übernehmen. Es ist durchaus denkbar, daß sie damit einen geeigneten Nichtgesellschafter beauftragen und sich die Gesellschafter lediglich auf die Kontrolle der Geschäftsführung beschränken. Auch eine derartige Lockerung der Beziehungen der einzelnen Gesellschafter zur Gesellschaft kann dazu führen, daß der Rechtsform der GmbH der Vorzug zu geben ist.

2. Steuerliche Überlegungen

Steuerrechtlich ist es heute so, daß die ausgeschütteten Gewinne — 259
und dabei ist es gleich, ob eine offene oder verdeckte Gewinnausschüttung erfolgt — nur noch bei den begünstigten Gesellschaftern erfaßt werden. Die von der Gesellschaft für die ausgeschütteten Gewinne zu zahlende Körperschaftsteuer wird bei der Veranlagung der einzelnen Gesellschafter auf deren Einkommensteuerschuld angerechnet. Nicht ausgeschüttete, also thesaurierte Gewinne, werden dagegen bei der GmbH heute mit einem Körperschaftsteuersatz von 56 v. H., das ist die höchste Belastung bei der Einkommensteuer, versteuert. Die Entlastung der ausgeschütteten Gewinne durch die Anrechnung der Körperschaftsteuer auf die Einkommensteuer, die von den Gesellschaftern zu zahlen ist, erfolgt jedoch im Veranlagungsverfahren. Das hat zur Folge, daß regelmäßig die von der GmbH zu zahlende Körperschaftsteuer, erst bei der Veranlagung der Gesellschafter zur Einkommensteuer, die regelmäßig erst Jahre später erfolgt, erstattet wird.

Bei der Vermögensteuer erfolgt auch nach der Körperschaftsteuerre- 260
form noch eine Doppelbesteuerung. Die GmbH hat ihr Betriebsvermögen als eigenes Vermögen zu versteuern. Die Gesellschafter haben die Geschäftsanteile an der GmbH als ihr Vermögen zu erklären und zu versteuern (vgl. Rz. 244). Dazu kommt, daß die Vermögensteuer bei der GmbH zu den nicht abzugsfähigen Ausgaben gehört. Diese Ausgaben sind aus dem versteuerten Einkommen der GmbH zu entrichten. Das zur Zahlung der Vermögensteuer erforderliche Einkommen beträgt ca. 260 v. H. der Vermögensteuer (vgl. Rz. 245).

Die Errichtung einer GmbH kann jedoch dann erhebliche steuerliche 261
Vorteile bieten, wenn ein Gesellschafter, der GmbH für deren Gewer-

bebetrieb Grundvermögen vermietet oder verpachtet. Da zwischen der GmbH als Kapitalgesellschaft und ihren Gesellschaftern grundsätzlich schuldrechtliche Verträge über die Überlassung von Wirtschaftsgütern auch mit steuerrechtlicher Wirkung anerkannt wird, ist es denkbar, daß ein Gesellschafter für Zwecke des Gewerbebetriebs der GmbH dieser Wirtschaftsgüter, vor allem Grundstücke und Grundstücksteile vermietet oder verpachtet, und daß die daraus erzielten Einkünfte nicht zu den Einkünften aus dem Gewerbebetrieb der GmbH zählen. Das führt einmal dazu, daß bei der Vermietung und Verpachtung von Grundbesitz die gezahlte Miete oder Pacht nicht zum Gewerbeertrag gerechnet wird. Dadurch spart die GmbH Gewerbeertragsteuer ein. Durch die Anerkennung von schuldrechtlichen Verträgen über die Miete und Pacht bei Überlassung von Wirtschaftsgütern wird aber auch erreicht, daß bei den Gesellschaftern die dem Gewerbebetrieb vermieteten oder verpachteten Wirtschaftsgütern nicht zu ihrem notwendigen Sonderbetriebsvermögen zählen. Sie bleiben Privatvermögen. Das hat zur Folge, daß Veräußerungs- und Entnahmegewinn, die sich bei diesen Wirtschaftsgütern ergeben, nicht Teile des gewerblichen Gewinns sind. Sie bleiben bei den Gesellschaftern — abgesehen von einem Spekulationsgewinn — außer Ansatz, werden also nicht als Einkommen erfaßt (vgl. jedoch auch Rz. 246 f.). Auch der Abschluß von Arbeitsverträgen mindert den Gewerbeertrag und damit die Gewerbeertragsteuer.

E. Die GmbH & Co. KG

I. Bürgerlich-rechtliche Auswirkungen

1. Begriff

Eine GmbH & Co. KG ist eine Kommanditgesellschaft, bei der der Komplementär, also der persönlich haftende Gesellschafter, eine GmbH ist. Kommanditisten sind regelmäßig die Gesellschafter der GmbH. **262**

Zu beachten ist also, daß zwei Gesellschaften bestehen,
— die GmbH und
— die Kommanditgesellschaft.

2. Haftung

Gewerbetreibender ist die Kommanditgesellschaft. Bei einer Kommanditgesellschaft gibt es kraft Gesetzes Gesellschafter mit unterschiedlicher Haftung. Die Komplementäre, die persönlich und uneingeschränkt haften, und die Kommanditisten, die nur mit ihrer Einlage haften (vgl. Rz. 22 f.). Bei der GmbH & Co. KG ist Komplementärin die GmbH, die unbeschränkt persönlich mit ihrem gesamten Vermögen haftet. Die Kommanditisten — meistens, die Gesellschafter der GmbH —, haften beschränkt mit ihrer Einlage (vgl. Rz. 27 f.). **263**

Die GmbH ist eine juristische Person. Ihre Gesellschafter haften nur mit der von ihnen übernommenen Stammeinlage (vgl. Rz. 172). Durch die Gründung einer GmbH & Co. KG kann also bürgerlich-rechtlich eine völlige Haftungsbeschränkung erreicht werden. Die einzelnen Gesellschafter der GmbH haften nur mit ihrer Stammeinlage. Die GmbH haftet als Komplementärin der KG zwar unbeschränkt, tatsächlich jedoch nur mit dem ihr als juristischer Person übertragenen Vermögen, also beschränkt auf ihr Stammkapital und die von ihr erzielten und thesaurierten Gewinne. Die Kommanditisten haften nur mit der von ihnen übernommenen Einlage, also auch beschränkt. Sind die Kommanditisten gleichzeitig Gesellschafter der GmbH, so haften sie als Gesellschafter der GmbH mit der von ihnen übernommenen Stammeinlage, als Kommanditisten mit der von ihnen übernommenen Vermögenseinlage. **264**

3. Geschäftsführung

265 Bei der KG obliegt grundsätzlich die Geschäftsführung den Komplementären. Bei der GmbH & Co. KG ist regelmäßig die GmbH die alleinige Komplementärin. Ihr, d. h. ihren Geschäftsführern (vgl. Rz. 174 f.), obliegt daher regelmäßig die Geschäftsführung der KG und ihre Vertretung nach außen Dritten gegenüber. Die Geschäftsführung kann durch den Gesellschaftsvertrag auch Kommanditisten übertragen werden. Die Vertretung der KG nach außen dagegen nicht (vgl. Rz. 42).

266 Die Geschäftsführung der GmbH obliegt dem Geschäftsführer; wie die GmbH ihre Geschäftsführung regelt, richtet sich nach dem Gesellschaftsvertrag (vgl. Rz. 168 f.). Da die GmbH alleinige Komplementärin der KG ist, obliegt ihr nach dem Gesetz auch die Geschäftsführung der KG und ihre Vertretung nach außen. Weil die GmbH als juristische Person nur durch ihre Organe handeln kann, sind diese auch befugt, die Geschäftsführung und die Vertretung der KG zu übernehmen.

4. Übertragung der Gesellschaftsrechte

267 Bei der GmbH & Co. KG, also bei der Kommanditgesellschaft, handelt es sich um eine Personenhandelsgesellschaft. Bei Personenhandelsgesellschaften sind die Gesellschaftsrechte grundsätzlich nicht übertragbar. Durch den Gesellschaftsvertrag können jedoch abweichende Vereinbarungen getroffen werden (vgl. Rz. 52).

268 Bei der GmbH, die Komplementärin der GmbH & Co. KG ist, handelt es sich um eine Kapitalgesellschaft, bei der die Geschäftsanteile vererblich und übertragbar sind. Hier kann allerdings durch Gesellschaftsvertrag die Übertragung der Gesellschaftsrechte ausgeschlossen oder erschwert werden. Es ist auch möglich, der Gesellschaft oder den einzelnen Gesellschaftern der GmbH Vorkaufsrechte einzuräumen (vgl. Rz. 180 f.).

II. Steuerliche Auswirkung bei der GmbH

269 Die GmbH hat ihre Gewinnanteile zu versteuern. Thesaurierte Gewinne werden heute mit einem Steuersatz von 56 v. H. des Einkommens versteuert (vgl. Rz. 193 f.). Für ausgeschüttete Gewinne ermäßigt sich die Körperschaftsteuer auf 36 v. H. des ausgeschütteten Gewinns vor Abzug der Körperschaftsteuer (vgl. Rz. 210 f.).

Es ist zu prüfen, ob durch die Gewinnverteilung bei der Kommanditgesellschaft die GmbH als Komplementärin entsprechend ihrer Leistungen für den Gesellschaftszweck keinen zu geringen Gewinnanteil erhält. Sie kann dadurch, daß sie sich mit einem zu geringen Gewinnanteil begnügt, ihren Gesellschaftern, soweit sie die Rechtsstellung eines Kommanditisten haben, verdeckt Gewinne ausschütten. Heute werden jedoch die verdeckt ausgeschütteten Gewinne steuerlich wie offen ausgeschüttete Gewinne behandelt. Das bedeutet, daß auch insoweit die Ermäßigung der Körperschaftsteuer auf 36 v. H. eintritt. 270

Die Gesellschafter der GmbH haben die offen und verdeckt ausgeschütteten Gewinne als Einkünfte aus Kapitalvermögen zu versteuern. Zu den Einkünften aus Kapitalvermögen gehört in diesen Fällen jedoch auch die Körperschaftsteuer, die in Höhe von 9/16 der ausgeschütteten Gewinne auf die Einkommensteuerschuld der Gesellschafter angerechnet wird (vgl. Rz. 225). 271

III. Steuerliche Auswirkung bei den Kommanditisten

1. Keine Anerkennung schuldrechtlicher Verträge

Der Kommanditist einer GmbH & Co. KG ist Mitunternehmer des von der KG betriebenen Gewerbebetriebs. Das hat zur Folge, daß er aus dem Gewerbebetrieb nur einheitliche Einkünfte, nämlich Einkünfte aus Gewerbebetrieb, erzielt. Schuldrechtliche Verträge zwischen den Kommanditisten und der KG können zwar mit bürgerlich-rechtlicher Wirkung abgeschlossen werden. Sie werden jedoch steuerrechtlich nicht anerkannt. 272

Das hat zur Folge, daß der Kommanditist 273

- nicht Arbeitnehmer der KG sein kann,
- nicht als Arbeitnehmer der GmbH die Geschäfte der KG führen kann,
- der KG keine Wirtschaftsgüter für gewerbliche Zwecke vermieten und verpachten kann,
- der KG und auch der GmbH für die gewerblichen Zwecke der KG keine Darlehn gewähren kann.

274 Überläßt ein Kommanditist der KG für gewerbliche Zwecke Wirtschaftsgüter, z. B. Grundstücke, so gehören diese Wirtschaftsgüter bei dem Kommanditisten zu dessen notwendigem Sonderbetriebsvermögen (vgl. Rz. 74 f.) und sind in einer für ihn aufzustellenden Ergänzungsbilanz zu erfassen. Werden diese Wirtschaftsgüter veräußert oder scheiden diese Wirtschaftsgüter aus dem gewerblichen Sonderbetriebsvermögen des Kommanditisten aus, so muß der Kommanditist die sich dabei ergebenden Veräußerungsgewinne oder Entnahmegewinne als Teil seines gewerblichen Gewinns versteuern (vgl. Rz. 82 f.; 67 f.).

2. Gehalt für die Geschäftsführung als Gewinnanteil

275 Ist der Kommanditist als Arbeitnehmer für die KG tätig, so wird das Arbeitsverhältnis steuerrechtlich nicht anerkannt. Die Vergütung, die der Kommanditist für seine Tätigkeit für die Gesellschaft erhält, gehört nach § 15 Abs. 1 Nr. 2 EStG zu seinen gewerblichen Einkünften aus dem von der KG betriebenen Gewerbebetrieb. In diesen Fällen gehören zu den gewerblichen Einkünften:

- der Bruttoarbeitslohn,
- der Arbeitgeberanteil zu den gesetzlichen Sozialversicherungen,
- freiwillige soziale Leistungen.

276 Aber auch dann, wenn der Kommanditist Gesellschafter/Geschäftsführer der Komplementär-GmbH ist und als solcher mit der GmbH einen Arbeitsvertrag abgeschlossen hat und als Geschäftsführer der GmbH auch die Geschäfte der KG führt, gehören seine Arbeitsentgelte, die er von der GmbH bezieht und die für seine Tätigkeit für die Führung der Geschäfte der KG gewährt werden, für ihn zu den gewerblichen Einkünften im S. des § 15 Abs. 1 Nr. 2 EStG. Der BFH legt die Vorschrift des § 15 Abs. 1 Nr. 2 EStG in ständiger Rechtsprechung weit aus. Er sieht die gesamte Tätigkeit eines Mitunternehmers im Rahmen des Unternehmens der Gesellschaft als Unternehmertätigkeit des Gesellschafters i. S. der vorstehenden Vorschrift an. Es soll keine Rolle spielen, daß der Gesellschafter/Geschäftsführer der Komplementär-GmbH formal, d. h. zivilrechtlich, als Organ der GmbH, in deren Dienste er

steht handelt und die Geschäftsführung bei der GmbH & Co. KG für die Komplementär-GmbH ausübt. Nach der für das Steuerrecht herrschenden wirtschaftlichen Betrachtungsweise kann nach Ansicht des BFH diese Geschäftsführertätigkeit nicht von der Gesellschaftereigenschaft des Mitunternehmers der KG gelöst werden. Die Vergütung, die der Kommanditist deshalb über die GmbH für seine Tätigkeit innerhalb der GmbH & Co. KG erhält, muß deshalb für die Mitunternehmer nach § 15 Abs. 1 Nr. 2 EStG als Teil ihres gewerblichen Gewinns erfaßt werden (BFH-Urt. v. 2. 8. 1960, BStBl. III S. 408). Gegen diese Rechtsprechung sind immer wieder Bedenken vorgetragen worden. Der BFH ist jedoch bei seiner Rechtsprechung verblieben (BFH-Urt. v. 25. 4. 1969 AS Gruppe 4 §§ 15 — 17 EStG Nr. 262; vgl. auch KLAUSS/MITTELBACH, Die GmbH & Co. KG, 5. Auflage, 1978, Rz. 266 ff.).

3. Anteile an der Komplementär-GmbH als Betriebsvermögen der Kommanditgesellschaft

Zum Betriebsvermögen der Kommanditgesellschaft gehören alle Wirt- 277
schaftsgüter, die Gesellschaftsvermögen geworden sind. Die Geschäftsanteile an der Komplementär-GmbH gehören deshalb nur dann zum Betriebsvermögen der KG, wenn sie in das Gesellschaftsvermögen eingebracht worden sind.

Die Rechtsprechung (BFH-Urt. v. 5. 7. 1972, BStBl. II S. 928) hat klarge- 278
stellt, daß die Geschäftsanteile nur dann zum Betriebsvermögen der KG gehören, wenn sie bürgerlich-rechtlich von den Kommanditisten als Einlage (§ 161 HGB, § 705 BGB) behandelt und somit in das Gesellschaftsvermögen eingebracht worden sind (vgl. auch KLAUSS/MITTELBACH, Die GmbH & Co. KG, a. a. O. Rz. 227).

4. Anteile an der Komplementär-GmbH als Sonderbetriebsvermögen

Sind die Kommanditisten der GmbH & Co. KG zugleich Gesellschafter 279
der Komplementär-GmbH und haben sie ihre Geschäftsanteile nicht in das Betriebsvermögen der KG eingebracht, so gehören ihre Geschäftsanteile jedoch zum notwendigen Sonderbetriebsvermögen. Sie sind nach der Rechtsprechung dann als Sonderbetriebsvermögen der betreffenden Kommanditisten in einer für diese zu erstellenden Ergän-

zungsbilanz der KG zu erfassen, wenn die Geschäftsanteile zum notwendigen Betriebsvermögen gehören. Nach der Rechtsprechung ist das dann der Fall, wenn die Beteiligung an der GmbH den Kommanditisten im Hinblick auf seine Beteiligung an der KG förderlich ist. Das ist immer dann der Fall, wenn die Geschäfte der GmbH sich ausschließlich darauf beschränken, die Geschäfte der GmbH & Co. KG zu führen. In diesen Fällen sind die Beteiligungen an der Komplementär-GmbH dem Betrieb der KG nicht nur förderlich, sondern sie sind unerläßlich, denn die GmbH wird nicht nur von den übrigen Gesellschaftern der KG, also dem Kommanditisten, aus welchen Gründen auch immer, herangezogen, weil sie für den Betrieb der KG wünschenswert erscheint, sondern die KG in dieser speziellen Unternehmensform der GmbH & Co. KG ist ohne die GmbH nicht denkbar. Die von der GmbH selbst zu unterscheidenden Anteile an ihr gehören daher zum notwendigen Sonderbetriebsvermögen der Kommanditisten der GmbH & Co. KG.

280 Soweit die Komplementär-GmbH in nicht unerheblichem Umfang eine eigene gewerbliche Tätigkeit ausübt, hat sich im Schrifttum immer mehr die Rechtsansicht durchgesetzt, daß die Anteile an der GmbH nicht zum notwendigen Betriebsvermögen zählen (NISSEN, Die Ertragsteuer bei der GmbH & Co. KG, DB 1971, S. 2226 ff.). Der BFH (BFH-Urt. v. 15. 10. 1975, BStBl. 1976 II S. 188) hat jedoch entschieden, daß der einem Kommanditisten gehörende Anteil an der geschäftsführenden Komplementär-GmbH in der Regel auch dann in vollem Umfang zum Sonderbetriebsvermögen des Kommanditisten rechnet, wenn die GmbH einen bedeutenden eigenständigen Geschäftsbetrieb unterhält. Der BFH bestätigt die Entscheidung (BFH-Urt. v. 19. 1. 1973, BStBl. 1973 II S. 438), wonach es einen erheblichen Unterschied ausmache, ob ein Kommanditist Anteile an irgendeiner GmbH erwerbe oder Anteile an derjenigen GmbH, an die die KG ihren Gewerbebetrieb verpachtet habe. Denn dies ändert, wie das Finanzgericht zutreffend ausgeführt hat, nichts daran, daß die GmbH-Anteile in den Händen der Kommanditisten, deren betrieblichen Zwecken gewidmet ist. Das gilt auch dann, wenn die Anteile hinsichtlich der Beteiligung der GmbH selbst Anlagecharakter haben und/oder ein Mittel der Einflußnahme auf den Konzern darstellen (vgl. auch BdF-Schreiben vom 20. 12. 1977 — Mitunternehmererlaß a. a. O. Nr. 14; KLAUSS/MITTELBACH, Die GmbH & Co. KG, a. a. O. Rz. 236 ff.).

IV. Gewerbesteuerliche Auswirkungen

1. Arbeitsentgelte der Kommanditisten als Teil des Gewerbeertrags

Für die Ermittlung des Gewerbeertrages ist von den einkommensteuerlichen Gewinnermittlungsvorschriften auszugehen. Zum Gewerbeertrag der GmbH & Co. KG gehören daher auch die Arbeitsentgelte, die den Kommanditisten als Arbeitnehmer der KG und auch die, die dem Kommanditisten als Arbeitnehmer der GmbH für seine Geschäftsführertätigkeit oder sonstige Tätigkeit für den Gewerbebetrieb der KG gezahlt werden (vgl. Rz. 65; KLAUSS/MITTELBACH, Die GmbH & Co. KG, Rz. 387 ff.). 281

Zum Gewerbeertrag rechnen in diesen Fällen 282

- der Bruttoarbeitslohn,
- die Arbeitgeberbeiträge zu den gesetzlichen Sozialversicherungen,
- freiwillige soziale Leistungen.

Die sich dadurch ergebende höhere Belastung mit Gewerbeertragsteuer ist abhängig von dem Hebesatz der Gemeinden (vgl. Rz. 89 f.; 134 f.).

2. Miet- und Pachtzahlungen für Wirtschaftsgüter des Anlagevermögens gehören zum Gewerbeertrag

Da zwischen der GmbH & Co. KG und den einzelnen Kommanditisten auch keine Miet- und Pachtverträge mit steuerrechtlicher Wirkung anerkannt werden können, gehören die Miet- und Pachtzahlungen der GmbH & Co. KG für die Überlassung von Wirtschaftsgüter des Anlagevermögens, die sie von einem Kommanditisten gemietet oder gepachtet hat, als Gewinnanteile des Kommanditisten zum gewerblichen Gewinn und damit zum Gewerbeertrag. 283

3. Gewerbesteuerpflicht der GmbH

Als Kapitalgesellschaft ist die GmbH kraft ihrer Rechtsform gewerbesteuerpflichtig (§ 2 Abs. 2 Ziff. 2 GewStG). Soweit man mit der Recht- 284 sprechung des BFH (Urt. v. 17. 3. 1966, BStBl. III S. 171; v. 3. 8. 1972, BStBl. II S. 799; v. 22. 11. 1972, BStBl. 1973 II S. 405) davon ausgeht, daß die Tätigkeit der GmbH & Co. KG in jedem Falle als Gewerbebetrieb anzusehen ist, üben sowohl die GmbH & Co. KG als auch die GmbH eine gewerbliche Tätigkeit aus. Bei der Ermittlung des Gewerbeertrags der GmbH ist jedoch der Gewinn der GmbH um die Anteile an dem Gewinn der GmbH & Co. KG zu kürzen. Das gleiche gilt für einen Verlust. Dadurch wird der Gewerbeertrag und auch der Gewerbeverlust der GmbH & Co. KG nur einmal, und zwar bei dieser selbst der Gewerbesteuer unterworfen.

V. Vor- und Nachteile einer Gründung einer GmbH & Co. KG

1. Bürgerlich-rechtliche Überlegungen

285 Bürgerlich-rechtlich ergeben sich durch die Gründung einer KG zwischen einer GmbH und ihren Gesellschaftern keine Vor- und auch keine Nachteile. Diese Konstruktion bietet die Möglichkeit, die GmbH mit einem niedrigeren Stammkapital auszurüsten und durch die Beteiligung der Gesellschafter mit Vermögenseinlagen bei der GmbH & Co. KG ihre Kreditfähigkeit wieder zu erweitern.

2. Steuerliche Überlegungen

a) Vorteile durch Vermeidung der Doppelbelastung bei der Vermögensteuer

286 Bürgerlich-rechtlich wird eine völlige Haftungsbeschränkung bereits durch die Gründung einer GmbH erreicht. Nach früherem Körperschaftsteuerrecht bezweckte die Gründung einer GmbH & Co. KG mit den Gesellschaftern der GmbH als Kommanditisten hinsichtlich der Gewinnanteile der Kommanditisten die Doppelbesteuerung der Gewinne bei der GmbH und im Falle der Ausschüttung bei den Gesellschaftern zu vermeiden.

287 Das heutige Körperschaftsteuerrecht beseitigt die doppelte Belastung des Einkommens der GmbH und des Einkommens der Gesellschafter. Auf die von den Gesellschaftern für ausgeschüttete Gewinne zu zahlende

Einkommensteuer wird die Körperschaftsteuer, die von der GmbH auf die ausgeschütteten Gewinne zu zahlen ist, angerechnet (vgl. Rz. 225). Auch nach heutigem Körperschaftsteuerrecht ergeben sich jedoch durch die Gründung einer GmbH & Co. KG zwischen der GmbH und ihren Gesellschaftern einige steuerliche Vorteile. Die Doppelbesteuerung des Vermögens bei der GmbH und ihren Gesellschaftern besteht weiter. Dazu kommt, daß die GmbH die Steuern, die sie für ihr Vermögen zu zahlen hat, aus ihrem Einkommen entrichten muß, das mit dem normalen Tarif versteuert worden ist und der Gewerbeertragsteuer unterlag. Sie muß also ca. 260 v. H. der Vermögensteuerschuld an Einkommen aufwenden um die Vermögensteuer zu bezahlen (vgl. Rz. 245).

Bei einer Thesaurierung der Gewinne muß die GmbH ebenfalls für die thesaurierten Gewinne 56 v. H. Körperschaftsteuer zahlen. Eine Thesaurierung der Gewinne führt ferner dazu, daß das Vermögen der GmbH steigt, die Belastung durch die Doppelbesteuerung des Vermögens bei der GmbH und ihren Gesellschaftern also anwächst. Die dadurch bedingte höhere Vermögensteuer muß aus dem zum normalen Tarif versteuerten Einkommen entrichtet werden. **288**

Schüttet die GmbH ihre Gewinne in voller Höhe oder in fast voller Höhe aus, so hat das zur Folge, daß die ausgeschütteten Gewinne bei den Gesellschaftern der Einkommensteuer unterworfen werden. Auf die Einkommensteuerschuld kann jedoch die Körperschaftsteuer, die für die ausgeschütteten Gewinne zu entrichten ist, ausgerechnet werden. Die Ausschüttung der Gewinne ist dann vorteilhafter, wenn die Gesellschafter Einkommen beziehen, die nicht mit dem höchsten Einkommensteuersatz von 56 v. H. versteuert werden. Werden die Gewinnausschüttungen also bei den Gesellschaftern zu einem niedrigeren Steuersatz als 56 v. H. bei der Einkommensteuer versteuert, so ist die steuerliche Belastung der ausgeschütteten Gewinne niedriger als die der thesaurierten Gewinne. Diese Voraussetzungen werden in der Regel bei Gewerbebetrieben mittlerer Größe vorliegen. **289**

Wenn die GmbH alle verfügbaren Gewinne an ihre Gesellschafter ausschüttet, so ergeben sich jedoch wirtschaftliche Nachteile. Die GmbH kann dann die notwendigen Investitionen nicht aus Eigenkapital finanzieren. Sie muß Fremdkapital aufnehmen. Die Gesellschafter können in solchen Fällen allerdings der GmbH die ausgeschütteten Gewinne wieder als Darlehn zur Verfügung stellen oder aber mit der GmbH **290** einen weiteren Gesellschaftsvertrag abschließen und sich als Mitunternehmer z. B. als Kommanditist bei der GmbH & Co. KG oder als stiller Gesellschafter bei einer stillen Gesellschaft mit der GmbH beteiligen. Durch den Abschluß einer stillen Gesellschaft zwischen der GmbH und ihren Gesellschaftern (vgl. Rz. 297 f.) werden einige steuerrechtliche Nachteile, die sich bei der GmbH & Co. KG ergeben (vgl. Rz. 281 f.) vermieden.

291 Wirtschaftlich reicht es jedoch in den wenigsten Fällen aus, wenn die Gesellschafter der GmbH die ausgeschütteten Gewinne dem Gewerbebetrieb der GmbH wieder als Einlagen als stiller Gesellschafter oder als Darlehn zur Verfügung stellen. In diesen Fällen haftet den Gläubigern des Gewerbebetriebs gegenüber, der von der GmbH in solchen Fällen nach außen als Unternehmer betrieben wird, nur das Vermögen der GmbH. Es ist deshalb oft wirtschaftlich nicht möglich, eine GmbH, die einen mittleren Gewerbebetrieb betreiben soll, nur mit einem Stammkapital zu gründen, das den gesetzlichen Mindestanforderungen entspricht, also 20 000 DM (künftig 50 000 DM) beträgt, und alle Gewinne der GmbH an die Gesellschafter auszuschütten. Auch wenn in solchen Fällen die Gesellschafter der GmbH dieser für den Gewerbebetrieb die erforderlichen Mittel wieder als Darlehn oder als Einlagen als stille Gesellschafter zur Verfügung stellen, so haftet nach außen für die Verbindlichkeiten des Gewerbebetriebs nur das Vermögen der GmbH.

292 Bei der Gründung einer GmbH & Co. KG werden diese wirtschaftlichen Schwierigkeiten dagegen vermieden. Die Gesellschafter der GmbH treten als Kommanditisten der GmbH & Co. KG auch nach außen als Mitunternehmer des Gewerbebetriebs in Erscheinung. Ihre Kapitaleinlage als Kommanditisten haftet auch für die Verbindlichkeiten des Gewerbebetriebs der GmbH & Co. KG, die dadurch kreditwürdiger ist, als eine GmbH, die mit niedrigerem Stammkapital gegründet worden ist und bei der sämtliche Gewinne ausgeschüttet werden.

b) Nachteile durch Nichtanerkennung anderer schuldrechtlicher Verträge

293 Durch die Gründung einer GmbH & Co. KG erlangen die Gesellschafter der GmbH als Kommanditisten der KG jedoch die Rechtsstellung von Mitunternehmern. Das bedeutet, daß schuldrechtliche Verträge zwischen der GmbH & Co. KG und den Kommanditisten als deren Gesellschafter mit steuerrechtlicher Wirkung nicht anerkannt werden können. Es ist sogar so, daß auch schuldrechtliche Verträge, die zwischen der GmbH als Komplementärin der KG und den Kommanditisten steuerrechtlich dann nicht anerkannt werden, wenn sich die schuldrechtlichen Verträge auf den von der GmbH & Co. KG betriebenen Gewerbebetrieb beziehen.

Das hat zur Folge,

— daß die Kommanditisten nicht als Arbeitnehmer der GmbH & Co. KG mit steuerrechtlicher Wirkung behandelt werden können.

— daß die Kommanditisten nicht als Arbeitnehmer der GmbH für den Gewerbebetrieb der GmbH & Co. KG tätig werden können,

— daß Miet- oder Pachtverträge, durch die die Kommanditisten dem Gewerbebetrieb der GmbH & Co. KG Wirtschaftsgüter zur Verfügung stellen, nicht mit steuerrechtlicher Wirkung anerkannt werden können, sondern daß die Miet- oder Pachtzahlungen als Gewinnanteile der Kommanditisten zu behandeln sind. Das gilt auch dann, wenn die Miet- und Pachtverträge von der GmbH abgeschlossen worden sind, und die GmbH dem Gewerbebetrieb der GmbH & Co. KG die Wirtschaftsgüter auf Grund gesellschaftsrechtlicher Verpflichtungen überläßt,

— daß Wirtschaftsgüter, die für den Gewerbebetrieb der GmbH & Co. KG genutzt werden, und einem Kommnaditisten gehören, zum notwendigen Sonderbetriebsvermögen dieses Kommanditisten zählen, auch wenn diese Wirtschaftsgüter auf Grund von Miet- oder Pachtverträgen mit der GmbH dieser zur Verfügung gestellt und dem Gewerbebetrieb der GmbH & Co. KG von der GmbH überlassen worden sind.

Die Nichtanerkennung von schuldrechtlichen Verträgen zwischen den **294**
Kommanditisten und der GmbH & Co. KG hat zur Folge, daß alle Vergütungen, die den Kommanditisten für seine Tätigkeit im Gewerbebetrieb der GmbH & Co. KG gewährt werden, nicht nur Gewinnanteile des betreffenden Kommanditisten sind, sondern auch zum Gewerbeertrag der GmbH & Co. KG gehören.

Das bedeutet also, daß **295**

— Miet- oder Pachtzahlungen für Grundstücke, die dem Gewerbebetrieb der GmbH & Co. KG dienen, nicht den Gewerbeertrag der

GmbH & Co. KG mindern dürfen, sondern als Vorabgewinne des Kommanditisten zum Gewerbeertrag der GmbH & Co. KG gehören;

— Gehaltszahlungen, gesetzliche und freiwillige Sozialleistungen an den Kommanditisten zum Gewerbeertrag gehören.

296 Durch die Errichtung einer stillen Gesellschaft zwischen der GmbH und ihren Gesellschaftern werden die vorgenannten Nachteile (vgl. Rz. 293 f.) vermieden. Die Gründung einer stillen Gesellschaft zwischen der GmbH und ihren Gesellschaftern ist daher steuerlich vorteilhafter. Sie ist dann zu empfehlen, wenn nicht aus wirtschaftlichen Gründen, vor allen Dingen wegen der Kreditfähigkeit, die Gründung einer GmbH & Co. KG notwendig ist.

F. Stille Gesellschaft der GmbH mit ihren Gesellschaftern

I. Bürgerlich-rechtliche Auswirkungen

1. Innengesellschaft

297 Die Gesellschafter einer GmbH können auch mit der GmbH eine Innengesellschaft abschließen und sich so durch Bereitstellung von weiterem Kapital an dem Ertrag des von der GmbH betriebenen gewerblichen Unternehmens beteiligen. Bürgerlich-rechtlich ist auch eine Innengesellschaft zwischen der juristischen Person der GmbH und ihren Gesellschaftern möglich und wird ohne weiteres anerkannt. Dabei spielt es keine entscheidende Rolle, ob die nach außen nicht in Erscheinung tretende Gesellschaft so geregelt ist, daß sie als typische stille Gesellschaft angesehen werden muß (vgl. Rz. 97 ff.) oder ob eine Regelung getroffen worden ist, wonach schuldrechtlich die nicht nach außen in Erscheinung tretenden stillen Gesellschafter so zu behandeln sind, als wären sie Mitunternehmer des Gewerbebetriebs geworden. In diesem Falle würde zwischen der GmbH und ihren Gesellschaftern eine atypische stille Gesellschaft bestehen (vgl. Rz. 97 ff.).

298 Es erscheint mir allerdings undenkbar, daß wirtschaftliche und bürgerlich-rechtliche Gründe dafür sprechen können, zwischen der GmbH und ihren Gesellschaftern eine Innengesellschaft zu vereinbaren, durch die den stillen Gesellschaftern schuldrechtliche Ansprüche eingeräumt werden, daß sie wirtschaftlich wie Mitunternehmer des Gewerbebetriebs zu behandeln sind. Für eine derartige Regelung bestehen nur dann wirtschaftliche Gründe, wenn nach außen nicht in Erscheinung treten soll, daß die stillen Gesellschafter an dem Handelsgewerbe wie Mitunternehmer beteiligt sind. Für eine derartige Vertragsgestaltung besteht jedoch m. E. kaum eine wirtschaftliche Notwendigkeit, wenn sich an dem Gewerbebetrieb einer GmbH deren Gesellschafter beteiligen wollen.

2. Geschäftsführung

299 Bei einer stillen Gesellschaft, bei der der stille Gesellschafter nach außen nicht als Gesellschafter in Erscheinung tritt und die auch kein

Gesellschaftsvermögen besitzt (vgl. Rz. 97 f.), ist der Hauptgesellschafter allein nach außen zur Geschäftsführung berechtigt. Handelt es sich bei dem Hauptgesellschafter um eine GmbH, so obliegt die Geschäftsführung den Geschäftsführern der GmbH. Nach der für die GmbH bestehenden Satzung richtet es sich, wer die Geschäfte des Hauptgesellschafters nach außen führt (vgl. Rz. 174 f.).

II. Steuerliche Auswirkungen bei der GmbH

1. Gewinnermittlung als Hauptgesellschafter

300 Die GmbH hat als Kapitalgesellschaft den Gewinn nach den Vorschriften des HGB für Vollkaufleute zu ermitteln. Sie ist also verpflichtet, eine kaufmännische Buchführung einzurichten, jährlich Bilanzen zu erstellen und den Gewinn auf Grund eines Vermögensvergleichs zu ermitteln (vgl. Rz. 194). Bei der Ermittlung des Gewinns der GmbH ist der Gewinnanteil des stillen Gesellschafters oder der stillen Gesellschafter, wenn mehrere stille Gesellschaften bestehen (vgl. Rz. 118), als Verbindlichkeit der GmbH zu bilanzieren. Wie hoch der Gewinnanteil des stillen Gesellschafters ist, richtet sich nach den vertraglichen Vereinbarungen. Es gelten insoweit für eine stille Gesellschaft zwischen einer GmbH und ihren Gesellschaftern die gleichen Grundsätze wie für eine typische stille Gesellschaft (vgl. Rz. 97 f.).

2. Besteuerung des Gewinns

Die GmbH hat, wie ausgeführt, den Gewinnanteil des oder der stillen Gesellschafter bei ihrer eigenen Gewinnermittlung als Verbindlichkeit zu behandeln. Sie braucht also nur ihren Gewinnanteil zu versteuern.

Bei der Gewerbeertragsteuer wird der Gewinnanteil, der dem stillen Gesellschafter zufließt, jedoch dem gewerblichen Gewinn, der für die GmbH zu ermitteln ist, wieder hinzugerechnet (§ 8 GewStG).

302 Bei der Körperschaftsteuer kommt es für die Höhe der zu entrichtenden Steuer darauf an, ob die GmbH ihren Gewinnanteil thesauriert oder an ihre Gesellschafter ausschüttet. Es gelten hier die allgemeinen Vorschriften über die Versteuerung der Gewinne durch eine GmbH (vgl. Rz. 191 f.).

3. Verdeckte Gewinnausschüttung durch überhöhten Gewinnanteil

a) Überprüfung der Angemessenheit des Gewinnanteils

Wenn auch eine stille Gesellschaft zwischen einer GmbH und ihren Gesellschaftern anerkannt wird, so haben doch die Finanzbehörden das Recht und auch die Pflicht zu überprüfen, ob die Gewinnbeteiligung des stillen Gesellschafters angemessen ist. Es ist denkbar, daß durch eine überhöhte Gewinnbeteiligung die GmbH ihren Gesellschaftern eine verdeckte Gewinnausschüttung gewährt. Verdeckte Gewinnausschüttungen dürfen nach § 8 Abs. 3 Satz 2 KStG den Gewinn der Körperschaft nicht mindern. Nach ständiger Rechtsprechung des BFH setzt eine verdeckte Gewinnausschüttung voraus, daß eine Kapitalgesellschaft ihren Gesellschaftern außerhalb der gesellschaftsrechtlichen Gewinnverteilung einen Vermögensvorteil zuwendet, den sie unter sonst gleichen Umständen bei Anwendung der Sorgfalt eines ordentlichen und gewissenhaften Geschäftsleiters einem Nichtgesellschafter nicht gewährt hätte. Die Rechtsprechung stellt es auf die Sorgfalt eines ordentlichen und gewissenhaften Geschäftsleiters ab. Es ist deshalb ohne Bedeutung, ob die Kapitalgesellschaft die Absicht hatte, Gewinne verdeckt auszuschütten (BFH Urt. v. 10. 1. 1973, BStBl. II S. 322; v. 3. 12. 1969 BStBl. 1970 II S. 229). 303

Zur Angemessenheit der Gewinnverteilung liegen Grundsatzurteile vor, soweit es sich um die Verteilung von Gewinnen zwischen nahen Angehörigen handelt. So hat der BFH bei Familienpersonengesellschaften bestimmte Grundsätze entwickelt (BFH GrS Beschl. v. 29. 5. 1972, BStBl. II 1973, S. 5). Diese Grundsätze gelten dann, wenn ein Familienangehöriger als Kommanditist aufgenommen worden ist, zur Erreichung des Gesellschaftszwecks selbst nicht mitarbeitet und ihm der Kommanditanteil vom bisherigen Eigentümer des Betriebs geschenkt worden ist. Die gleichen Grundsätze gelten aber auch bei einer stillen Gesellschaft, wenn dem stillen Gesellschafter die Einlage geschenkt wurde. Nach den Grundsätzen, die der Große Senat des BFH entwickelt hat, soll eine Gewinnbeteiligung, die zu einer marktüblichen Verzinsung des tatsächlichen Wertes der Beteiligung führt, als angemessen angesehen werden. Eine Gewinnverteilung soll nicht zu beanstanden sein, wenn der Gewinnverteilungsschlüssel eine durchschnitt- 304

305 liche Rendite von nicht mehr als 15 v. H. des tatsächlichen Wertes der Beteiligung ergibt (vgl. BFH-Urt. v. 14. 2. 1973, BStBl. II S. 395; vgl. Rz. 350 f.). Die Grundsätze dieser Entscheidungen sind nach der Rechtsprechung des BFH nicht unbedingt auch auf stille Gesellschaften zwischen einer GmbH und ihren Gesellschaftern anzuwenden (BFH-Beschl. v. 2. 7. 1975, BFHE Bd. 116 S. 348). Wie der BFH ausführt, kommt es für die Frage, ob eine Kapitalgesellschaft verdeckt Gewinne ausschüttet, darauf an, ob ein ordentlicher und gewissenhafter Geschäftsleiter unter den gleichen Umständen mit einem Nichtgesellschafter die gleichen vertraglichen Vereinbarungen geschlossen hätte. Nach Ansicht des BFH (Beschl. v. 2. 7. 1975 a. a. O.) kann man das, was unter „gleichen Umständen" zu verstehen ist, nicht verallgemeinern. Man muß nach den jeweiligen Verhältnissen des einzelnen Falles entscheiden, was der Geschäftsleiter einem Dritten gewährt hätte. Deshalb ist es nach Ansicht des BFH zweifelhaft, ob die Grundsätze zur Beteiligung an Familiengesellschaften, die die Angemessenheit einer Beteiligung auf einen bestimmten Vomhundertsatz des Wertes der Einlage begrenzen, also damit einer typischen Betrachtung folgen, mit der bei der Prüfung einer verdeckten Gewinnausschüttung gebotenen Berücksichtigung der Verhältnisse des Einzelfalls vereinbar sind.

306 Wenn man auch keinen bestimmten Prozentsatz für die Beteiligung festlegen darf, so muß doch in jedem Einzelfall geprüft werden, ob die Höhe der Gewinnbeteiligung des Gesellschafters einer GmbH als stiller Gesellschafter am Gewerbebetrieb der Gesellschaft unter gleichen Umständen auch einem Dritten gewährt worden wäre. Die Frage, welcher Gewinnanteil danach angemessen ist, hängt einmal von der Höhe der Einlage des stillen Gesellschafters und dem Kapitalbedarf der Gesellschaft ab. Hat die Gesellschaft einen erheblichen Kapitalbedarf und stellt ihr der stille Gesellschafter das Kapital zur Verfügung, das sie sich auf dem Kapitalmarkt nicht beschaffen kann, so rechtfertigt das, auch dem stillen Gesellschafter einen besonders hohen Gewinnanteil zu gewähren.

307 Für die Frage, ob die zwischen einer GmbH und ihren Gesellschaftern vereinbarte Gewinnverteilung bei Gründung einer stillen Gesellschaft als angemessen anzusehen ist, kommt es auch auf die Verhältnisse zu dieser Zeit an. Zu diesem Zeitpunkt muß der Geschäftsleiter der GmbH beurteilen, welchen Wert die Kapitaleinlage des stillen Gesellschafters für die GmbH hat, und welchen Gewinnanteil er deshalb bereit ist, dafür zu gewähren.

b) Gewinnausschüttung der GmbH

Ist der Gewinnanteil überhöht, so fließt der überhöhte Teil dem Gesellschafter nicht als Einnahme aus der Beteiligung an einem Handelsgewerbe als stiller Gesellschafter zu (§ 20 Abs. 1 Nr. 4 EStG). Es handelt sich bei dem überhöhten Anteil um sonstige Bezüge aus dem Anteil an der GmbH. Diese verdeckten Gewinnausschüttungen sind genauso zu behandeln wie die offenen Ausschüttungen. Es tritt also die gleiche Rechtslage ein wie bei offenen Gewinnausschüttungen (§ 41 KStG). Hinsichtlich der Auswirkung von verdeckten Gewinnausschüttungen für die Körperschaftsteuerpflicht der GmbH wird auf vorstehende Ausführungen (vgl. Rz. 240 f.) verwiesen. **308**

4. Vorliegen einer atypischen stillen Gesellschaft

Wie bereits ausgeführt, läßt es die Vertragsfreiheit des bürgerlichen Rechts zu, daß derjenige, der nach außen als Gewerbetreibender auftritt, im Innenverhältnis nicht den Gewerbebetrieb auf eigene Rechnung betreibt, sondern schuldrechtlich verpflichtet ist, einen anderen an dem Ertrag des Unternehmens zu beteiligen. Haben die Gesellschafter Vereinbarungen getroffen, die eine Beteiligung — wenn auch schuldrechtlicher Art — am Anlagekapital bezwecken und die auch eine Abfindung beim Ausscheiden des stillen Gesellschafters vorsieht, die über den Betrag seiner Einlage hinausgeht, so wird der stille Gesellschafter steuerlich als Mitunternehmer i. S. des § 15 Abs. 1 Nr. 2 EStG behandelt. In diesen Fällen bezieht nicht nur die GmbH, sondern auch der Gesellschafter als atypischer stiller Gesellschafter der GmbH gewerbliche Einkünfte (vgl. auch Rz. 156 f.). Da im Falle einer atypischen stillen Gesellschaft der Gesellschafter der GmbH Mitunternehmer deren Gewerbebetrieb ist, bezieht er also einheitlich gewerbliche Einkünfte aus dem Betrieb. Das hat auch zur Folge, daß schuldrechtliche Verträge zwischen ihm und der GmbH nicht mehr anerkannt werden. Der stille Gesellschafter kann deshalb, wenn er als Geschäftsführer tätig ist, als Mitunternehmer nicht gleichzeitig Arbeitnehmer der GmbH sein (BFH-Urt. v. 12. 1. 1953, BStBl. III S. 58). **309**

Ist nach den vertraglichen Vereinbarungen davon auszugehen, daß eine atypische stille Gesellschaft besteht, so kann der atypische stille Gesellschafter der GmbH auch keine Wirtschaftsgüter mehr vermieten und verpachten. Es ist nicht nur davon auszugehen, daß die Entgelte, **310** die für die Überlassung der Wirtschaftsgüter von der GmbH dem atypischen stillen Gesellschafter gewährt werden, steuerrechtlich als Anteile am Gewinn zu behandeln sind, sondern es ist auch so, daß diese Wirtschaftsgüter bei dem atypischen stillen Gesellschafter zu dessen Betriebsvermögen (Sonderbetriebsvermögen) gehören (vgl. Rz. 74 f.). Der atypische stille Gesellschafter hat also die gleiche Rechtsstellung wie der Kommanditist bei der GmbH & Co. KG (vgl. Rz. 272 ff.).

311 Da bei einer atypischen stillen Gesellschaft alle Gesellschafter Mitunternehmer sind und einheitliche gewerbliche Einkünfte beziehen, werden diese einheitlich festgestellt. Es muß also für die atypische stille Gesellschaft zwischen der GmbH und ihren Gesellschaftern eine gesonderte Gewinnfeststellung nach § 180 AO durchgeführt werden, bei der die Höhe des Gewinns und die Gewinnanteile der einzelnen Gesellschafter, also der GmbH und der atypischen stillen Gesellschaft, festgestellt werden.

312 Im Verfahren der gesonderten Gewinnfeststellung wird auch darüber entschieden, ob steuerrechtlich die Gesellschaft zwischen der GmbH und ihren Gesellschaftern anzuerkennen ist und ob eine atypische stille Gesellschaft, also Mitunternehmerschaft, vorliegt. Hat also eine GmbH mit einem oder mehreren ihrer Gesellschafter eine stille Gesellschaft abgeschlossen und ist streitig, ob es sich um eine typische stille Gesellschaft oder um eine atypische stille Gesellschaft handelt, so ist über diese Frage in einem gesonderten Gewinnfeststellungsverfahren nach § 180 AO zu entscheiden (vgl. Rz. 152).

III. Steuerliche Auswirkung beim stillen Gesellschafter

1. Typische oder atypische stille Gesellschaft

313 Ist ein Gesellschafter einer GmbH als atypischer stiller Gesellschafter anzusehen, so treten die gleichen steuerlichen Folgen ein, als hätten die Beteiligten eine GmbH & Co. KG gegründet (vgl. Rz. 272 f.).

2. Versteuerung des Gewinnanteils aus einer typischen stillen Gesellschaft

314 Für die Versteuerung des Gewinnanteils aus einer typischen stillen Gesellschaft kommt es darauf an, ob der Gewinnanteil bei dem stillen Gesellschafter zum Betriebsvermögen oder zum Privatvermögen gehört. Gehört der Gewinnanteil bei dem stillen Gesellschafter zum Betriebsvermögen, so ist der Anteil, der dem stillen Gesellschafter auf Grund seiner Beteiligung zufließt, eine Betriebseinnahme und als solche bei der Ermittlung des gewerblichen Gewinns zu berücksichtigen (vgl. Rz. 122).

Gehört der Gewinnanteil zum Privatvermögen des stillen Gesellschaf- **315**
ters, so bezieht er aus dem Gewinnanteil Einkünfte aus Kapitalvermögen i. S. des § 20 Abs. 1 Nr. 4 EStG. Den Gewinnanteil aus seiner Beteiligung als stiller Gesellschafter an der GmbH fließt dem stillen Gesellschafter dann zu, wenn er festgestellt wird. Das ist regelmäßig dann der Fall, wenn von der GmbH die Höhe des Gewinnanteils des stillen Gesellschafters durch Aufstellung der Bilanz festgestellt wird (vgl. dazu Rz. 117).

3. Überhöhte Gewinnanteile

Zu den Einkünften aus Kapitalvermögen i. S. des § 20 Abs. 1 Nr. 4 **316**
EStG gehören jedoch nur die angemessenen Gewinnanteile. Gewährt die GmbH als Hauptgesellschafterin ihren Gesellschaftern bei der Aufnahme als stille Gesellschafter einen Gewinnanteil, den sie Nichtgesellschaftern unter den gleichen Umständen nicht gewähren würde, so schüttet sie ihren Gesellschaftern dadurch verdeckt Gewinne aus. Das hat zur Folge, daß die überhöhten Gewinnanteile den Gesellschaftern der GmbH nicht als stille Gesellschafter zufließen, sondern daß sie wirtschaftlich als sonstige Bezüge aus den Anteilen an der GmbH anzusehen sind. Die überhöhten Gewinnanteile sind deshalb sonstige Bezüge aus dem Anteil an der GmbH i. S. des § 20 Abs. 1 Nr. 1 EStG. Das hat einmal zur Folge, daß die überhöhten Gewinnanteile als verdeckte Gewinnausschüttungen als Einkünfte der GmbH zu erfassen sind (vgl. Rz. 240 f.); zum anderen hat der Gesellschafter die überhöhten Gewinnanteile auch als Einkünfte nach § 20 Abs. 1 Nr. 1 EStG zu versteuern. Das bedeutet, daß zu den Einkünften aus Kapitalvermögen auch die anrechenbare Körperschaftsteuer in Höhe von $^{9}/_{10}$ des überhöhten Gewinnanteils kommt.

Beispiel: Der Gesellschafter Meyer der Meyer GmbH hat sich als stiller Gesellschafter am Gewerbebetrieb der GmbH beteiligt. Er bezieht im Jahre 1979 als stiller Gesellschafter einen Gewinnanteil von 30 000 DM. Angemessen wäre jedoch nur ein Gewinnanteil von 20 000 DM.

317 Im vorgenannten Beispiel hat Meyer als Einkünfte als stiller Gesellschafter i. S. des § 20 Abs. 1 Nr. 4 EStG nur 20 000 DM zu versteuern, 10 000 DM fließen ihm als sonstige Bezüge aus seiner Beteiligung an der GmbH (§ 20 Abs. 1 Nr. 1 EStG) zu. Die Einkünfte aus Kapitalvermögen erhöhen sich in diesem Falle aber auch noch um die für die verdeckte Gewinnausschüttung anzurechnende Körperschaftsteuer das sind $^{9}/_{16}$ von 10 000 DM = 5 625 DM.

318 Der Gesellschafter Meyer hat also für 1979 als Einkünfte aus Kapitalvermögen zu versteuern:

Anteil aus seiner Beteiligung als stiller Gesellschafter (§ 20 Abs. 1 Nr. 4 EStG)	20 000 DM
verdeckte Gewinnausschüttung durch überhöhten Gewinnanteil als stiller Gesellschafter (§ 10 Abs. 1 Nr. 1 EStG)	
anzurechnende Körperschaftsteuer für die verdeckte Gewinnausschüttung (§ 20 Abs. 1 Nr. 3 EStG	5 625 DM
Einkünfte aus Kapitalvermögen	35 625 DM

319 Die Einkünfte aus Kapitalvermögen in Höhe von 35 625 DM erhöhen die übrigen Einkünfte und sind von dem Gesellschafter Meyer nach der Tabelle zu versteuern. Auf die sich nach der Tabelle ergebende Einkommensteuerschuld ist die Körperschaftsteuer in Höhe von 5 625 DM für die verdeckte Gewinnausschüttung anzurechnen.

320 Diese Berechnung setzt jedoch voraus, daß der Gesellschafter Meyer für die verdeckte Gewinnausschüttung die Kapitalertragsteuer erstattet. Übernimmt die GmbH auch die Kapitalertragsteuer für den Gesellschafter Meyer, so hat das zur Folge, daß die GmbH in Höhe der übernommenen Kapitalertragsteuer in Höhe von 3 333 DM weitere verdeckte Gewinne ausschüttet (vgl. Rz. 318, 234 f.).

4. Anerkennung schuldrechtlicher Verträge mit der GmbH

321 Da der typische stille Gesellschafter nicht Mitunternehmer ist, bezieht er keine einheitlichen gewerblichen Einkünfte aus dem Gewerbebetrieb, an dessen Ertrag er beteiligt ist. Schuldrechtliche Verträge zwischen ihm und dem Hauptgesellschafter, der GmbH, werden auch

steuerrechtlich anerkannt. Das hat zur Folge, daß der stille Gesellschafter mit der GmbH als Hauptgesellschafterin folgende schuldrechtliche Verträge mit steuerlicher Wirkung abschließen kann:

- Arbeitsverträge,
- Mietverträge,
- Pachtverträge.

Die Entgelte, die er für derartige schuldrechtliche Verträge erhält, unterliegen dem gleichen steuerlichen Schicksal wie die Entgelte, die dem stillen Gesellschafter aus derartigen Verträgen mit Dritten zufließen. 322

5. Kein Sonderbetriebsvermögen

Die Anerkennung von schuldrechtlichen Verträgen zwischen dem stillen Gesellschafter und dem Hauptgesellschafter hat nicht zur Folge, daß die gewährten Vergütungen nicht als Teil des gewerblichen Gewinns angesehen werden. Die vermieteten und verpachteten Wirtschaftsgüter gehören auch nicht zum Betriebsvermögen des stillen Gesellschafters. Sie bilden also kein Sonderbetriebsvermögen. Das hat zur Folge, daß Veräußerungsgewinne und Verluste oder Entnahmgewinne oder -verluste sich nicht auf die Ermittlung des steuerpflichtigen Gewinns auswirken. 323

6. Vorteile bei der Gewerbesteuer

Durch die Anerkennung schuldrechtlicher Verträge zwischen der GmbH und den stillen Gesellschaftern ergeben sich auch erhebliche Vorteile bei der Gewerbesteuer. Das gilt vor allen Dingen bei der Gewerbeertragsteuer wegen der steuerlichen Anerkennung von Arbeitsverträgen zwischen dem stillen Gesellschafter und der GmbH und zwischen Miet- und Pachtverträgen über Grundstücke zwischen der GmbH und dem stillen Gesellschafter. 324

Die Vergütung, die der stille Gesellschafter als Arbeitnehmer der GmbH bezieht, mindert deren Gewinn und damit auch deren Gewerbeertrag. Als Betriebsausgaben sind ferner Arbeitgeberbeiträge zu den 325 gesetzlichen Sozialversicherungen sowie freiwillige soziale Leistungen der GmbH an ihren Angestellten, der zugleich ihr Gesellschafter ist, steuerlich anzuerkennen.

Bei der Vermietung und Verpachtung von Grundbesitz durch den stillen Gesellschafter an die GmbH entstehen Betriebsausgaben, die auch den Gewerbeertrag mindern.

IV. Vor- und Nachteile bei Gründung einer stillen Gesellschaft der Gesellschafter mit der GmbH

1. Bürgerlich-rechtliche Überlegungen

326 Will der Gesellschafter einer GmbH dieser zusätzliches Kapital zur Verfügung stellen, ohne das Stammkapital zu erhöhen, so bieten sich ihm dafür mehrere Wege:

— er kann der GmbH ein Darlehn gewähren,

— er kann sich als stiller Gesellschafter an dem Handelsgewerbe der GmbH beteiligen,

— er kann mit der GmbH eine Kommanditgesellschaft, eine GmbH & Co. KG gründen.

327 Einen vorübergehenden Kapitalbedarf wird die GmbH nach wirtschaftlichen Erwägungen regelmäßig durch die Aufnahme von Darlehn dekken. Der Abschluß von Darlehnsverträgen wird jedoch auch dann der wirtschaftlich gangbarste Weg sein, wenn von mehreren Gesellschaftern der GmbH nur einer oder einige bereit und in der Lage sind, der GmbH zusätzliches Kapital zur Verfügung zu stellen. In diesen Fällen wird die GmbH im Interesse aller Gesellschafter nicht bereit sein, sich durch Gründung einer stillen Gesellschaft oder gar einer GmbH & Co. KG langfristig zu binden. Die Gründung einer stillen Gesellschaft zwischen der GmbH und einem oder allen ihrer Gesellschafter ist wirtschaftlich dann zweckmäßig, wenn die GmbH für ihr gewerbliches Unternehmen zusätzliches Kapital bedarf und die Gesellschafter bereit und in der Lage sind, der GmbH diese Mittel langfristig zur Verfügung zu stellen.

Die Bereitstellung von Kapital als stiller Gesellschafter reicht jedoch dann nicht aus, wenn die GmbH für ihr gewerbliches Unternehmen auch noch zusätzlich Fremdkapital bedarf. In diesen Fällen ist es aus haftungsrechtlichen Gründen oft geboten, die Haftungssumme zu erweitern. Das ist aber nur dadurch möglich, daß das Stammkapital der GmbH erhöht wird oder daß die GmbH mit ihren Gesellschaftern — ggfs. auch unter Einbeziehung von Dritten — eine GmbH & Co. KG gründet und die Kommanditisten durch ihre Kapitaleinlage das haftende Kapital der GmbH erhöhen. 328

2. Steuerliche Überlegungen

Eine stille Gesellschaft zwischen den Gesellschaftern einer GmbH und der GmbH bietet eine Reihe steuerlicher Vorteile. Im Gegensatz zum Kommanditisten einer GmbH & Co. KG ist der stille Gesellschafter nicht Mitunternehmer. Das hat zur Folge, daß 329

— Arbeitsverträge zwischen der GmbH und ihm steuerrechtlich anerkannt werden. Das führt zu einer beachtlichen Einsparung bei der Gewerbeertragsteuer (vgl. Rz. 132 f.),

— Miet- und Pachtverträge zwischen der GmbH und den stillen Gesellschaftern über Wirtschaftsgüter des Anlagevermögens auch mit steuerlicher Wirkung anerkannt werden. Das führt vor allen Dingen bei der Vermietung und Verpachtung von Grundbesitz zu einer Einsparung bei der Gewerbeertragsteuer und auch zu einer Ermäßigung der Gewerbekapitalsteuer.

Die Anerkennung von schuldrechtlichen Verträgen über die Zurverfügungstellung von Wirtschaftsgütern für Zwecke des Gewerbebetriebs der GmbH durch den stillen Gesellschafter führt auch dazu, daß diese Wirtschaftsgüter nicht als notwendiges Betriebsvermögen (Sonderbetriebsvermögen) des stillen Gesellschafters behandelt werden müssen, wie das bei einem Kommanditisten einer GmbH & Co. KG der Fall ist. Das hat zur Folge, daß vor allen Dingen beim Grundbesitz bei der Veräußerung oder Entnahme entstehende Gewinne nicht als Teil des gewerblichen Gewinns erfaßt werden. 330

Der stille Gesellschafter ist nicht Mitunternehmer des Gewerbebetriebs. Er besitzt also kein gewerbliches Betriebsvermögen. Die Anteile des stillen Gesellschafters an der GmbH zählen deshalb nicht zum Be- 331 triebsvermögen des stillen Gesellschafters, während die Anteile an der GmbH bei dem Kommanditisten einer GmbH & Co. KG zu dessen notwendigem Betriebsvermögen (Sonderbetriebsvermögen) zählen (vgl. Rz. 275 f.).

G. Besonderheiten bei Familiengesellschaften

I. Wirtschaftliche und steuerrechtliche Bedeutung

1. Verträge mit dem Ehegatten

Gesellschaftsverträge werden gelegentlich zwischen Ehegatten und zwischen Eltern und Kindern abgeschlossen. Der Abschluß von Gesellschaftsverträgen zwischen Ehegatten bezweckt, die Ehegatten hinsichtlich des ggf. gemeinsam aufgebauten Betriebs gleichzusetzen. Nach dem gesetzlichen Güterstand der Zugewinngemeinschaft behält jeder Ehegatte sein Vermögen, das er bei Eingehung der Ehe hatte und das er während der Ehe erwirbt. Es wird also kein gemeinsames Vermögen erworben. Jeder Ehegatte verwaltet sein Vermögen auch selbst (§ 1364 BGB). Lediglich bei Beendigung des Güterstandes der Zugewinngemeinschaft erfolgt ein Ausgleich. Wird der Güterstand der Zugewinngemeinschaft durch den Tod eines Ehegatten beendet, so wird der Ausgleich des Zugewinns ggf. vereinfacht vorgenommen. Der gesetzliche Erbteil des überlebenden Ehegatten wird um $^1/_4$ der Erbschaft erhöht (§ 1371 BGB). Wird der Güterstand der Zugewinngemeinschaft auf andere Weise, z. B. durch Scheidung, beendet, so wird der Zugewinn nach Maßgabe der §§ 1375 ff. BGB ausgeglichen. Der Zugewinn ist in diesen Fällen der Vermögenszuwachs, den jeder Ehegatte während des Bestehens des Güterstandes erzielt. Er wird als Differenz zwischen dem Endvermögen und dem Anfangsvermögen der Ehegatten berechnet (§ 1373 BGB). Hat ein Ehegatte einen höheren Zugewinn als der andere Ehegatte, so erfolgt ein Ausgleich. 332

Durch den gesetzlichen Güterstand der Zugewinngemeinschaft hat jedoch, soweit die Ehegatten einen Gewerbebetrieb gemeinsam aufbauen, nicht jeder Ehegatte den gleichen Einfluß auf den Betrieb. Der Betrieb gehört dem Ehegatten, der nach außen als Betriebsinhaber auftritt. Wollen sich daher Ehegatten davor schützen, daß im Falle der Auflösung der Ehe einer der Ehegatten den Gewerbebetrieb nach außen als seinen Betrieb fortführen kann, während der andere Ehegatte nur den Zugewinnausgleichsanspruch erhält, so ist es notwendig, daß zwischen den Ehegatten ein Gesellschaftsvertrag abgeschlossen wird. 333

2. Verträge mit Kindern

334 Der Abschluß eines Gesellschaftsvertrages zwischen den Eltern mit Kindern ist oft Vorstufe für die Übernahme des Betriebs. Das Kind wird bereits zu Lebzeiten der Eltern Mitunternehmer und wächst somit langsam in die Stellung des Inhabers hinein.

335 Durch einen Gesellschaftsvertrag können jedoch auch mehrere Kinder an dem Betrieb beteiligt werden. Dabei spielt es grundsätzlich keine Rolle, ob die Kinder selbst im Betrieb mitarbeiten oder nicht. Es ist denkbar, daß die Kinder nur am Kapital beteiligt werden. Es ist auch zulässig, daß die Eltern den Kindern das Kapital schenken. Die wirtschaftliche Bedeutung der Gesellschaftsverträge liegt darin, daß die Eltern oder ein Elternteil den Kindern schon zu ihren Lebzeiten eine wirtschaftliche Existenz schaffen können. Sind mehrere Kinder vorhanden, so sind diese beim Tod der Eltern nicht nur Miterben eines Einzelunternehmens, sondern zwischen ihnen bestehen bereits gesellschaftsrechtliche Bindungen (vgl. MITTELBACH, Angehörige als Arbeitnehmer und Gesellschafter, 3. Auflage, Herne/Berlin 1977 Rz. 37).

3. Steuerliche Bedeutung

336 Das Einkommen wird nicht mit einer Steuer belastet, die sich, wie z. B. die Umsatzsteuer, nach einem gleichbleibenden Prozentsatz des Einkommens bemißt. Der Tarif der Einkommensteuer ist progressiv. Hohe Einkommen werden deshalb von der Besteuerung stärker betroffen als niedrige. Es kann deshalb die steuerliche Belastung gemindert werden, wenn man das Einkommen auf mehrere Personen aufteilt. Die Einkommensteuer, die dann für alle für das aufgeteilte Einkommen zu zahlen ist, ist wesentlich niedriger als die von einem allein für das Gesamteinkommen zu zahlende Steuer.

337 Natürlich hat niemand Interesse daran, ein Einkommen mit Fremden aufzuteilen. Wenn es sich jedoch um nahe Angehörige handelt, liegen die Verhältnisse anders. In einem solchen Falle kann es sogar möglich sein, daß die Aufteilung des Einkommens nur zum Schein erfolgt. Es wird dann nur für die Versteuerung fingiert, daß mehrere Personen an den Einkommen beteiligt sind.

In den meisten Fällen werden jedoch den nahen Angehörigen Teile des Einkommens tatsächlich zur freien Verfügung zugewendet. Durch die Progression der Einkommensteuer erhalten die Angehörigen nach Abzug der Einkommensteuer ein wesentlich höheres frei verfügbares Einkommen, als den bisherigen Einkommensbeziehern nach Abzug der Steuer verbleiben würde. 338

Steuerrechtlich wird jedoch nicht jede Aufteilung des Einkommens, auch wenn sie tatsächlich gewollt ist, unter nahen Angehörigen anerkannt. Die Aufteilung des Einkommens ist für die Besteuerung nur dann anzuerkennen, wenn sie wirtschaftlich gerechtfertigt ist. Das setzt voraus, daß dem Angehörigen eine echte Einkommensquelle übertragen worden ist. Das geschieht dadurch, daß dem Angehörigen die Rechtsstellung eines Gesellschafters übertragen wird. 339

II. Formvorschriften

Soll ein Minderjähriger als Gesellschafter in eine Familiengesellschaft aufgenommen werden, so kann die Ernsthaftigkeit der vereinbarten Gesellschafterverhältnisse nur dann bejaht werden, wenn die bürgerlich-rechtlichen Vorschriften über die Aufnahme eines Minderjährigen in eine Personengesellschaft in vollem Umfange beachtet sind. Der Vertrag muß also vom Vormundschaftsgericht genehmigt worden sein (§ 1822 BGB). Die zivilrechtliche Rückwirkung der vormundschaftlichen Genehmigung eines Vertrages über den Erwerb eines Anteils an einer Personengesellschaft durch einen Mitunternehmer kann steuerlich nicht berücksichtigt werden, wenn die vormundschaftliche Genehmigung nicht unverzüglich nach Abschluß des Gesellschaftsvertrages beantragt und in angemessener Frist erteilt wird (BFH-Urt. v. 1. 2. 1973, BStBl. 1973 II S. 307). 340

Besteht eine Personengesellschaft zwischen Eltern und minderjährigen Kindern, so kann eine Personengesellschaft nur dann anerkannt werden, wenn für das minderjährige Kind der Gesellschaftsvertrag durch einen Pfleger abgeschlossen worden ist. Nach § 41 Abs. 1 AO ist zwar dann, wenn ein Rechtsgeschäft wegen eines Formmangels oder wegen eines Mangels der Geschäftsfähigkeit oder der Rechtsfähigkeit nichtig ist, dies für die Besteuerung soweit und solange ohne Bedeutung, als die Beteiligten das wirtschaftliche Ergebnis des Rechtsgeschäfts eintreten und bestehen lassen. Nach ständiger Rechtsprechung werden 341 jedoch bürgerlich-rechtliche Vereinbarungen unter nahen Angehörigen nur anerkannt, wenn sie unter Beachtung der Formvorschriften auch rechtswirksam zustande gekommen sind (BFH-Urt. v. 1. 2. 1973, BStBl. II S. 307).

342 Nach der früheren Rechtsprechung sollte es bei der Aufnahme minderjähriger Kinder als Gesellschafter sogar nicht ausreichen, daß für den Abschluß des Gesellschaftsvertrages ein Pfleger bestellt worden war und der Gesellschaftsvertrag vom Vormundschaftsgericht genehmigt worden ist. Die Rechtsprechung forderte für die Anerkennung von minderjährigen Kindern als Mitunternehmer, daß für die *Dauer* der Minderjährigkeit und Mitgliedschaft des Kindes gemäß § 1909 BGB ein Pfleger bestellt wird, weil nur unter diesen Voraussetzungen klare und eindeutige Rechtsverhältnisse geschaffen würden und deren tatsächlicher Vollzug gesichert sei (BFH-Urt. v. 1. 2. 1973, BStBl. II S. 309).

343 Da inzwischen nach der Rechtsprechung der Zivilgerichte für minderjährige Gesellschafter kein Pfleger für die Mitwirkung bei Gesellschafterbeschlüssen bestellt werden braucht (BGH-Beschluß v. 18. 9. 1975, II ZB 6/74), hat auch die Rechtsprechung des BFH davon abgesehen, für die *Dauer* der Minderjährigkeit einen Dauerpfleger für die Anerkennung eines Gesellschaftsvertrages zu verlangen (BFH-Urt. v. 29. 1. 1976, BStBl. II S. 328).

III. Anerkennung von Familienpersonengesellschaften

1. Steuerersparnis

344 Nach der Rechtsprechung kann es nicht als Mißbrauch der Gestaltungsmöglichkeiten des bürgerlichen Rechts angesehen werden, wenn ein Stpfl. zur Ersparung von Steuern die für ihn günstigste Rechtsform wählt. Einer Familiengesellschaft, bei der Gesellschafter Mitunternehmer sind, kann also die steuerliche Anerkennung nicht versagt werden, weil steuerliche Gesichtspunkte oder sonstige außerbetriebliche Beweggründe die Veranlassung zur Gründung der Gesellschaft gegeben haben (BFH-Urt. v. 22. 8. 1951, BStBl. III S. 181).

2. Gesellschaftsrechte

Nach § 15 Abs. 1 Nr. 2 EStG sind Einkünfte aus Gewerbebetrieb, die Gewinnanteile der Gesellschafter einer OHG oder einer KG. Der Wortlaut dieser Vorschrift würde es zulassen, den Gesellschafter einer OHG und KG selbst dann, wenn die ihm im Gesellschaftsvertrag eingeräumte Rechtsstellung handelsrechtlich gesehen extrem atypisch ist und nicht den steuerlichen Vorstellungen des Mitunternehmers entspricht, die Gewinnanteile als eigene Einkünfte aus Gewerbebetrieb zuzurechnen. Nach der Rechtsprechung würde das jedoch der Vorschrift des § 15 Abs. 1 Nr. 2 EStG entgegenstehen (BFH-Beschluß v. 21. 2. 1974, BStBl. II S. 404; Urt. v. 29. 1. 1976, BStBl. II S. 324). 345

Voraussetzung für die Anerkennung eines Gesellschaftsverhältnisses ist deshalb, daß dem Angehörigen eine Beteiligung an den stillen Reserven des Unternehmens eingeräumt wird (BFH-Urt. v. 13. 2. 1962, BStBl. 1963 III S. 84). Allerdings ist für die steuerliche Anerkennung von Mitunternehmerschaft nicht notwendig, daß die als Gesellschafter aufgenommenen Angehörigen neues zusätzliches Vermögen in die Gesellschaft einbringen. Eine Gesellschaft wird auch dann steuerlich anerkannt, wenn die Gesellschaftsanteile den Angehörigen ganz oder teilweise schenkungshalber vom bisherigen Betriebsinhaber oder bisherigen Mitgesellschafter überlassen werden (BFH-Urt. v. 1. 2. 1973, BStBl. II S. 221). Die Gesellschaftsrechte dürfen steuerlich nicht in unzulässiger Weise eingeschränkt werden. Das bedeutet jedoch nicht, daß einem als Angehöriger aufgenommener Gesellschafter sofort die vollen Rechte gewährt werden müssen. Eine Einschränkung der Gesellschaftsrechte kann auch aus wirtschaftlichen Gründen erfolgen. Sie ist dann unschädlich. Allerdings ist die Grenze des Unschädlichen dann überschritten, wenn die vertragliche Beschränkung von einer Art und einem Umfang ist, wie sie in Gesellschaftsverträgen zwischen einander Fremden schlechthin nicht vorkommt (BFH-Urt. v. 20. 2. 1975, BStBl. II S. 569). 346

Grundsätzlich wird daher eine Mitunternehmerschaft nur dann anerkannt, wenn 347

- der Angehörige am Gewinn und Verlust beteiligt ist und ein bestimmtes Unternehmerrisiko trägt (BFH-Urt. v. 23. 1. 1974, BStBl. 1975 II S. 498).
- er über den erzielten Gewinn verfügen kann.

Der BFH (BFH-Urt. v. 22. 1. 1970, BStBl. II S. 416) hat die OHG eines Vaters mit seinen Töchtern nicht anerkannt, weil die Töchter über ihre gutgeschriebenen Gewinnanteile nur mit der Genehmigung ihres Vaters verfügen konnten. In einem anderen Falle wurde die Gesellschaft nicht anerkannt, weil die Kinder gutgeschriebene Gewinnanteile ohne Zustimmung ihres Vaters bis zu dessen Tod nicht entnehmen konnten (BFH-Beschluß v. 21. 2. 1974, BStBl. II S. 404; Urt. v. 29. 1. 1976, BStBl. II S. 328).

— er das Verfügungsrecht über das Vermögen und an den stillen Reserven besitzt.

348 Grundsätzlich muß ein Mitunternehmer auch an dem Vermögen und an den stillen Reserven beteiligt sein. Das gilt jedoch uneingeschränkt nur für einen Gesellschafter einer OHG. Ein Kommanditist braucht nach der Rechtsprechung (BFH-Urt. v. 22. 1. 1970 a. a. O.) außer im Falle der Liquidation nicht an den stillen Reserven beteiligt zu sein. Ein vorzeitiges Ausscheiden aus der Gesellschaft nur mit seinen Buchwerten ist nicht unüblich (BFH-Urt. v. 30. 7. 1975, BStBl. II S. 818). Einzelheiten können im Rahmen dieser Schrift nicht besprochen werden; vgl. MITTELBACH, Angehörige als Arbeitnehmer und Gesellschafter a. a. O. Rz. 329 ff.).

IV. Angemessene Gewinnverteilung

1. Grundsatz

349 Auch wenn zwischen nahen Angehörigen eine Personenhandelsgesellschaft mit steuerlicher Wirkung anerkannt wird (vgl. Rz. 340 f.), so haben die Finanzämter doch grundsätzlich das Recht und die Pflicht zu prüfen, ob die vereinbarte Gewinnverteilung angemessen ist. Zu den Einkünften, die den als Gesellschafter aufgenommenen Angehörigen nach § 15 Abs. 1 Nr. 2 EStG als gewerbliche Gewinne zufließen, gehören nur die Beträge, die sie auf Grund ihrer Gesellschafterstellung erhalten. Werden ihnen aus persönlichen Gründen höhere Gewinnanteile zugebilligt, so handelt es sich dabei um Zuwendungen im Sinne des § 12 EStG, die bei dem begünstigten Angehörigen nicht zu den Gewinnanteilen gehören und die diejenigen Gesellschafter zu versteuern haben, die sie aus persönlichen Gründen ihren Angehörigen zuwenden.

2. Gewinnverteilung bei geschenkten Kommanditanteilen

Der Große Senat des BFH (Beschluß v. 29. 5. 1972, BStBl. 1973 II S. 5) 350 hat zur Angemessenheit der Gewinnverteilung bei Familienpersonengesellschaften Stellung genommen, wenn ein Gewerbetreibender eine steuerrechtlich anzuerkennende Kommanditgesellschaft gründet, seinen Gewerbebetrieb in diese einbringt und seinen Kindern Anteile von seinem Kapitalanteil schenkungsweise überträgt, wobei die Kinder nicht im Betrieb mitarbeiten sollen. Führt die Gewinnverteilung zu einer Rendite, die 15 v. H. des tatsächlichen Wertes des Gesellschaftsrechts nicht übersteigt, so ist die Gewinnverteilung auch steuerlich anzuerkennen. Dabei ist zu berücksichtigen, ob der Kommanditist an den stillen Reserven und an dem Geschäftswert beteiligt ist.

Der tatsächliche Wert der unentgeltlich erworbenen Geschäftsanteile ist nach der Rechtsprechung gleich dem Buchwert des festgesetzten Kapitalanteils zu setzen, wenn der Vater sich das Recht vorbehalten hat, das Gesellschaftsverhältnis zu kündigen und das Unternehmen allein fortzuführen und die Kinder mit dem Buchwert des festgesetzten Kapitalanteils abfindet (BFH-Urt. v. 29. 1. 1976, BStBl. II S. 374).

Der Wert des Gesellschaftsrechts, das einem Angehörigen geschenkt 351 worden ist, ist jedoch höher als der Buchwert, wenn dieser an den stillen Reserven des Unternehmens beteiligt ist. Eine Beteiligung an den stillen Reserven des Unternehmens liegt aber schon vor, wenn der aufgenommene Gesellschafter zwar bei eigener Kündigung zu den Buchwerten ausscheidet, bei Kündigung des Gesellschaftsverhältnisses durch einen anderen Gesellschafter dieser zu Buchwerten aus der Gesellschaft ausscheidet oder die Auseinandersetzung zu einer Auseinandersetzungsbilanz erfolgt. Noch höher ist der tatsächliche Wert der geschenkten Beteiligung, wenn der Beschenkte auch an dem Geschäftswert beteiligt ist. Eine solche Beteiligung liegt immer dann vor, wenn in dem Gesellschaftsvertrag bestimmt ist, daß bei einer Kündigung des Gesellschaftsvertrages bei einer Auseinandersetzung der Gesellschafter ein Geschäftswert in der Auseinandersetzungsbilanz einzusetzen ist.

Auch wenn einem Angehörigen ein Kommanditanteil von einem Gesell- 352 schafter geschenkt worden ist und Nichtangehörige an der KG beteiligt sind, ist die Gewinnverteilung des Angehörigen immer dann anzuerkennen, wenn dem Angehörigen die gleiche Beteiligung wie einem fremden Kommanditisten gewährt worden ist. Die Rechtsprechung (BFH-Beschluß v. 29. 5. 1972, a. a. O.) hat bei geschenkten Gesellschaftsanteilen immer zu ermitteln, ob die tatsächlich getroffene Gewinnverteilung *auch unter Fremden* in dieser Art getroffen worden wäre. Sind fremde Gesellschafter an der Gesellschaft beteiligt, so ist ein unmittelbarer Vergleich mit Gesellschaftsverträgen unter Fremden möglich (vgl. MITTELBACH, Beteiligung von Angehörigen an bestehenden Personengesellschaften, DStR 1975 S. 359 ff.).

3. Gewinnverteilung bei Mitarbeit des Kommanditisten und der Bereitstellung neuen Kapitals

353 Die Grundsätze der Rechtsprechung (BFH-Beschluß v. 29. 5. 1972 a. a. O.) gelten dann nicht, wenn der als Kommanditist aufgenommene Angehörige zur Erreichung des Gesellschaftszwecks mitarbeitet. Die Grundsätze gelten ferner nicht, wenn ein Familienangehöriger als Kommanditist beteiligt wird und dem Unternehmen aus eigenen Mitteln neues Kapital zuführt (BFH-Urt. v. 4. 6. 1973, BStBl. II S. 866). Auch in diesen Fällen ist jedoch zu prüfen, ob der dem Angehörigen gewährte Gewinnanteil auch einem fremden Gesellschafter gewährt worden wäre.

4. Beteiligung von Angehörigen als Gesellschafter einer stillen Gesellschaft

354 Nach der Rechtsprechung gelten die Grundsätze über die Gewinnverteilung an Kommanditisten auch, wenn an einem Unternehmen ein Angehöriger als stiller Gesellschafter beteiligt wird. Dabei ist jedoch zu berücksichtigen, ob der stille Gesellschafter auch an dem Verlust beteiligt wird und ob er der Gesellschaft neues Kapital zuführt.

Der Unternehmer kann Gewinnanteile an Angehörige als typische stille Gesellschafter nur insoweit als Betriebsausgaben absetzen, als sie angemessen sind. Unangemessen hohe Gewinnanteile sind Zuwendungen im Sinne des § 12 EStG.

Da typische stille Gesellschafter zugleich auch Arbeitnehmer des Unternehmens sein können, können sie auch für ihre Mitarbeit Arbeitsentgelt beziehen (vgl. Rz. 128 ff.). Bei der Angemessenheitsprüfung kann aber ein zu niedriges Arbeitsentgelt für den Angehörigen nicht berücksichtigt werden, wenn keine klaren Vereinbarungen darüber getroffen worden sind, daß auch die Arbeitskraft eine Vermögenseinlage sein soll (BFH-Urt. v. 14. 2. 1978, BStBl. II S. 427). Der BFH erkennt zwar an, daß es möglich sein kann, daß ein unangemessen niedriger Arbeitslohn durch einen höheren Anteil am Gewinn der stillen Gesellschaft ausgeglichen werden soll. Nach seiner Ansicht setzt dies aber voraus, daß die Gesellschafter klare Vereinbarungen darüber getroffen und eingehalten haben. Es müsse feststehen, daß der Arbeitseinsatz ganz oder zum Teil als Vermögenseinlage betrachtet werden soll.

5. Beteiligung eines Angehörigen als Gesellschafter einer GmbH

Soll ein Angehöriger als Gesellschafter an einer GmbH beteiligt werden, so ist das dadurch möglich, daß der Angehörige der GmbH neues Kapital zuführt, daß also das Stammkapital erweitert wird. Auch in diesen Fällen ist zu prüfen, ob einem fremden Gesellschafter die Stammeinlage zum gleichen Preis gewährt worden wäre. 355

Eine Beteiligung eines Angehörigen an einer GmbH ist aber auch dadurch möglich, daß ein Gesellschafter der GmbH seine Stammeinlage teilt und diese einem nahen Angehörigen schenkt. In diesen Fällen erwirbt der Angehörige einen entsprechenden Teil des Gesellschaftsrechts durch Schenkung. 356

V. Angehörige als Gesellschafter einer GmbH & Co. KG

Die Beteiligung von Angehörigen an einer bestehenden oder neu gegründeten GmbH & Co. KG bietet steuerliche Vorteile. Es ist möglich, daß diejenigen Angehörigen, die im Gewerbebetrieb der GmbH & Co. KG mitarbeiten, nicht Kommanditisten der KG werden, sondern nur Gesellschafter der GmbH. Sie werden daher nicht Mitunternehmer des Gewerbebetriebs und können als Arbeitnehmer sowohl für die GmbH 357 als auch für die GmbH & Co. KG tätig werden. Das von ihnen als Arbeitnehmer bezogene Gehalt kann als Betriebsausgabe abgesetzt werden, mindert also den gewerblichen Gewinn der GmbH & Co. KG. Auch wenn Angehörige für den Betrieb der GmbH & Co. KG Wirtschaftsgüter vermieten oder verpachten, ist es zweckmäßig, daß diese Angehörigen nicht Mitunternehmer der KG, sondern lediglich Gesellschafter der GmbH werden. Die für die Wirtschaftsgüter gezahlte Miete oder Pacht zählt dann nicht zu den gewerblichen Einkünften, sondern kann als Betriebsausgabe abgesetzt werden.

VI. Beschäftigung von künftigen Gesellschaftern als Arbeitnehmer

1. Anerkennung des Arbeitsverhältnisses

358 Angehörige, die als Gesellschafter aufgenommen werden sollen, werden zunächst oft als Angestellte beschäftigt. In diesen Fällen können wie bei jedem fremden Arbeitnehmer der gezahlte Arbeitslohn, die gesetzlichen und freiwilligen Sozialversicherungsbeiträge als Betriebsausgabe abgesetzt werden. Den Arbeitnehmern kann auch eine zusätzliche betriebliche Altersversorgung in Form einer Pensionszusage oder Direktversicherung erteilt werden. Soweit die Voraussetzungen des § 6 a EStG vorliegen, kann für die Pensionszusage eine Rückstellung gebildet werden. Für eine Direktversicherung kann bei Vorliegen der Voraussetzungen des § 40 b EStG die für die Beiträge zur Direktversicherung zu zahlende Lohnsteuer pauschaliert werden.

2. Aufnahme als Gesellschafter

359 Wird ein derartiger Angehöriger als Gesellschafter in eine GmbH aufgenommen, so ändert sich nichts, da der Gesellschafter der GmbH Arbeitnehmer der Gesellschaft sein kann.

360 Anders liegen die Verhältnisse jedoch dann, wenn der bisherige Arbeitnehmer Gesellschafter einer Personenhandelsgesellschaft, also Mitunternehmer, wird. Als Gesellschafter kann er zwar nach wie vor bürgerlich-rechtlich Angestellter der Gesellschaft sein. Steuerrechtlich werden dagegen keine schuldrechtlichen Verträge anerkannt (vgl. Rz. 61 ff.). Auch eine einem Gesellschafter gewährte Pensionszusage kann von den übrigen Gesellschaftern nicht als betrieblicher Aufwand abgesetzt werden. Es handelt sich um eine Gewinnverteilungsabrede. Nach der Rechtsprechung kann deshalb, wenn eine Personengesellschaft einem ihrer Gesellschafter, der bürgerlich-rechtlich als Arbeitnehmer der Gesellschaft tätig ist, eine Pensionszusage gewährt, weder in der Bilanz der Personengesellschaft noch in der Ergänzungsbilanz der übrigen Gesellschafter mit steuerlicher Wirkung für die künftige Pensionsleistung eine Rückstellung gebildet werden (BFH-Urt. v. 21. 12. 1972, BStBl. 1973 II S. 298).

Wird ein ehemaliger Arbeitnehmer der Gesellschaft, dem eine Pen- **361**
sionszusage erteilt worden war, für die eine Rückstellung mit steuerlicher Wirkung gebildet wurde, später Gesellschafter, so kann die Gesellschaft die Pensionsrückstellung auch mit steuerlicher Wirkung beibehalten. Der bisherige Arbeitnehmer hat als Gesellschafter nur einen aufschiebend bedingten Anspruch auf Zahlung von Ruhegeld, der erst mit Eintritt des Versorgungsfalles zu einem voll wirksamen Anspruch wird. Deshalb können die von dem bisherigen Unternehmer gebildeten Rückstellungen für die Pensionszusage auch in der Bilanz der Gesellschaft, an der der Berechtigte als Mitunternehmer beteiligt ist, beibehalten werden. Die Pensionsrückstellung teilt das Schicksal jeder anderen Pensionsrückstellung in der Bilanz der Gesellschaft.

Diese Rechtsfolge wird heute auch von der Finanzverwaltung aner- **362**
kannt (BdF-Schreiben v. 20. 12. 1977, Mitunternehmererlaß a. a. O.). Sobald der frühere Arbeitnehmer jedoch Mitunternehmer, also Gesellschafter geworden ist, können der Rückstellung keine Beiträge mehr mit steuerlicher Wirkung zugeführt werden.

Tritt der Mitunternehmer später in den Ruhestand und zahlt ihm die **363**
Personengesellschaft auf Grund der Pensionszusage ein Ruhegeld oder erhalten bei seinem Tode seine Angehörigen Versorgungsbezüge, so mindern die Zahlungen der Gesellschaft, soweit sie auf die Anwartschaft bis zum Eintritt des Empfängers in die Gesellschaft entfallen, nicht den Gewinn der Gesellschaft, sondern führen insoweit zur fortschreitenden Auflösung der Rückstellung (BFH-Urt. v. 8. 1. 1975, BStBl. II S. 437; vgl. auch MITTELBACH, Arbeitsverträge mit dem Betriebsnachfolger, Information 1976 S. 97).

364 Eine Direktversicherung führt nur so lange zu steuerlichen Vorteilen als der Angehörige tatsächlich als Arbeitnehmer beschäftigt ist und der Arbeitgeber die Lohnsteuer nach § 40 b EStG pauschalieren kann. Ist der Angehörige Gesellschafter geworden, so sind die Beiträge zur Direktversicherung Vorabgewinne. Sie müssen zum normalen Tarif versteuert werden. Sie können ggf. als Sonderausgaben abgesetzt werden.

H. Vergleich der steuerlichen Belastung der einzelnen Unternehmensformen

I. Voraussetzungen und Grenzen eines Belastungsvergleichs

1. Notwendige Unterstellungen

Um die Belastung der einzelnen Gesellschaftsformen vergleichen zu können, muß man für alle Gesellschaftsformen von einem wirtschaftlichen Unternehmen ausgehen, das den gleichen Ertrag erwirtschaftet. Man muß sogar unterstellen, daß die Erträge ziemlich gleich bleiben, da bei den Unternehmensformen, bei denen die Erträge von den Gesellschaftern direkt als deren Einkommen zu versteuern sind, schwankende Erträge unterschiedlichen Steuersätzen unterliegen. **365**

Bei den Kapitalgesellschaften — hier der GmbH — werden die ausgeschütteten Gewinne als Einkommen der begünstigten Gesellschafter erfaßt und versteuert. Die Erfassung der ausgeschütteten Gewinne als Einkommen der Gesellschafter erfolgt jedoch nicht im gleichen Jahre, in dem die Gewinne von der GmbH verdient werden. Auch das muß bei einem Belastungsvergleich berücksichtigt werden. Man muß also die Besteuerung der ausgeschütteten Gewinne, die bei den Gesellschaftern in einem anderen Veranlagungszeitraum erfolgt, bei dem Belastungsvergleich im gleichen Veranlagungszeitraum berücksichtigen. **366**

Die sich bei der Veräußerung der Beteiligung bei den einzelnen Gesellschaftsformen ergebende steuerliche Belastung ist sehr unterschiedlich und kann bei dem Belastungsvergleich nicht berücksichtigt werden. **367**

Für einen Belastungsvergleich muß deshalb unterstellt werden, **368**

— daß ein Unternehmen durch Einsatz von Kapital und unternehmerischer Leistung gleichmäßige Erträge erzielt,

— daß diejenigen, die das Unternehmen durch ihre unternehmerische Leistung und ihren Kapitaleinsatz betreiben wollen, für ihre Leistungen bei allen Unternehmensformen gleiche Entgelte in Form von schuldrechtlichen Entgelten oder Gewinnanteilen erhalten,

— daß alle Einkünfte unabhängig vom Zeitpunkt ihrer steuerlichen Erfassung in dem Jahre zu versteuern sind, in dem sie erwirtschaftet wurden,

— daß sich die Höhe der steuerlichen Belastung nicht ändert.

2. Berücksichtigung der Gewerbesteuer

369 Schwierigkeiten ergeben sich auch durch die Berücksichtigung der Gewerbeertragsteuer. Die Gewerbeertragsteuer ist wie die Gewerbekapitalsteuer als Betriebsausgabe absetzbar. Sie mindert also den gewerblichen Gewinn und damit wieder den Gewerbeertrag als Bemessungsgrundlage der Steuer. Wie man die Belastung des unversteuerten Gewinns mit Gewerbeertragsteuer unter Berücksichtigung der Tatsache, daß die Gewerbeertragsteuer als Betriebsausgabe zu berücksichtigen ist und ihre Erhöhung und ihre Ermäßigung sich sofort wieder auf die Gewerbeertragsteuer auswirkt, berechnet, ist bereits erörtert worden (vgl. Rz. 134 f.). Für den nachstehenden Belastungsvergleich wird davon ausgegangen, daß sich der Gewerbebetrieb in einer Gemeinde befindet, die die Gewerbesteuer nach einem Hebesatz von 350 v. H. erhebt. Dieser Hebesatz wird heute von größeren und auch schon von mittleren Gemeinden angewandt.

370 Bei dem Belastungsvergleich kann daher bei der Gewinnermittlung und der Ermittlung des Gewerbeertrags eine Rückstellung für Gewerbeertragsteuer von 0,148936 v. H. des Gewinns/Gewerbeertrags vor Abzug der Gewerbeertragsteuer gebildet werden.

Beispiel: Eine GmbH hat ohne Berücksichtigung der Gewerbeertragsteuer einen Gewerbeertrag von 100 000 DM.

In dem vorgenannten Fall muß der maßgebliche Gewerbeertrag durch Absetzung der Gewerbeertragsteuer in Höhe von 0,148936 v. H. von 100 000 DM = 14 893,60 DM = 85 106 DM berechnet werden. Nach dem Gewerbeertrag von 85 100 DM ergibt sich ein Meßbetrag von 4 255 DM und bei einem Hebesatz von 350 v. H. eine Gewerbeertragsteuer von 14 892 DM.

371 Bei Personengesellschaften und dazu gehört auch die GmbH und Co. KG wird der Gewerbeertrag ab 1. 1. 1980 um einen Freibetrag in Höhe von 36 000 DM (bis 31. 12. 1979 24 000 DM) höchstens jedoch in Höhe des abgerundeten Gewerbeertrags gekürzt.

Beispiel: Eine OHG hat ohne Berücksichtigung der Gewerbeertragsteuer einen Gewerbeertrag von 100 000 DM.

Hier ist der Betrag von 100 000 DM zur Berechnung der Belastung mit Gewerbeertragsteuer um 36 000 DM zu kürzen = 64 000 DM. Die Belastung mit Gewerbeertragsteuer beträgt somit nur 0,148936 v. H. von 64 000 DM = 9 531,90 DM. Das ergibt einen steuerpflichtigen Gewerbeertrag von 100 000 DM abzüglich 9 531,90 DM = 90 468,10 DM. Nach einem Gewerbeertrag von 90 468 DM abzüglich dem Freibetrag von 36 000 DM beträgt der Meßbetrag 2 723 DM und die Gewerbeertragsteuer nach einem Hebesatz von 350 v. H. = 9 530,50 DM. **372**

Die Berechnung der Belastung des unversteuerten Gewinns mit Gewerbeertragsteuer wird in dem nachstehenden Belastungsvergleich nach vorstehenden Ausführungen ermittelt, ohne daß die Berechnung besonders dargestellt wird. Es wird also nur das Ergebnis eingesetzt. **373**

II. Gegenstand des Vergleichs

Für den Belastungsvergleich nach vorstehenden Grundsätzen soll davon ausgegangen werden, daß Müller, Meyer und Krause gemeinsam einen Gewerbebetrieb unterhalten, der vor Abzug der Gewerbeertragsteuer einen Ertrag von 350 000 DM erwirtschaftet. Dabei wird unterstellt, daß alle drei Gesellschafter dem Unternehmen gleich hohe Kapitalbeiträge geleistet haben. Für die Erreichung des Gesellschaftszwecks arbeiten jedoch nur die Gesellschafter Müller und Meyer und zwar in unternehmerischer Führungsposition im Unternehmen mit. Für ihre Mitarbeit erhalten sie eine angemessene Vergütung von jährlich 55 000 DM. **374**

Der Gesellschafter Krause stellt dem Betrieb ein ihm privat gehörendes Grundstück zur Verfügung. Für diese Sonderleistung erhält er aus dem Ertrag des Unternehmens 24 000 DM. Von dem Unternehmen werden die Lasten des Grundstücks getragen. Sie haben als Betriebsausgaben bereits den jährlichen Ertrag von 350 000 DM gemindert. **375**

Für die Besteuerung der einzelnen Gesellschafter ist davon auszugehen, daß alle Gesellschafter verheiratet sind und mit ihren Ehegatten Zusammenveranlagung beantragt haben. Alle Gesellschafter sind kinderlos und haben Sonderausgaben in Höhe von 10 000 DM. Die Gesell- **376** schafter Müller und Meyer beziehen nur Einkünfte aus der Gesellschaft, also Gewinnanteile und die Entschädigung für ihre Geschäftsführertätigkeit. Der Gesellschafter Krause bezieht neben den Einkünften aus dem Unternehmen, dem Entgelt für die Überlassung des Grundstücks und seinem Gewinnanteil, Einkünfte aus freiberuflicher Tätigkeit in Höhe von jährlich 40 000 DM.

III. Belastung einer offenen Handelsgesellschaft

1. Rechtliche Gestaltung des Vergleichsunternehmens

377 Müller, Meyer und Krause haben eine OHG gegründet und gleich hohe Kapitaleinlagen geleistet. Müller und Meyer sind allein in dem Unternehmen tätig. Sie sind beide zur Geschäftsführung und Vertretung des Unternehmens berechtigt. Sie erhalten für ihre Tätigkeit einen Vorabgewinn von jährlich he 55 000 DM. Krause ist nicht im Unternehmen tätig. Er ist von der Geschäftsführung und Vertretung der OHG ausgeschlossen. Wegen der Zurverfügungstellung des Grundstücks erhält er einen Vorabgewinn von 24 000 DM. Der Einheitswert des Grundstücks beträgt 150 000 DM. Müller und Meyer beziehen ausschließlich Einkünfte aus dem Vergleichsunternehmen. Krause erzielt daneben Einkünfte aus freiberuflicher Tätigkeit in Höhe von 40 000 DM. Alle drei Gesellschafter sind verheiratet und haben Sonderausgaben in Höhe von 10 000 DM. Aufwendungen, die einer Ermäßigung der Steuer wegen außergewöhnlicher Belastung rechtfertigen könnten, sind nicht entstanden.

2. Ermittlung der Gewerbeertragsteuer

378	Gewinn aus Gewerbebetrieb	350 000 DM
	·/. 1,2 v. H. des Einheitswertes des Grundstücks Krause (vgl. Rz. 93) 150 000 DM	1 800 DM
	Zwischensumme	348 200 DM

·/. Rückstellung für Gewerbeertragsteuer (vgl. Rz. 89)	46 498 DM
Gewerbeertrag	301 702 DM
Meßbetrag	13 285 DM
Gewerbeertragsteuer	46 498 DM
Belastung des gewerblichen Gewinns mit Gewerbeertragsteuer	13,3 v. H.

3. Einheitliche und gesonderte Gewinnfeststellung

Ermittlung des steuerpflichtigen Gewinns

Unversteuerter Gewinn	350 000 DM	379
·/. Gewerbeertragsteuer	46 498 DM	
Gewerblicher Gewinn der OHG	303 502 DM	

Gewinnverteilung

	Müller	Meyer	Krause	
Tätigkeitsvergütung	55 000 DM	55 000 DM		380
Vergütung für die Überlassung des Grundstücks			24 000 DM	
Vertraglicher Gewinnanteil	56 501 DM	56 501 DM	56 500 DM	
Stpfl. Gewinnanteil	111 501 DM	111 501 DM	80 500 DM	

4. Ermittlung der Einkommensteuer des Müller

Einkünfte aus Gewerbebetrieb	111 501 DM	381
= Gesamtbetrag der Einkünfte	111 501 DM	
·/. Sonderausgaben	10 000 DM	
Steuerpflichtiges Einkommen	101 501 DM	

Einkommensteuer (Splitting-Tabelle)	33 202 DM
Belastung der gewerblichen Einkünfte mit Einkommensteuer	29,8 v. H.

5. Ermittlung des Einkommens des Meyer

382 wie bei Müller

Einkommensteuer (Splitting-Tabelle)	33 202 DM
Belastung der gewerblichen Einkünfte mit Einkommensteuer	29,8 v. H.

6. Ermittlung des Einkommens des Krause

383

Einkünfte aus Gewerbebetrieb	80 500 DM
Einkünfte aus freiberuflicher Tätigkeit (kein Freibetrag)	40 000 DM
Gesamtbetrag der Einkünfte	120 500 DM
Sonderausgaben	10 000 DM
Steuerpflichtiges Einkommen	110 500 DM
Einkommensteuer (Splitting-Tabelle)	37 616 DM
·/. Einkommensteuer ohne gewerbliche Einkünfte = stpfl. Einkommen 28 800 DM (unter Berücksichtigung des Freibetrags für freiberufliche Tätigkeit)	4 712 DM
Einkommensteuerenteil der gewerblichen Einkünfte	32 904 DM
Belastung der gewerblichen Einkünfte mit Einkommensteuer	40,9 v. H.

7. Ergebnis

384 Aus dem von der Gesellschaft erwirtschafteten Gewinn von 350 000 DM müssen also, wenn sich die Gesellschafter in der Rechts-

form einer OHG zusammenschließen, folgende ertragsabhängigen Steuern gezahlt werden:

Gewerbeertragsteuer	46 498 DM	= 13,3 v. H. des Ertrags
Einkommensteuer Müller	33 202 DM	= 9,5 v. H. des Ertrags
Einkommensteuer Meyer	33 202 DM	= 9,5 v. H. des Ertrags
Einkommensteuer Krause	32 904 DM	= 9,4 v. H. des Ertrags

Die Gesamtbelastung der Gesellschafter mit Einkommensteuer beträgt:

99 308 DM = 28,4 v. H. des Ertrags

Die Gesamtbelastung der Gesellschaft mit ertragsabhängigen Steuern beträgt:

145 806 DM = 41,7 v. H. des Ertrags

IV. Belastung einer Kommanditgesellschaft

1. Rechtliche Gestaltung des Vergleichsunternehmens

Die Gesellschafter Müller, Meyer und Krause schließen sich zu einer **385**
Kommanditgesellschaft zusammen. Nach den vertraglichen Vereinbarungen werden Müller und Meyer Komplementäre. Krause wird Kommanditist. Alle Gesellschafter, auch Krause, leisten eine gleich hohe Kapitaleinlage. Es wird vereinbart, daß die Kapitalkonten in Höhe der Kapitaleinlage unverändert fortgeführt werden und daß die Gewinne einem Privatkonto gutgeschrieben werden sollen, das mit 6 v. H. verzinst wird. Es wird unterstellt, daß keiner der Gesellschafter ein Guthaben oder eine Schuld auf seinem Privatkonto hat.

Die geschäftsführenden Gesellschafter Müller und Meyer erhalten für ihre Tätigkeit für die Gesellschaft einen Vorabgewinn von jährlich 55 000 DM. Krause erhält einen Vorabgewinn von 24 000 DM für die Zurverfügungstellung des Grundstücks, dessen Einheitswert 150 000 DM beträgt. Vom Restgewinn erhalten Müller und Meyer für die Übernahme der persönlichen Haftung je 5 v. H., der dann verbleibende Gewinn wird auf die Gesellschaft Müller, Meyer und Krause gleichmäßig verteilt.

Die Gesellschafter Müller und Meyer beziehen nur Einkünfte aus dem Unternehmen. Krause bezieht freiberufliche Einkünfte in Höhe von 40 000 DM. Alle Gesellschafter haben Sonderausgaben von 10 000 DM. Sie sind verheiratet und beantragen die Zusammenveranlagung.

2. Ermittlung der Gewerbeertragsteuer

386

Gewinn aus Gewerbebetrieb	350 000 DM
·/. 1,2 v. H. des Einheitswertes des Grundstücks Krause (vgl. Rz. 87) 150 000 DM	1 800 DM
Zwischensumme	348 200 DM
·/. Rückstellung für Gewerbeertragsteuer (vgl. Rz. 341)	46 498 DM
Gewerbeertrag	301 702 DM
Meßbetrag	13 285 DM
Gewerbeertragssteuer	46 498 DM
Belastung des gewerblichen Gewinns mit Gewerbeertragsteuer	13,3 v. H.

3. Einheitliche und gesonderte Gewinnfeststellung

387 *Ermittlung des steuerpflichtigen Gewinns*

Unversteuerter Gewinn	350 000 DM
·/. Gewerbeertragsteuer	46 498 DM
Gewerbliche Gewinne der KG	303 502 DM

388 *Gewinnverteilung*

	Müller	Meyer	Krause
Tätigkeitsvergütung	55 000 DM	55 000 DM	
Vergütung für Überlassung des Grundstücks			24 000 DM
Vorabgewinn für Haftungsrisiko	8 475 DM	8 475 DM	
Vertraglicher Gewinnanteil	50 851 DM	50 851 DM	50 850 DM
Stpfl. Gewinnanteil	114 326 DM	114 326 DM	74 850 DM

4. Ermittlung der Einkommensteuer des Müller

Einkünfte aus Gewerbebetrieb	114 326 DM	**389**
= Gesamtbetrag der Einkünfte	114 326 DM	
·/. Sonderausgaben	10 000 DM	
Stpfl. Einkommen	104 326 DM	
Einkommensteuer/Splitting-Tabelle	34 606 DM	
Belastung der gewerblichen Einkünfte mit Einkommensteuer	30,3 v. H.	

5. Ermittlung der Einkommensteuer des Meyer

wie bei Müller		**390**
Einkommensteuer/Splitting-Tabelle	34 606 DM	
Belastung der gewerblichen Einkünfte mit Einkommensteuer	30,3 v. H.	

6. Ermittlung der Einkommensteuer Krause

Einkünfte aus Gewerbebetrieb	74 850 DM	**391**
Einkünfte aus freiberuflicher Tätigkeit (kein Freibetrag)	40 000 DM	
Gesamtbetrag der Einkünfte	114 850 DM	
Sonderausgaben	10 000 DM	
Stpfl. Einkommen	104 850 DM	
Einkommensteuer/Splitting-Tabelle	34 840 DM	
·/. Einkommensteuer ohne gewerbliche Einkünfte = stpfl. Einkommen 28 800 DM (unter Berücksichtigung des Freibetrags für freiberufliche Tätigkeit)	4 712 DM	
Einkommensteueranteil der gewerblichen Einkünfte	30 128 DM	
Belastung der gewerblichen Einkünfte	40,3 v. H.	

7. Ergebnis

392 Der Ertrag der Gesellschaft von 350 000 DM ist dann, wenn sich die Gesellschafter in der Rechtsform einer Kommanditgesellschaft zusammenschließen, mit ertragsabhängigen Steuern in folgender Höhe belastet:

Gewerbeertragsteuer	46 498 DM	13,3 v. H. des Ertrags
Einkommensteuer Müller	34 606 DM	9,9 v. H. des Ertrags
Einkommensteuer Meyer	34 606 DM	9,9 v. H. des Ertrags
Einkommensteuer Krause	30 128 DM	8,6 v. H. des Ertrags

Die Belastung des Ertrags mit Einkommensteuer aller Gesellschafter beträgt:

	99 340 DM	28,4 v. H. des Ertrags

Insgesamt ist der Ertrag der Gesellschaft mit ertragsabhängigen Steuern belastet mit

	145 838 DM	41,7 v. H. des Ertrags

V. Belastung einer Gesellschaft mit beschränkter Haftung bei Thesaurierung des Gewinns

1. Rechtliche Gestaltung des Vergleichsunternehmens

393 Die Gesellschafter Müller, Meyer und Krause gründen eine GmbH. Am Stammkapital der GmbH sind alle Gesellschafter gleichmäßig mit $33^1/_3$ v. H. beteiligt. Der Einheitswert des Betriebsvermögens der GmbH beträgt 1 050 000 DM. Müller und Krause sind Geschäftsführer der GmbH. Sie erhalten im Jahr 55 000 DM Gehalt. Die beiden Gesellschafter/Geschäftsführer Müller und Meyer sind nicht sozialversicherungspflichtig. Sie haben sich jedoch freiwillig versichert. Dazu zahlt die GmbH als Arbeitgeberin Zuschüsse in Höhe der Arbeitgeberbeiträge zu den gesetzlichen Sozialversicherungen in Höhe von 7 200 DM jähr-

lich, die bei Müller und Meyer nicht zum Arbeitslohn gehören, obwohl sie die GmbH zu Betriebsausgaben absetzen kann. Außerdem erhalten die beiden Gesellschafter/Geschäftsführer freiwillige soziale Leistungen wie andere Arbeitnehmer in Höhe von jährlich je 2 000 DM, die die GmbH ebenfalls als Betriebsausgaben absetzen kann, obwohl sie bei den Gesellschaftern/Geschäftsführern nicht zum stpfl. Arbeitslohn gehören.

Mit Krause ist ein Mietvertrag abgeschlossen worden, wonach Krause für die Vermietung des Grundstücks an die GmbH eine monatliche Miete von 2 000 DM, jährlich also 24 000 DM, Miete erhält.

Die Gesellschafter Müller und Meyer haben neben ihren Arbeitseinkünften keine weiteren Einkünfte. Sie sind verheiratet, haben Zusammenveranlagungen beantragt und können Sonderausgaben in Höhe von 10 000 DM geltend machen. Der Gesellschafter Krause bezieht Einkünfte aus freiberuflicher Tätigkeit in Höhe von 40 000 DM, daneben die Einkünfte aus Vermietung und Verpachtung in Höhe von 24 000 DM. Bei diesen Einkünften entstehen keine Werbungskosten, da die mit dem Grundstück zusammenhängenden Aufwendungen von der GmbH übernommen worden sind. Auch Krause ist verheiratet und beantragt Zusammenveranlagung. Ihm sind Sonderausgaben in Höhe von 10 000 DM entstanden. Aus Vereinfachungsgründen wird die Einbehaltung und Anrechnung der Lohnsteuer unberücksichtigt gelassen.

2. Ermittlung des gewerblichen Gewinns der GmbH und der Körperschaftsteuer

Ertrag der Gesellschafter aus dem Unternehmen			350 000 DM	**394**
Als Betriebsausgaben absetzbar:				
Arbeitsverhältnis Müller				**395**
Bruttoarbeitslohn	55 000 DM			
Beitrag gesetzliche Sozialversicherung	7 200 DM			
Freiwillige Sozialleistungen	2 000 DM	64 200 DM		

396	*Arbeitsverhältnis Meyer*			
	Bruttoarbeitslohn	55 000 DM		
	Beitrag gesetzliche Sozialversicherung	7 200 DM		
	Freiwillige Sozialleistungen	2 000 DM	64 200 DM	
397	*Mietverhältnis Krause*			
	Miete		24 000 DM	
	Betriebsausgaben		152 400 DM	152 400 DM
	Zwischensumme (unversteuerter Gewinn)			197 600 DM
	Rückstellung für Gewerbeertragsteuer (vgl. Rz. 369 f.)			29 429 DM
398	*Stpfl. Gewinn*			168 171 DM
	Körperschaftsteuer 56 v. H. (vgl. Rz. 198)			94 175 DM
	Belastung des unversteuerten Gewinns aus dem Unternehmen mit Körperschaftsteuer			47,7 v. H.

3. Ermittlung der Gewerbeertragsteuer

399	Gewinn vor Abzug der Gewerbeertragsteuer	197 600 DM
	Rückstellung für Gewerbeertragsteuer	29 429 DM
	Gewerbeertrag	168 171 DM
	Meßbetrag	8 408 DM
	Gewerbeertragsteuer	29 428 DM
	Belastung des unversteuerten Gewinns aus dem Unternehmen mit Gewerbekapitalsteuer	14,9 v. H.

4. Ermittlung der Einkommensteuer des Müller

400	*Einkünfte aus nichtselbständiger Arbeit*			
	Bruttoarbeitslohn		55 000 DM	
	·/. Weihnachts-Freibetrag	400 DM		
	·/. Arbeitnehmer-Freibetrag	480 DM		
	·/. Werbungskosten-Pauschbetrag	564 DM		
		1 444 DM	1 444 DM	53 556 DM

Gesamtbetrag der Einkünfte	53 556 DM
·/. Sonderausgaben	10 000 DM
Stpfl. Einkommen	43 556 DM
Einkommensteuer/Splitting-Tabelle	8 500 DM
Steuerliche Belastung des Bruttoarbeitseinkommens aus dem Unternehmen	15,5 v. H.

5. Ermittlung der Einkommensteuer des Meyer

Wie bei Müller		401
Einkommensteuer/Splitting-Tabelle	8 500 DM	
Steuerliche Belastung des Bruttoarbeitseinkommens aus dem Unternehmen	15,5 v. H.	

6. Ermittlung der Einkommensteuer Krause

Einkünfte aus selbständiger Arbeit			402
Gewinn	40 000 DM		
Freibetrag	1 200 DM	38 800 DM	
Einkünfte aus Vermietung und Verpachtung		24 000 DM	
Gesamtbetrag der Einkünfte		62 800 DM	
·/. Sonderausgaben		10 000 DM	
Stpfl. Einkommen		52 800 DM	
Einkommensteuer/Splitting-Tabelle		11 670 DM	
·/. Einkommensteuer ohne Mieteinkünfte aus dem Unternehmen		4 712 DM	
Stpfl. Einkommen 28 800 DM (unter Berücksichtigung des Freibetrages für freiberufliche Tätigkeit)			
Anteil der Einkommensteuer für die Mieteinkünfte aus dem Unternehmen		6 958 DM	
Belastung dieser Einkünfte		29,0 v. H.	

7. Doppelbelastung mit Vermögensteuer

Vermögen	1 050 000 DM		403
Vermögensteuer	0,7 v. H.	7 350 DM	

8. Ergebnis

404 Der Ertrag der Gesellschaft von 350 000 DM ist dann, wenn sich die Gesellschafter zu einer GmbH zusammenschließen, die die Gewinne thesauriert, mit folgenden ertragsabhängigen Steuern belastet:

Gewerbeertragsteuer	29 428 DM	8,4 v. H. des Ertrags
Körperschaftsteuer der GmbH	94 175 DM	26,9 v. H. des Ertrags
Einkommensteuer Müller	8 500 DM	2,4 v. H. des Ertrags
Einkommensteuer Meyer	8 500 DM	2,4 v. H. des Ertrags
Einkommensteuer Krause	6 958 DM	2,0 v. H. des Ertrags

Die Gesellschafter zahlen für die ihnen durch schuldrechtliche Verträge aus der Gesellschaft zufließenden Einkünfte insgesamt

Einkommensteuer aller Gesellschafter	23 958	6,8 v. H. des Ertrags

Die Belastung der GmbH und der Gesellschafter von Steuern vom Einkommen beträgt also:

Einkommensteuer + Körperschaftsteuer	118 133 DM	33,8 v. H. des Ertrags

Insgesamt haben die Gesellschaft und die Gesellschafter an ertragsabhängigen Steuern zu zahlen:

	147 561 DM	42,2 v. H. des Ertrags

405 Dabei ist zu berücksichtigen, daß aus dem versteuerten Einkommen der GmbH auch Vermögensteuer zu entrichten ist. Da auch nach der Körperschaftsteuerreform die Doppelbelastung der Kapitalgesellschaft und der Gesellschafter bei der Vermögensteuer beibehalten wurde. Die Vermögensteuer ist aus dem Einkommen der GmbH zu entrichten, das nach dem Tarif versteuert wurde,

Vermögensteuer	7 350 DM	2,1 v. H. des Ertrags

Insgesamt müssen die GmbH und die Gesellschafter somit

	154 911 DM	44,3 v. H. des Ertrags

an Steuern aufwenden.

VI. Belastung einer Gesellschaft mit beschränkter Haftung bei voller Ausschüttung des Gewinns

1. Rechtliche Gestaltung des Vergleichsunternehmens

Die rechtliche Gestaltung der GmbH und die persönlichen Verhältnisse der Gesellschafter sind die gleichen wie im Beispiel (vgl. Rz. 396). **406**

Es wird unterstellt, daß in den einzelnen Jahren die Einkünfte der Gesellschaft und der Gesellschafter sich nicht verändern. Die GmbH beschließt jeweils den von ihr erzielten und ausschüttungsfähigen Gewinn (vgl. Rz. 365, 367) in dem folgenden Jahr an die Gesellschafter auszuschütten. Aus Vereinfachungsgründen wird die Einbehaltung und Anrechnung von Lohnsteuer und Kapitalertragsteuer unberücksichtigt gelassen. Um die Belastung des Ertrags des Unternehmens mit den Steuern vom Einkommen bei der GmbH und bei den Gesellschaftern zutreffend ermitteln zu können, wird die Versteuerung der ausgeschütteten Gewinne in dem folgenden Jahr bereits in dem Jahr berücksichtigt, in dem die Erträge von der GmbH erzielt worden sind.

2. Ermittlung des gewerblichen Gewinns der GmbH

Ertrag der Gesellschafter aus dem Unternehmen			350 000 DM	**407**
Als Betriebsausgaben absetzbar:				
Arbeitsverhältnis Müller				**408**
Bruttoarbeitslohn	55 000 DM			
Beitrag gesetzliche Sozialversicherung	7 200 DM			
Freiwillige Sozialleistungen	2 000 DM	64 200 DM		
Arbeitsverhältnis Meyer				**409**
Bruttoarbeitslohn	55 000 DM			
Beitrag gesetzliche Sozialversicherung	7 200 DM			
Freiwillige Sozialleistungen	2 000 DM	64 200 DM		

410	*Mietverhältnis Krause*		
	Miete	24 000 DM	
	Betriebsausgaben	152 400 DM	152 400 DM
	Zwischensumme (unversteuerter Gewinn)		197 600 DM
	Rückstellung für Gewerbeertragsteuer (vgl. Rz. 369 f.)		29 429 DM
411	*Stpfl. Gewinn*		168 171 DM

3. Ermittlung der Gewerbeertragsteuer

412	Gewinn vor Abzug der Gewerbeertragsteuer	197 600 DM
	Rückstellungen für Gewerbeertragsteuer	29 429 DM
	Gewerbeertrag	168 171 DM
	Meßbetrag	8 408 DM
	Gewerbeertragsteuer	29 428 DM
	Belastung des unversteuerten Gewinns aus dem Unternehmen mit Gewerbeertragsteuer	14,9 v. H.

4. Ermittlung des für die Gewinnausschüttung verwendeten Betrags

413	Körperschaftsteuerpflichtiger Gewinn		168 171 DM
	·/. Vermögensteuer 0,7 v. H. v. 1 050 000 DM	7 350 DM	
	·/. Körperschaftsteuer	94 175 DM	
		101 525 DM	101 525 DM
	für Gewinnausschüttung verwendbar		66 646 DM
414	Mögliche Dividende (vgl. Rz. 221)		96 939 DM
	pro Gesellschafter		32 313 DM

5. Ermittlung der Körperschaftsteuer

415	Stpfl. Gewinn	168 171 DM
	Körperschaftsteuer lt. Tarif (vgl. Rz. 198)	94 175 DM

Ermäßigung			416
Ausgeschütteter Gewinn vor Abzug der Körperschaftsteuer (vgl. Rz. 213)	151 468 DM		
Ermäßigung 20 v. H. von 151 468 DM		30 294 DM	
Körperschaftsteuer		63 888 DM	
Belastung des unversteuerten Gewinns des Unternehmens mit Körperschaftsteuer		32,3 v. H.	

6. Ermittlung der Einkommensteuer des Müller

Einkünfte aus nichtselbständiger Arbeit				417
Bruttoarbeitslohn		55 000 DM		
·/. Weihnachts-Freibetrag	400 DM			
·/. Arbeitnehmer-Freibetrag	480 DM			
·/. Werbungskosten-pauschbetrag	564 DM	1 444 DM		
		53 556 DM	53 556 DM	
Einkünfte aus Kapitalvermögen				418
Dividende	32 313 DM			
Anzurechnende Körperschaftsteuer 9/16 von 32 313 DM (vgl. Rz. 224)	18 176 DM			
Einnahmen	50 489 DM			
·/. Pauschbetrag für Werbungskosten	200 DM			
·/. Sparerfreibetrag	600 DM		49 689 DM	
Gesamtbetrag der Einkünfte			103 245 DM	
·/. Sonderausgaben			10 000 DM	
Stpfl. Einkommen			93 245 DM	
Einkommensteuer/Splitting-Tabelle			29 276 DM	
·/. anzurechnende Körperschaftsteuer			18 176 DM	
Einkommensteuerschuld			11 100 DM	
Belastung der Bruttoeinkünfte aus dem Unternehmen mit Einkommensteuer			12,7 v. H.	

7. Ermittlung der Einkommensteuer des Meyer

419	Wie bei Müller	
	Einkommensteuer/Splitting-Tabelle	29 276 DM
	·/. anzurechnende Körperschaftsteuer	18 176 DM
	Einkommensteuerschuld	11 100 DM
	Belastung der Bruttoeinkünfte aus dem Unternehmen mit Einkommensteuer	10,8 v. H.

8. Ermittlung der Einkommensteuer des Krause

420	*Einkünfte aus selbständiger Arbeit* (kein Freibetrag)		40 000 DM
	Einkünfte aus Vermietung und Verpachtung		24 000 DM
	Einkünfte aus Kapitalvermögen		
	Dividende	32 313 DM	
	anzurechnende Körperschaftsteuer 9/16 von 32 313 DM (vgl. Rz. 225)	18 176 DM	
	Einnahmen	50 489 DM	
	·/. Werbungskostenpauschbetrag	200 DM	
	·/. Sparerfreibetrag	600 DM	49 689 DM
	Gesamtbetrag der Einkünfte		113 689 DM
	·/. Sonderausgaben		10 000 DM
	Stpfl. Einkommen		103 689 DM
	Einkommensteuer/Splitting-Tabelle		34 314 DM
	anzurechnende Körperschaftsteuer		18 176 DM
	Einkommensteuerschuld		16 138 DM
	·/. Einkommensteuer ohne Einkünfte aus dem Unternehmen = stpfl. Einkommen 28 800 DM (unter Berücksichtigung des Freibetrags für freiberufliche Tätigkeit)		4 712 DM
	Einkommensteuer für die Einkünfte aus dem Unternehmen		11 426 DM
	Belastung dieser Brutto-Einkünfte		20,3 v. H.

9. Doppelbelastung mit Vermögensteuer

Vermögen	1 050 000 DM		421
Vermögensteuer	0,7 v. H.	7 350 DM	

10. Ergebnis

Der Ertrag der Gesellschaft von 350 000 DM ist dann, wenn die Beteiligten eine GmbH gründen, die alle erwirtschafteten und für die Gewinnausschüttung verfügbaren Gewinne ausschüttet, mit folgenden Steuern belastet: 422

Gewerbeertragsteuer	29 428 DM	8,4 v. H. des Ertrags
Körperschaftsteuer der GmbH	63 888 DM	18,3 v. H. des Ertrags
Einkommensteuer Müller	11 100 DM	3,2 v. H. des Ertrags
Einkommensteuer Meyer	11 100 DM	3,2 v. H. des Ertrags
Einkommensteuer Krause	11 426 DM	3,3 v. H. des Ertrags

Insgesamt haben die Gesellschafter für ihre auf Grund von schuldrechtlichen Verträgen aus der Gesellschaft gewährten Einkünfte und aus ihren Gewinnausschüttungen unter Anrechnung der Körperschaftsteuer für die ausgeschütteten Gewinne an Einkommensteuer zu zahlen:

Einkommensteuer aller Gesellschafter	33 626 DM	9,6 v. H. des Ertrags

Das Einkommen der GmbH und ihrer Gesellschafter ist somit belastet:

Körperschaftsteuer der GmbH und Einkommensteuer der Gesellschafter	97 514 DM	27,9 v. H. des Ertrags

Von der Gesellschaft und den Gesellschaftern sind an ertragsabhängigen Steuern zu zahlen:

	126 945 DM	36,3 v. H. des Ertrags

423 Außerdem hat die GmbH aus dem von ihr zum normalen Tarif versteuerten Einkommen die Vermögensteuer aufzubringen.

Vermögensteuer	7 350 DM	2,1 v. H. des Ertrags

Insgesamt sind somit von der GmbH und ihren Gesellschaftern aus dem Ertrag des Unternehmens

	134 295 DM	38,4 v. H. des Ertrags

aufzubringen.

VII. Belastung einer GmbH & Co. KG bei Thesaurierung des Gewinns der GmbH

1. Rechtliche Gestaltung des Vergleichsunternehmens

424 Müller, Meyer und Krause gründen eine GmbH mit einem Stammkapital von 51 000 DM. Jeder Gesellschafter übernimmt eine Stammeinlage von 17 000 DM. Einheitswert des Betriebsvermögens der GmbH beträgt 55 000 DM.

Die GmbH gründet mit Müller, Meyer und Krause eine Kommanditgesellschaft. Komplementärin wird die GmbH. Müller, Meyer und Krause werden Kommanditisten mit einer gleich hohen Einlage. Die GmbH & Co. KG betreibt den Gewerbebetrieb. Die Geschäftsführung der GmbH & Co. KG obliegt den Kommanditisten Müller und Meyer in ihrer Eigenschaft als Geschäftsführer der GmbH. Sie sind als Geschäftsführer Angestellte der GmbH und beziehen ein Jahresarbeitseinkommen von je 55 000 DM. Müller und Meyer sind zwar nicht sozialversicherungspflichtig, sie haben jedoch freiwillig eine Versicherung abgeschlossen. Die GmbH als Arbeitgeberin zahlt zu der Versicherung Zuschüsse in Höhe des Arbeitgeberanteils zu den gesetzlichen Sozialversicherungen in Höhe von 7 200 DM. Wie die übrigen Arbeitnehmer der GmbH & Co. KG erhalten die Gesellschafter und Geschäftsführer Müller und Meyer freiwillige soziale Zuwendungen in Höhe von 2 000 DM.

Der Kommanditist Krause hat der GmbH & Co. KG sein Grundstück vermietet. Die GmbH & Co. KG übernimmt die laufenden Lasten des

Grundstücks. Krause erhält eine monatliche Miete von 2 000 DM, jährlich 24 000 DM.

Die Gewinnverteilung ist wie folgt geregelt:

Die an Krause gezahlte Miete wird als Betriebsausgabe verbucht.

Die GmbH erhält den Ersatz ihrer Aufwendungen für die Geschäftsführung, also die Gehälter, die sie an ihre Geschäftsführer Müller und Meyer zahlt einschließlich der Sozialaufwendungen in Höhe von 64 200 DM pro Geschäftsführer. Für die Übernahme des persönlichen Haftungsrisikos erhält sie einen Gewinnanteil von 7 v. H., die Kommanditisten Müller, Meyer und Krause erhalten einen Gewinnanteil von je 31 v. H. des verbleibenden Gewinns.

Die Gesellschafter Müller und Meyer beziehen nur Einkünfte aus dem gewerblichen Unternehmen der GmbH & Co. KG. Der Gesellschafter Krause hat daneben Einkünfte aus freiberuflicher Tätigkeit in Höhe von 40 000 DM. Alle Gesellschafter sind verheiratet, beantragen Zusammenveranlagung, haben Sonderausgaben in Höhe von 10 000 DM.

Die GmbH schüttet keine Gewinne aus.

2. Ermittlung der Gewerbeertragsteuer

425

Zum gewerblichen Gewinn gehören auch	
Bruttoarbeitslohn für Müller und Meyer	110 000 DM
Zuschüsse zur Sozialversicherung	14 400 DM
freiwillige Sozialleistungen (vgl. Rz. 65)	4 000 DM
Miete (vgl. Rz. 62)	24 000 DM
	152 400 DM
Deshalb beträgt der unversteuerte Gewinn	350 000 DM
·/. 1,2 v. H. des Einheitswertes des Grundstücks Krause 150 000 DM (vgl. Rz. 93)	1 800 DM
Zwischensumme	348 200 DM
·/. Rückstellung für Gewerbeertragsteuer (vgl. Rz. 369 f.)	46 498 DM
Gewerbeertrag	301 702 DM
Meßbetrag	13 289 DM
Gewerbeertragsteuer	46 498 DM
Belastung des unversteuerten Gewinns mit Gewerbeertragsteuer	13,3 v. H.

3. Einheitliche und gesonderte Gewinnfeststellung

426 *Ermittlung des stpfl. Gewinns*

Unversteuerter Gewinn	350 000 DM
·/. Gewerbeertragsteuer	46 498 DM
Gewerblicher Gewinn der KG	303 502 DM

427 *Gewinnverteilung*

	GmbH	Müller	Meyer	Krause
Bruttoarbeitslohn		55 000	55 000	
Zuschuß zur gesetzlichen Sozialversicherung (vgl. Rz. 65) freiwillige		7 200	7 200	
Sozialleistungen (Rz. 140, 274 f.)		2 000	2 000	
Miete				24 000
vertr. Gewinnanteil	10 578	46 841	46 841	46 842
stpfl. Gewinnanteil	10 578	111 041	111 041	70 842

4. Ermittlung der Körperschaftsteuer

428 Stpfl. Einkommen 10 578 DM

Stpfl. Einkommen	10 578 DM
Körperschaftsteuer 56 v. H.	5 923 DM
Belastung des Einkommens der GmbH mit Körperschaftsteuer	56 v. H.

5. Ermittlung der Einkommensteuer des Müller

429

Gewerbliche Einkünfte	111 041 DM
= Gesamtbetrag der Einkünfte	111 041 DM
·/. Sonderausgaben	10 000 DM
Stpfl. Einkommen	101 041 DM
Einkommensteuer/Splitting-Tabelle	33 028 DM
Belastung der gewerblichen Einkünfte mit Einkommensteuer	29,7 v. H.

6. Ermittlung der Einkommensteuer des Meyer

Wie bei Müller		430
Einkommensteuer/Splitting-Tabelle	33 028 DM	
Belastung der gewerblichen Einkünfte mit Einkommensteuer	29,7 v. H.	

7. Ermittlung der Einkommensteuer des Krause

Einkünfte aus Gewerbebetrieb	70 842 DM	431
Einkünfte aus freiberuflicher Tätigkeit (kein Freibetrag)	40 000 DM	
Gesamtbetrag der Einkünfte	110 842 DM	
Sonderausgaben	10 000 DM	
Stpfl. Einkommen	100 842 DM	
Einkommensteuer ohne gewerbliche Einkünfte	32 912 DM	
= stpfl. Einkommen 28 800 DM (unter Berücksichtigung des Freibetrags für freiberufliche Tätigkeit)	4 712 DM	
Einkommensteueranteil der gewerblichen Einkünfte	28 200 DM	
Belastung der gewerblichen Einkünfte mit Einkommensteuer	39,8 v. H.	

8. Doppelbelastung mit Vermögensteuer

Vermögen		55 000 DM	432
Vermögensteuer	0,7 v. H.	385 DM	

9. Ergebnis

Aus dem Ertrag des gewerblichen Unternehmens der Gesellschaft von 350 000 DM sind dann, wenn sich die Gesellschafter Müller, Meyer und Krause zu einer GmbH zusammenschließen und mit der GmbH eine GmbH & Co. KG gründen und die GmbH ihre Gewinne thesauriert, folgende Steuern aufzubringen: 433

Gewerbeertragsteuer der GmbH & Co. KG	46 498 DM	13,3 v. H. des Ertrags
Körperschaftsteuer der GmbH	5 923 DM	1,7 v. H. des Ertrags

Einkommensteuer Müller	33 028 DM	9,4 v. H. des Ertrags
Einkommensteuer Meyer	33 028 DM	9,4 v. H. des Ertrags
Einkommensteuer Krause	28 200 DM	8,0 v. H. des Ertrags

Insgesamt haben die Gesellschafter an Einkommensteuer aufzubringen:

Einkommensteuer aller Gesellschafter	94 256 DM	26,9 v. H. des Ertrags

Die GmbH und ihre Gesellschafter haben an Steuern vom Einkommen zu entrichten:

Körperschaftsteuer der GmbH und Einkommensteuer der Gesellschafter

	100 179 DM	28,6 v. H. des Ertrags

An ertragsabhängigen Steuern haben somit die GmbH und ihre Gesellschafter zu entrichten:

	146 677 DM	41,9 v. H. des Ertrags

434 Außerdem hat die GmbH von ihrem Vermögen Vermögensteuer zu entrichten.

Vermögensteuer	385 DM	0,11 v. H. des Ertrags

Insgesamt sind aus dem Ertrag des gewerblichen Unternehmens der GmbH & Co. KG von 350 000 DM an Steuern

	147 062 DM	42,0 v. H. des Ertrags

zu entrichten.

VIII. Belastung einer GmbH & Co. KG bei Ausschüttung der Gewinne durch die GmbH

1. Rechtliche Gestaltung des Vergleichsunternehmens

435 Müller, Meyer und Krause gründen eine GmbH und eine GmbH & Co. KG unter den gleichen Voraussetzungen wie in dem Beispiel (Rz. 426).

Die GmbH schüttet jedoch auch ihre verwendbaren Gewinne an die Gesellschafter aus. Um einen genauen Belastungsvergleich durchführen zu können, wird unterstellt, daß die Gewinne des von der GmbH & Co. betriebenen Unternehmens gleich hoch sind und daß auch die Gesellschafter gleich hohe Gewinne erzielt haben. Es wird dann fingiert, daß die Kommanditisten und Gesellschafter der GmbH auch die von der GmbH ausgeschütteten Gewinnanteile in dem Jahr versteuern, in dem die Gewinne von dem Gewerbebetrieb der GmbH & Co. KG erzielt worden sind. Der Abzug von Kapitalertragsteuer wird nicht dargestellt.

2. Ermittlung der Gewerbeertragsteuer

Zum gewerblichen Gewinn gehören auch	110 000 DM	**436**
Bruttoarbeitslohn für Müller und Meyer	14 400 DM	
Zuschüsse zur Sozialversicherung	4 000 DM	
freiwillige Sozialleistungen (vgl. Rz. 65)	24 000 DM	
Miete (vgl. Rz. 62)	152 400 DM	
Deshalb beträgt der unversteuerte Gewinn	350 000 DM	
·/. 1,2 v. H. des Einheitswertes des Grundstücks Krause 150 000 DM (vgl. Rz. 87)	1 800 DM	
Zwischensumme	348 200 DM	
·/. Rückstellung für Gewerbeertragsteuer (vgl. Rz. 373)	46 498 DM	
Gewerbeertrag	301 702 DM	
Meßbetrag	13 283 DM	
Gewerbeertragsteuer	46 498 DM	
Belastung des unversteuerten gewerblichen Gewinns mit Gewerbeertragsteuer	13,3 v. H.	

3. Einheitliche und gesonderte Gewinnfeststellung

Ermittlung des stpfl. Gewinns		**437**
Unversteuerter Gewinn	350 000 DM	
·/. Gewerbeertragsteuer	46 498 DM	
Gewerblicher Gewinn der KG	303 502 DM	

438 *Gewinnverteilung*

	GmbH	Müller	Meyer	Krause
Bruttoarbeitslohn		55 000	55 000	
Zuschuß zur gesetzlichen Sozialversicherung (vgl. Rz. 65)		7 200	7 200	
freiwillige Sozialleistungen (vgl. Rz. 140, 274 f.)		2 000	2 000	
Miete				24 000
vertragl. Gewinnanteil	10 578	46 841	46 841	46 842
stpfl. Gewinnanteil	10 578	110 041	110 041	70 842

4. Ermittlung des für die Gewinnausschüttung verwendbaren Betrags

439 Körperschaftsteuerpflichtiges Einkommen	10 578 DM
·/. Vermögensteuer 0,7 v. H. von 55 000 DM	385 DM
Körperschaftsteuer lt. Tarif (vgl. Rz. 198)	5 923 DM
verwendbarer Betrag	4 270 DM
mögliche Dividende (vgl. Rz. 221)	6 210 DM
je Gesellschafter	2 070 DM

5. Ermittlung der Körperschaftsteuer

440 Körperschaftsteuerpflichtiges Einkommen		10 578 DM
Körperschaftsteuer lt. Tarif		5 923 DM
Ermäßigung		
ausgeschütteter Gewinn vor Abzug der Körperschaftsteuer (vgl. Rz. 213)	9 704 DM	
Ermäßigung 20 v. H. von 9 704 DM		1 940 DM
Körperschaftsteuer		3 983 DM
Belastung des Einkommens der GmbH mit Körperschaftsteuer		37,7 v. H.

6. Ermittlung der Einkommensteuer des Müller

Gewerbliche Einkünfte		111 041 DM	**441**
Einkünfte aus Kapitalvermögen			
Dividende	2 070 DM		
anzurechnende Körperschaftsteuer	1 164 DM		
Einnahmen aus Kapitalvermögen	3 234 DM		
·/. Werbungskosten-pauschbetrag	200 DM		
·/. Sparerfreibetrag	600 DM	2 434 DM	
Gesamtbetrag der Einkünfte		113 475 DM	
·/. Sonderausgaben		10 000 DM	
Stpfl. Einkommen		103 475 DM	
Einkommensteuer/Splitting-Tabelle		34 196 DM	
·/. anzurechnende Körperschaftsteuer		1 164 DM	
Einkommensteuerschuld		33 032 DM	
Belastung der Bruttoeinkünfte aus dem Unternehmen mit Einkommensteuer		29,2 v. H.	

7. Ermittlung der Einkommensteuer des Meyer

Wie bei Müller		**442**
Einkommensteuerschuld	33 032 DM	
Belastung der Bruttoeinkünfte aus dem Unternehmen mit Einkommensteuer	29,2 v. H.	

8. Ermittlung der Einkommensteuer des Krause

Einkünfte aus Gewerbebetrieb		70 842 DM	**443**
Einkünfte aus freiberuflicher Tätigkeit (kein Freibetrag)		40 000 DM	
Einkünfte aus Kapitalvermögen			
Dividende	2 070 DM		
anzurechnende Körperschaftsteuer	1 164 DM		
Übertrag:		110 842 DM	

		Übertrag:	110 842 DM
Einnahmen aus Kapitalvermögen	3 234 DM		
·/. Pauschbetrag für Werbungskosten	200 DM		
·/. Sparerfreibetrag	600 DM		2 434 DM
Gesamtbetrag der Einkünfte			113 276 DM
·/. Sonderausgaben			10 000 DM
Stpfl. Einkommen			103 276 DM
Einkommensteuer/Splitting-Tabelle			34 078 DM
anzurechnende Körperschaftsteuer			1 164 DM
Einkommensteuerschuld			32 914 DM
Einkommensteuer ohne gewerbliche Einkünfte = stpfl. Einkommen 28 800 DM (unter Berücksichtigung des Freibetrags für freiberufliche Tätigkeit)			4 712 DM
Einkommensteueranteil der Einkünfte aus dem Unternehmen			28 202 DM
Belastung dieser Einkünfte mit Einkommensteuer			38,7 v. H.

9. Doppelbelastung mit Vermögensteuer

444

Vermögen		55 000 DM
Vermögensteuer	0,7 v. H.	385 DM

10. Ergebnis

445 Von dem Ertrag der Gesellschaft von 350 000 DM sind, wenn sich die Gesellschafter Müller, Meyer und Krause zu einer GmbH zusammenschließen und mit der GmbH eine Kommanditgesellschaft gründen, dann, wenn die GmbH ihre Gewinne, soweit sie verfügbar sind, voll ausschüttet, an Steuern zu entrichten:

Gewerbeertragsteuer der GmbH & Co. KG	46 498 DM	13,3 v. H. des Ertrags
Körperschaftsteuer der GmbH	3 983 DM	1,1 v. H. des Ertrags
Einkommensteuer Müller	33 032 DM	9,4 v. H. des Ertrags

Einkommensteuer Meyer	33 032 DM	9,4 v. H. des Ertrags
Einkommensteuer Krause	28 202 DM	8,1 v. H. des Ertrags

Insgesamt haben die Gesellschafter für ihre Einkünfte aus der GmbH & Co. KG einschließlich der Gewinnausschüttung der GmbH an Einkommensteuer zu entrichten:

Einkommensteuer aller Gesellschafter	94 266 DM	26,9 v. H. des Ertrags

An Steuern vom Einkommen sind von der GmbH und ihren Gesellschaftern zu entrichten:

Körperschaftsteuer der GmbH und Einkommensteuer aller Gesellschafter

	98 249 DM	28,1 v. H. des Ertrags

Die GmbH & Co. KG und ihre Gesellschafter haben also aus dem Ertrag des Unternehmens an ertragsabhängigen Steuern zu entrichten:

	144 747 DM	41,4 v. H. des Ertrags

Dazu kommt die Vermögensteuer, die die GmbH aus ihrem zum normalen Tarif zu versteuernden Einkommen zu entrichten hat: 446

Vermögensteuer	385 DM	0,11 v. H. des Ertrags

Insgesamt haben die GmbH & Co. KG und ihre Gesellschafter aus dem Ertrag des Unternehmens

	145 132 DM	41,5 v. H. des Ertrags

an Steuern zu entrichten.

IX. Belastung einer stillen Gesellschaft zwischen der GmbH und ihren Gesellschaftern bei Thesaurierung des Gewinns der GmbH

1. Rechtliche Gestaltung des Vergleichsunternehmens

Die Gesellschafter Müller, Meyer und Krause haben eine GmbH gegründet und gleiche Stammeinlagen übernommen. Die GmbH hat mit 447 den Gesellschaftern Müller, Meyer und Krause stille Gesellschaften abgeschlossen. Jeder der Gesellschafter hat eine Kapitaleinlage von 100 000 DM erbracht und ist an dem Gewinn der GmbH nach der Steuerbilanz in Höhe von 7 v. H. beteiligt. Die GmbH hat ein Vermögen von 840 000 DM zu versteuern.

Die Gesellschafter Meyer und Müller sind Geschäftsführer der GmbH und beziehen als deren Angestellte Gehalt. Krause hat der GmbH ein Grundstück vermietet. Insoweit liegen die gleichen Verhältnisse vor wie im Beispiel Rz. 361.

Die GmbH schüttet keine Gewinne aus.

Es wird fingiert, daß die Gewinnanteile den stillen Gesellschaftern im gleichen Jahr zufließen, in dem sie von der GmbH erzielt worden sind.

2. Ermittlung des gewerblichen Gewinns des Unternehmens und des steuerpflichtigen Einkommens der GmbH

448	Ertrag der Gesellschafter aus dem Unternehmen			350 000 DM
449	Als Betriebsausgaben absetzbar:			
	Arbeitsverhältnis Müller:			
	Bruttoarbeitslohn	55 000 DM		
	Beitrag gesetzliche Sozialversicherung	7 200 DM		
	Freiwillige Sozialleistungen	2 000 DM	64 200 DM	
	Arbeitsverhältnis Meyer:			
	Bruttoarbeitslohn	55 000 DM		
	Beitrag gesetzliche Sozialversicherung	7 200 DM		
	Freiwillige Sozialleistungen	2 000 DM	64 200 DM	
	Mietverhältnis Krause			
	Miete		24 000 DM	
	Betriebsausgaben		152 400 DM	152 400 DM

Zwischensumme (unversteuerter Gewinn)		197 600 DM	450
Rückstellung für Gewerbeertragsteuer (vgl. Rz. 373)		29 429 DM	
Gewinn des Unternehmens		168 171 DM	
·/. Gewinnanteile der stillen Gesellschafter			451
Müller 7 v. H. von 168 171 DM	11 771 DM		
Meyer 7 v. H. von 168 171 DM	11 771 DM		
Krause 7 v. H. von 168 171 DM	11 771 DM	35 313 DM	
Gewinn der GmbH = stpfl. Einkommen		132 858 DM	452

3. Ermittlung der Körperschaftsteuer

Einkommen	132 858 DM	453
Körperschaftsteuer 56 v. H.	74 400 DM	
Belastung des unversteuerten Gewinns	37,7 v. H.	

4. Ermittlung der Gewerbeertragsteuer

Gewinn der GmbH	132 858 DM	454
+ Gewinnanteile der stillen Gesellschafter	35 313 DM	
Gewerbeertrag	168 171 DM	
Meßbetrag	8 408 DM	
Gewerbeertragsteuer	29 428 DM	
Belastung des unversteuerten Gewinns	14,9 v. H.	

5. Ermittlung der Einkommensteuer des Müller

Einkünfte aus nichtselbständiger Arbeit 455

Bruttoarbeitslohn	55 000 DM
·/. Weihnachts-Freibetrag	400 DM

·/. Arbeitnehmer-Freibetrag	480 DM	
·/. Werbungskosten-pauschbetrag	564 DM	
	1 444 DM	53 556 DM

456 *Einkünfte aus Kapitalvermögen*

Anteil als stiller Gesellschafter	11 771 DM	
·/. Pauschbetrag für Werbungskosten	200 DM	
·/. Sparerfreibetrag	600 DM	10 971 DM
Gesamtbetrag der Einkünfte		64 527 DM
Sonderausgaben		10 000 DM
Stpfl. Einkommen		54 527 DM
Einkommensteuer / Splitting-Tabelle		12 294 DM
Steuerliche Belastung der Bruttoeinkünfte aus dem Unternehmen		18,4 v. H.

6. Ermittlung der Einkommensteuer des Meyer

457 wie bei Müller

Einkommensteuer / Splitting-Tabelle	12 294 DM
Steuerliche Belastung der Bruttoeinkünfte aus dem Unternehmen	18,4 v. H.

7. Ermittlung der Einkommensteuer des Krause

458 *Einkünfte aus selbständiger Arbeit*

Gewinn	40 000 DM		
Freibetrag	1 200 DM		38 800 DM
Einkünfte aus Vermietung und Verpachtung			24 000 DM
Einkünfte aus Kapitalvermögen			
Anteil als stiller Gesellschafter		11 771 DM	
·/. Werbungskosten-pauschbetrag		200 DM	
·/. Sparerfreibetrag		600 DM	

	10 971 DM
Gesamtbetrag der Einkünfte	73 771 DM
·/. Sonderausgaben	10 000 DM
Stpfl. Einkommen	63 771 DM
Einkommensteuer / Splitting-Tabelle	15 952 DM
·/. Einkommensteuer ohne Einkünfte aus dem Unternehmen = stpfl. Einkommen 28 800 DM (unter Berücksichtigung des Freibetrags für freiberufliche Tätigkeit)	4 712 DM
Anteil der Einkommensteuer für Einkünfte aus dem Unternehmen	11 240 DM
Belastung der Einkünfte	31,4 v. H.

8. Doppelbelastung mit Vermögensteuer

Vermögen 840 000 DM **459**

Vermögensteuer 0,7 v. H. von 840 000 DM = 5 880 DM

9. Ergebnis

Der Ertrag des gewerblichen Betriebs der Gesellschaft von 350 000 DM **460**
ist dann, wenn Müller, Meyer und Krause eine GmbH gründen und mit der GmbH stille Gesellschaften abschließen, und die GmbH ihren Gewinn thesauriert, wie folgt mit Steuern belastet:

Gewerbeertragsteuer der GmbH	29 428 DM	8,4 v. H. des Ertrags
Körperschaftsteuer der GmbH	74 400 DM	21,3 v. H. des Ertrags

Die Einkünfte, die die Gesellschafter aus dem gewerblichen Unternehmen auf Grund schuldrechtlicher Verträge und ihrer Beteiligung als stiller Gesellschaft erzielen, sind wie folgt belastet:

Einkommensteuer Müller	12 294 DM	3,5 v. H. des Ertrags
Einkommensteuer Meyer	12 294 DM	3,5 v. H. des Ertrags

Einkommensteuer Krause	11 240 DM	3,2 v. H. des Ertrags

Insgesamt haben die Gesellschafter für ihre Einkünfte aus dem gewerblichen Unternehmen auf Grund schuldrechtlicher Verträge und ihrer stillen Beteiligung an Einkommensteuer zu entrichten:

Einkommensteuer aller Gesellschafter	35 828 DM	31,6 v. H. des Ertrags

Die GmbH und ihre Gesellschafter sind also mit Steuern vom Einkommen belastet:

Körperschaftsteuer der GmbH und Einkommensteuer der Gesellschafter	110 228 DM	31,5 v. H. des Ertrags

Insgesamt ist der Ertrag des gewerblichen Unternehmens an ertragsabhängigen Steuern der GmbH und ihrer Gesellschafter belastet mit:

	139 656 DM	39,9 v. H. des Ertrags

461 Außerdem hat die GmbH für ihr Vermögen Vermögensteuer aus dem von ihr nach dem Tarif versteuerten Einkommen zu entrichten:

Vermögensteuer	5 880 DM	1,7 v. H. des Ertrags

Somit sind insgesamt aus dem Ertrag des gewerblichen Unternehmens von 350 000 DM an Steuern zu zahlen:

	145 536 DM	41,6 v. H. des Ertrags

X. Belastung einer stillen Gesellschaft zwischen der GmbH und ihren Gesellschaftern bei voller Gewinnausschüttung durch die GmbH

1. Rechtliche Gestaltung

462 Müller, Meyer und Krause haben eine GmbH und eine stille Gesellschaft gegründet. Es liegen die gleichen Verhältnisse vor wie im Beispiel Rz. 447, jedoch die GmbH schüttet ihren vollen Gewinn aus.

Um den Belastungsvergleich durchführen zu können, wird unterstellt, daß in mehreren Jahren die von dem gewerblichen Unternehmen der GmbH erzielten Gewinne gleich hoch sind und daß sich auch die übrigen Einkünfte der Gesellschafter nicht geändert haben. Um einen genauen Belastungsvergleich durchzuführen, wird fingiert, daß die ausgeschütteten Gewinne von den Gesellschaftern in dem Jahr zu versteuern sind, in dem sie von der GmbH erzielt worden sind. Ferner wird fingiert, daß die Gewinnanteile der stillen Gesellschafter im gleichen Jahr, in dem die Gewinne von der GmbH erzielt worden sind, den stillen Gesellschaftern auch zufließen.

2. Ermittlung des gewerblichen Gewinns des Unternehmens und des steuerpflichtigen Einkommens der GmbH

Ertrag der Gesellschafter aus dem Unternehmen			350 000 DM	**463**
Als Betriebsausgaben absetzbar:				**464**
Arbeitsverhältnis Müller:				
Bruttoarbeitslohn	55 000 DM			
Beitrag gesetzliche Sozialversicherung	7 200 DM			
Freiwillige Sozialleistungen	2 000 DM	64 200 DM		
Arbeitsverhältnis Meyer:				
Bruttoarbeitslohn	55 000 DM			
Beitrag gesetzliche Sozialversicherung	7 200 DM			
Freiwillige Sozialleistungen	2 000 DM	64 200 DM		
Mietverhältnis Krause:				
Miete		24 000 DM		
Betriebsausgaben		152 400 DM	152 400 DM	
Zwischensumme (unversteuerter Gewinn)			197 600 DM	**465**
Rückstellung für Gewerbeertragsteuer (vgl. Rz. 373)			29 429 DM	
		Übertrag:	168 171 DM	

466	Gewinn des Unternehmens		168 171 DM
	·/. Gewinnanteile der stillen Gesellschafter		
	Müller 7 v. H. von 168 171 DM	11 771 DM	
	Meyer 7 v. H. von 168 171 DM	11 771 DM	
	Krause 7 v. H. von 168 171 DM	11 771 DM	35 313 DM
	Gewinn der GmbH = Stpfl. Einkommen		132 858 DM

3. Ermittlung des für Gewinnausschüttungen verwendbaren Betrages

467	Körperschaftsteuerpflichtiger Gewinn	132 858 DM
	·/. Vermögensteuer 0,7 v. H. von 840 000 DM	5 880 DM
	·/. Körperschaftsteuer 56 v. H. von 132 858 DM	74 400 DM
	für Gewinnausschüttung verwendbares Einkommen	52 578 DM
468	Mögliche Dividende (vgl. Rz. 221)	76 477 DM
	pro Gesellschafter	25 492 DM

4. Ermittlung der Körperschaftsteuer

469	Steuerpflichtiges Einkommen	132 858 DM
	Körperschaftsteuer nach Tarif (vgl. Rz. 198)	74 400 DM
	Ermäßigung	
	ausgeschütteter Gewinn vor Abzug der Körperschaftsteuer 119 495 DM (vgl. Rz. 213)	
	Ermäßigung 20 v. H. von 119 495 DM	23 899 DM
	Körperschaftsteuer	50 501 DM
	Belastung des unversteuerten Gewinns	25,6 v. H.

5. Ermittlung der Gewerbeertragsteuer

Gewinn der GmbH	132 858 DM	470
+ Gewinnanteile der stillen Gesellschafter	35 313 DM	
Gewerbeertrag	168 171 DM	
Meßbetrag	8 408 DM	
Gewerbeertragsteuer	29 428 DM	
Belastung des unversteuerten Gewinns	14,9 v. H.	

6. Ermittlung der Einkommensteuer des Müller

Einkünfte aus nichtselbständiger Arbeit			471
Bruttoarbeitslohn	55 000 DM		
·/. Weihnachts-Freibetrag	400 DM		
·/. Arbeitnehmer-Freibetrag	480 DM		
·/. Werbungskostenpauschbetrag	564 DM		
	1 444 DM	53 556 DM	
Einkünfte aus Kapitalvermögen			
Dividende	25 492 DM		
+ anzurechnende Körperschaftsteuer 9/16 (vgl. Rz. 224)	14 339 DM		
+ Anteil als stiller Gesellschafter	11 771 DM		
Einnahmen	51 602 DM		
·/. Werbungskosten	200 DM		
·/. Sparerfreibetrag	600 DM	50 802 DM	
Gesamtbetrag der Einkünfte		104 358 DM	
·/. Sonderausgaben		10 000 DM	
Stpfl. Einkommen		94 358 DM	
Einkommensteuer/Splitting-Tabelle		29 792 DM	
·/. anzurechnende Körperschaftsteuer		14 339 DM	
Einkommensteuerschuld		15 453 DM	
Belastung der Bruttoeinkünfte aus dem Unternehmen		16,7 v. H.	

7. Ermittlung der Einkommensteuer des Meyer

472 wie bei Müller

Einkommensteuer/Splitting-Tabelle	29 453 DM
·/. anzurechnende Körperschaftsteuer	14 339 DM
Einkommensteuerschuld	15 453 DM
Belastung der Bruttoeinkünfte aus dem Unternehmen	16,7 v. H.

8. Ermittlung der Einkommensteuer des Krause

473

Einkünfte aus selbständiger Arbeit		40 000 DM
Einkünfte aus Vermietung und Verpachtung		24 000 DM
Einkünfte aus Kapitalvermögen		
Dividende	25 492 DM	
+ anzurechnende Körperschaftsteuer 9/16 (vgl. Rz. 224)	14 339 DM	
+ Anteil als stiller Gesellschafter	11 771 DM	
Einnahmen	51 602 DM	
·/. Werbungskostenpauschbetrag	200 DM	
·/. Sparerfreibetrag	600 DM	50 802 DM
Gesamtbetrag der Einkünfte		114 802 DM
·/. Sonderausgaben		10 000 DM
Stpfl. Einkommen		104 802 DM
Einkommensteuer/Splitting-Tabelle		34 840 DM
·/. anzurechnende Körperschaftsteuer		14 339 DM
Einkommensteuerschuld		20 501 DM
·/. Einkommensteuer ohne Einkünfte aus dem Unternehmen = stpfl. Einkommen 28 800 DM (unter Berücksichtigung des Freibetrags für freiberufliche Tätigkeit)		4 712 DM
Einkommensteueranteil der Einkünfte aus dem Unternehmen		15 789 DM
Belastung der Bruttoeinkünfte aus dem Unternehmen		25,8 v. H.

9. Doppelbelastung mit Vermögensteuer

Vermögen 840 000 DM **474**
Vermögensteuer 0,7 v. H. von 840 000 DM = 5 880 DM.

10. Ergebnis

Der Ertrag des Unternehmens von 350 000 DM ist dann, wenn sich die **475** Gesellschafter Müller, Meyer und Krause zu einer GmbH zusammenschließen, mit der GmbH eine stille Gesellschaft gründen und die GmbH ihre Gewinne in voller verfügbarer Höhe ausschüttet, mit folgenden Steuern belastet:

Gewerbeertragsteuer der GmbH	29 428 DM	8,4 v. H. des Ertrags
Körperschaftsteuer der GmbH	50 501 DM	14,4 v. H. des Ertrags

Die Gesellschafter Müller, Meyer und Krause haben für ihre Einkünfte aus dem Unternehmen auf Grund von schuldrechtlichen Verträgen, ihrer Beteiligung als stille Gesellschafter und den Gewinnausschüttungen der GmbH folgende Einkommensteuer zu zahlen:

Einkommensteuer Müller	15 453 DM	4,4 v. H. des Ertrags
Einkommensteuer Meyer	15 453 DM	4,4 v. H. des Ertrags
Einkommensteuer Krause	15 789 DM	4,5 v. H. des Ertrags

Insgesamt haben die Gesellschafter an Einkommensteuer zu entrichten:

Einkommensteuer aller Gesellschafter	46 695 DM	13,3 v. H. des Ertrags

Die GmbH und ihre Gesellschafter haben insgesamt an Steuern vom Einkommen zu entrichten:

Körperschaftsteuer der GmbH und Einkommensteuer aller Gesellschafter	97 196 DM	27,8 v. H. des Ertrags

Insgesamt haben an ertragsabhängigen Steuern die GmbH und ihre Gesellschafter zu entrichten:

	126 624 DM	36,2 v. H. des Ertrags

476 Außerdem muß die GmbH Vermögensteuer entrichten, und zwar aus dem von ihr zum normalen Tarif von 56 v. H. versteuerten Einkommen:

Vermögensteuer	5 880 DM	1,7 v. H. des Ertrags

Aus dem Ertrag des gewerblichen Unternehmens von 350 000 DM sind somit an Steuern zu entrichten:

	132 504 DM	37,9 v. H. des Ertrags

XI. Ergebnis des Belastungsvergleichs

1. Belastung mit Gewerbeertragsteuer

477 Am stärksten mit Gewerbeertragsteuer sind die Personenhandelsgesellschaften belastet. Das ist eine Folge davon, daß schuldrechtliche Verträge zwischen den Gesellschaftern und der Personenhandelsgesellschaft mit steuerlicher Wirkung nicht anerkannt werden. Die für Dienstleistungen und Bereitstellung von Wirtschaftsgütern gezahlten Entgelte dürfen also bei Personenhandelsgesellschaften nicht den Gewerbeertrag mindern. Die Belastung der offenen Handelsgesellschaft, der Kommanditgesellschaft einschließlich der GmbH & Co. KG beträgt daher einheitlich 46 498 DM = 13,3 v. H. des Ertrags des Unternehmens von 350 000 DM.

478 Wird der Gewerbebetrieb dagegen in der Rechtsform der GmbH betrieben, so kann das für die Geschäftsführung gezahlte Entgelt dann als Betriebsausgaben den Gewerbeertrag mindern, wenn mit den Gesellschaftern als Geschäftsführern Arbeitsverträge abgeschlossen werden. In diesen Fällen kann die GmbH als Arbeitgeberin ihre Aufrechnungen für die gesetzlichen Sozialversicherungen und freiwillige Sozialleistungen als Betriebsausgaben behandeln. Diese Aufwendungen gehören nicht zum Arbeitslohn der Geschäftsführer (vgl. Rz. 168). Auch die Vermietung von Grundbesitz wirkt sich auf den Gewerbeertrag aus, da die Miete oder Pacht für Grundbesitz dem Gewerbeertrag nicht wieder hinzuzurechnen ist. Bei der Vermietung von beweglichen Wirtschaftsgütern des Anlagevermögens, die beim Gesell-

schafter einer GmbH als Vermieter zum Privatvermögen gehören, ist dagegen die Hälfte der gezahlten Miete oder Pacht dem Gewerbeertrag wieder hinzuzurechnen. Soweit der Gewerbebetrieb also von einer GmbH betrieben wird, ermäßigt sich die Belastung des Ertrags von 350 000 DM mit Gewerbeertragsteuer auf 29 428 DM = 8,4 v. H. des Ertrags. Die gleiche Belastung tritt dann ein, wenn die GmbH mit ihren Gesellschaftern eine stille Gesellschaft abschließt. Gewerbetreibender ist auch in diesen Fällen die GmbH als Kapitalgesellschaft. Die zwischen ihr und den stillen Gesellschaftern abgeschlossenen schuldrechtlichen Verträge, durch die Leistungen entgeltlich erbracht werden, werden auch steuerrechtlich anerkannt, da die stillen Gesellschafter keine Mitunternehmer des Gewerbebetriebes sind. Das führt dazu, daß sie den Gewerbeertrag mindern können.

2. Belastung mit Körperschaftsteuer

Gründen die Gesellschafter eine GmbH, also eine Kapitalgesellschaft, 479
die als selbständige juristische Person den Gewerbebetrieb führt, so werden schuldrechtliche Verträge zwischen den Gesellschaftern und der Kapitalgesellschaft auch steuerlich anerkannt. Das führt dazu, daß die Gesellschafter die ihnen aufgrund von schuldrechtlichen Verträgen zufließenden Entgelte für Dienstleistungen oder die Überlassung von Wirtschaftsgütern so wie die Entgelte, die sie aus dem gleichen Rechtsgrund von Dritten beziehen, zu versteuern haben. Die GmbH kann diese Beträge als Betriebsausgaben absetzen (vgl. Rz. 187 f.).

Die GmbH hat auch nach der Körperschaftsteuerreform grundsätzlich 480
ihr Einkommen selbst zu versteuern. Sie hat aus ihrem versteuerten Einkommen die Körperschaftsteuer und die Vermögensteuer sowie die übrigen nicht abzugsfähigen Aufwendungen zu entrichten.

Soweit die GmbH die Gewinne nicht ausschüttet, kann sie nur die auf Grund von schuldrechtlichen Verträgen den Gesellschaftern gewährten Entgelte als Betriebsausgaben absetzen, soweit diese als angemessen anzusehen sind (vgl. Rz. 233 f.). Die übrigen Gewinne hat sie nach dem allgemeinen Tarif von 56 v. H. zu versteuern. Das führt im Beispielfalle zu einer Belastung der GmbH mit Körperschaftsteuer in Höhe von 94 175 DM, das sind 26,9 v. H. des Ertrags.

481 Schüttet die GmbH die von ihr erzielten Gewinne aus, so muß sie aus dem zum Tarif von 56 v. H. versteuerten Einkommen die Vermögensteuer aufbringen. Der für die Vermögensteuer verbrauchte Teil des Gewinns kann also nicht ausgeschüttet werden. Der ausgeschüttete Gewinn vor Abzug der Körperschaftsteuer (vgl. Rz. 213) ermäßigt sich auf 36 v. H., das ist im Beispiel (vgl. Rz. 406) 36 v. H. von 151 468 DM = 54 528 DM. Die Körperschaftsteuer in dieser Höhe wird jedoch auf die Einkommensteuerschuld der Gesellschafter angerechnet. Von dem Ertrag des Unternehmens von 350 000 DM ist also eine Körperschaftsteuer von 63 888 DM zu entrichten. In Höhe von 54 528 DM wird diese Körperschaftsteuerschuld jedoch auf die Einkommensteuerschuld der Gesellschafter angerechnet.

482 Auch bei dem Abschluß einer stillen Gesellschaft zwischen der GmbH und ihren Gesellschaftern ist nur die GmbH Unternehmer. Das bedeutet, wie ausgeführt, daß schuldrechtliche Verträge zwischen der GmbH und ihren Gesellschaftern anerkannt werden, die Entgelte also das Einkommen der GmbH mindern. In diesem Falle mindern aber auch die Gewinnanteile der stillen Gesellschafter das Einkommen der GmbH und damit die Körperschaftsteuer.

483 Vorteilhaft wirkt sich bei der stillen Gesellschaft zwischen der GmbH und ihren Gesellschaftern aus, daß die Einlagen der stillen Gesellschafter bei der Ermittlung des Vermögens der GmbH als Schulden berücksichtigt werden. Die Vermögensteuer, die aus dem nach dem Tarif zu versteuernden Einkommen von der GmbH zu entrichten ist, ermäßigt sich dadurch.

484 Die GmbH & Co. KG dagegen ist eine Personenhandelsgesellschaft. Schuldrechtliche Verträge zwischen den Gesellschaftern der GmbH & Co. KG und der GmbH werden in diesen Fällen nicht anerkannt, soweit sie den Gewerbebetrieb der GmbH & Co. KG betreffen. Das bedeutet, daß die Entgelte für die Arbeitsleistungen und die Überlassung von Wirtschaftsgütern für den Betrieb der GmbH & Co. KG bei den Kommanditisten als Teil des gewerblichen Gewinns behandelt werden, also auch für die Gewerbeertragsteuer erfaßt werden müssen. Vorteilhaft wirkt sich bei der GmbH & Co. KG aus, daß das Vermögen der GmbH klein gehalten, die Belastung der GmbH mit Vermögensteuer, die von ihr aus ihrem voll versteuerten Einkommen zu entrichten ist, deshalb niedrig gehalten werden kann.

3. Belastung der Gesellschafter mit Einkommensteuer

Die Belastung der Gesellschafter mit Einkommensteuer ist bei allen Gesellschaftsformen gleich hoch. Schwankungen können sich nur dann ergeben, wenn die einzelnen Gesellschafter aus anderen Quellen noch Einkünfte beziehen. Soweit die Gesellschafter eine GmbH gründen und deshalb schuldrechtliche Verträge zwischen der GmbH und den Gesellschaftern über Sonderleistungen für Zwecke des Gewerbebetriebs steuerrechtlich anerkannt werden, ergeben sich in Einzelfällen Unterschiede bei der Ermittlung der Einkünfte. So gehören nicht zu den Einkünften aus nichtselbständiger Arbeit Zuschüsse des Arbeitgebers zur gesetzlichen Sozialversicherung sowie freiwillige soziale Leistungen. Bei der Ermittlung der Einkünfte aus nichtselbständiger Arbeit werden folgende Freibeträge gewährt: Weihnachtsfreibetrag, Arbeitnehmerfreibetrag und Pauschbeträge für Werbungskosten. **485**

Bei der Ermittlung der Einkünfte aus Kapitalvermögen werden Pauschbeträge für Werbungskosten und ein Sparerfreibetrag gewährt, die die Einkünfte mindern und somit den Gesellschaftern steuerfrei zufließen. **486**

Soweit die Gesellschafter Gewinnausschüttungen aus einer Kapitalgesellschaft zu versteuern haben, wird für die ausgeschütteten Gewinne die von der Kapitalgesellschaft gezahlte Körperschaftsteuer auf die Einkommensteuerschuld angerechnet. **487**

4. Auswirkung bei der Vermögensteuer

Die Vermögensteuer ist grundsätzlich ertragsunabhängig. Bei der Vermögensteuer ist jedoch zu beachten, daß bei Kapitalgesellschaften die Doppelbesteuerung und auch die Doppelbelastung des Vermögens auch nach der Körperschaftsteuerreform geblieben ist. Die Kapitalgesellschaft hat also für ihr Vermögen Vermögensteuer zu zahlen und muß die Vermögensteuer aus ihrem zum Tarif versteuerten Einkommen aufbringen. Das für die Zahlung der Vermögensteuer verwendete Einkommen kann daher nicht an die Gesellschafter ausgeschüttet werden. Dadurch kann sich die Körperschaftsteuer nicht für die ausgeschütteten Gewinne ermäßigen und kann die ermäßigte Körperschaftsteuer nicht auf die Einkommensteuerschuld der Gesellschafter angerechnet werden. **488**

489 Es ist deshalb vorteilhaft, wenn das Vermögen der GmbH möglichst niedrig gehalten wird. Die GmbH also mit dem niedrigstmöglichen Stammkapital gegründet und alle verfügbaren Gewinne ausgeschüttet werden.

5. Nichtberücksichtigung von Veräußerungs- und Entnahmegewinnen

490 Bei dem Belastungsvergleich konnte nur die steuerliche Belastung des laufenden Gewinns bei den einzelnen Gesellschaftsformen verglichen werden. Die Nichtanerkennung von schuldrechtlichen Verträgen zwischen einer Personengesellschaft und ihren Gesellschaftern, die als Mitunternehmer des Gewerbebetriebs anzusehen sind, führt jedoch nicht nur dazu, daß die Einkünfte einheitlich als gewerbliche Einkünfte anzusehen sind, sondern auch dazu, daß die dem gewerblichen Unternehmen zur Verfügung gestellten Wirtschaftsgüter als notwendiges Betriebsvermögen (Sonderbetriebsvermögen) behandelt werden müssen (vgl. Rz. 70 f.). Die steuerliche Belastung, die gegebenenfalls durch die Erfassung von Veräußerungs- und Entnahmegewinnen bei diesen Wirtschaftsgütern auftreten kann, kann bei einem Belastungsvergleich nicht berücksichtigt werden, obwohl sie ganz erheblich sein kann. Die Höhe der Belastung richtet sich nicht nur nach den sich beim Ausscheiden der einzelnen Wirtschaftsgüter aus dem Betriebsvermögen ergebenden Gewinnen in Höhe des Veräußerungspreises bzw. Teilwertes abzüglich des Buchwerts dieser Wirtschaftsgüter, sondern auch danach, ob die dabei ausgelösten Gewinne als außerordentliche Erträge zum normalen Tarif versteuert werden müssen oder ob es sich um steuerbegünstigte Veräußerungsgewinne handelt.

6. Steuerliche Vorteile durch Sozialleistungen

491 Soweit Gesellschafter als Geschäftsführer einer GmbH den Betrieb leiten oder auf andere Weise als Angestellte einer GmbH tätig werden, ist es zivilrechtlich üblich, mit den Gesellschaftern Arbeitsverträge abzuschließen. In diesen Fällen hat die GmbH als Arbeitgeberin Pflichtbeiträge zu den gesetzlichen Sozialversicherungen zu leisten. Soweit wegen der Höhe des Gehalts keine Versicherungspflicht besteht,

werden in diesen Fällen Vereinbarungen getroffen, wonach die GmbH Zuschüsse zu freiwilligen Versicherungen bis zur Höhe des nach dem Gesetz geschuldeten Arbeitgeberanteils zahlt. In diesen Fällen werden auch häufig den Gesellschafter/Geschäftsführern die gleichen freiwilligen sozialen Leistungen wie anderen Arbeitnehmern erbracht. Beiträge oder Zuschüsse zu der gesetzlichen Sozialversicherung kann die GmbH als Arbeitnehmerin als Betriebsausgaben absetzen. Sie gehören jedoch bei dem als Arbeitnehmer beschäftigten Gesellschafter nicht zu dessen Arbeitslohn. Gleichwohl erhält jedoch der Gesellschafter wirtschaftliche Vorteile dadurch, daß der Arbeitgeber einen Teil der Beiträge zu den Versicherungen zahlt oder freiwillige Sozialleistungen erbringt.

Der als Arbeitnehmer einer GmbH tätige Gesellschafter hat dadurch **492**
wirtschaftliche Vorteile gegenüber dem nicht tätigen Mitgesellschafter. Sein Gewinnanteil aus der GmbH ist nominell zwar nicht höher als der des Mitgesellschafters. Da die GmbH jedoch als Arbeitgeberin für ihn Leistungen erbringt, die nicht zu seinem Arbeitslohn gehören, hat er wirtschaftliche Vorteile, die den Gesellschaftern, die nicht Arbeitnehmer sind, nicht gewährt werden können.

7. Zusammenfassung

Der Ertrag eines gewerblichen Unternehmens von 350 000 DM ist belastet:

a) bei einer OHG mit:	DM	v. H. des Ertrags	**493**
Gewerbeertragsteuer	46 498	= 13,3	
Einkommensteuer	99 308	= 28,4	
insgesamt	145 806	= 41,7	

b) bei der KG mit:	DM	v. H. des Ertrags	**494**
Gewerbeertragsteuer	46 498	= 13,3	
Einkommensteuer	99 340	= 28,4	
insgesamt	145 838	= 41,7	

495 **c) bei der GmbH (ohne Gewinnausschüttung) mit:**

	DM		v. H. des Ertrags
Gewerbeertragsteuer	29 428	=	8,4
Körperschaftsteuer	94 175	=	26,9
Einkommensteuer	23 958	=	6,8
Vermögensteuer	7 350	=	2,1
insgesamt	154 911	=	44,2

496 **d) bei der GmbH (mit Gewinnausschüttung) mit:**

	DM		v. H. des Ertrags
Gewerbeertragsteuer	29 428	=	8,4
Körperschaftsteuer	63 888	=	18,3
davon anrechnungsfähig	(54 528)	=	(15,6)
Einkommensteuer	33 626	=	9,6
Vermögensteuer	7 350	=	2,1
insgesamt	134 295	=	38,4

497 **e) bei der GmbH & Co. KG (ohne Gewinnausschüttung) mit:**

	DM		v. H. des Ertrags
Gewerbeertragsteuer	46 498	=	13,3
Körperschaftsteuer	5 923	=	1,7
Einkommensteuer	94 256	=	26,9
Vermögensteuer	385	=	0,1
insgesamt	147 062	=	42,0

498 **f) bei der GmbH & Co. KG (mit Gewinnausschüttung) mit:**

	DM		v. H. des Ertrags
Gewerbeertragsteuer	46 498	=	13,3
Körperschaftsteuer	3 983	=	1,1
davon anrechnungsfähig	(3 492)	=	(1,0)
Einkommensteuer	94 266	=	26,9
Vermögensteuer	385	=	0,1
insgesamt	145 132	=	41,5

g) bei der stillen Gesellschaft mit GmbH (ohne Gewinnausschüttung) mit: 499

	DM		v. H. des Ertrags
Gewerbeertragsteuer	29 428	=	8,4
Körperschaftsteuer	74 400	=	21,3
Einkommensteuer	35 828	=	10,2
Vermögensteuer	5 880	=	1,7
insgesamt	145 536	=	41,6

h) bei der stillen Gesellschaft mit GmbH (mit Gewinnausschüttung) mit: 500

	DM		v. H. des Ertrags
Gewerbeertragsteuer	29 428	=	8,4
Körperschaftsteuer	50 501	=	14,4
davon anrechnungsfähig	(43 017)	=	(12,3)
Einkommensteuer	46 695	=	13,3
Vermögensteuer GmbH	5 880	=	1,7
insgesamt	132 504	=	37,9

Zusammenfassend ist also festzustellen, daß die stille Gesellschaft zwischen einer GmbH und ihren Gesellschaftern steuerlich am günstigsten ist, wenn die GmbH ihre Gewinne voll ausschüttet. Die Wahl der Gesellschaftsform hängt jedoch nicht nur von der steuerlichen Belastung, sondern auch von der zivilrechtlichen Auswirkung ab. 501

Steuerlich ist es am günstigsten, mit dem geringstmöglichen Stammkapital eine GmbH zu gründen, 502

— mit der Gesellschaft alle möglichen schuldrechtlichen Verträge abzuschließen, die den Gewerbeertrag der GmbH mindern können, und
— alle erzielten Gewinne auszuschütten, um dadurch das Vermögen der GmbH möglichst niedrig zu halten.

Eine solche bürgerlich-rechtliche Konstruktion ist jedoch nur dann möglich, wenn der Gewerbebetrieb der GmbH kein Fremdkapital benötigt. Die zur Investition benötigten Mittel müssen dann der GmbH von den Gesellschaftern wieder als Darlehn oder als Einlage als stiller Gesellschafter zur Verfügung gestellt werden. Der Wahl einer solchen Gesellschaft sind daher bürgerlich-rechtlich und wirtschaftlich Grenzen gesetzt. 503

I. Wann bietet eine Umwandlung steuerliche Vorteile?

I. Umwandlung einer Personenhandelsgesellschaft

1. Allgemeines

504 Eine Personenhandelsgesellschaft ist regelmäßig steuerlich am höchsten belastet. Das ist eine Folge davon, daß schuldrechtliche Verträge zwischen den Gesellschaftern und der Gesellschaft nicht anerkannt werden (vgl. Rz. 61 f.). Die Vergütungen, die die Gesellschafter für ihre Dienstleistungen zur Erreichung des Gesellschaftszwecks erhalten, und auch die Vergütungen für die Bereitstellung von Wirtschaftsgütern gehören somit zu dem gewerblichen Gewinn der einzelnen Gesellschafter und damit zum Gewerbeertrag der Gesellschaft. Die Wahl einer Gesellschaftsform, bei der derartige Aufwendungen als Betriebsausgaben behandelt werden können und deshalb den Gewerbeertrag mindern, ist deshalb immer dann zu erwägen, wenn derartige Aufwendungen in erheblichem Umfang vorkommen, wenn also alle Gesellschafter im Betrieb der Personenhandelsgesellschaft mitarbeiten und dafür ein Entgelt erhalten.

2. Umwandlung in eine GmbH

505 Die Umwandlung einer Personenhandelsgesellschaft in eine reine GmbH, die den Gewerbebetrieb fortführt, bietet vor allen Dingen dann erhebliche steuerliche Vorteile, wenn das Betriebsvermögen, das für den Betrieb benötigt wird, gering gehalten werden kann. Bei einer GmbH besteht auch nach heutigem Recht noch eine Doppelbelastung des Vermögens der GmbH, das diese selbst zu versteuern hat, während die Gesellschafter ihre Anteile an der GmbH als Vermögen versteuern müssen. Die GmbH hat die für ihr Vermögen zu entrichtende Vermögensteuer aus ihrem zum Tarif versteuerten Einkommen zu bezahlen. Für die Entrichtung der Vermögensteuer müssen daher ca. 260 v. H. der Steuer an Einkommen aufgewendet werden (vgl. Rz. 245).

Beispiel: Müller und Meyer sind Handelsvertreter. Sie haben sich zu einer OHG zusammengeschlossen. Die OHG hat einen Einheitswert des gewerblichen Betriebsvermögens von 150 000 DM. Die OHG erzielt Gewinne vor Abzug der Gewerbeertragsteuer von 300 000 DM. Die Gemeinde, in der der Betrieb ausgeübt wird, hebt eine Gewerbesteuer nach einem Hebesatz von 350 v. H.

Müller und Meyer gründen eine GmbH mit einem Stammkapital von 150 000 DM, wovon Müller und Meyer je 75 000 DM Stammeinlage übernehmen. Die GmbH führt die Handelsvertretung der bisherigen OHG fort. Die Gesellschafter Müller und Meyer erhalten von der GmbH ein Monatsgehalt von je 5000 DM zuzüglich eines 13. Monatsgehaltes. Außerdem gewährt die GmbH Zuschüsse zu der freiwilligen Sozialversicherung der Gesellschafter Müller und Meyer in Höhe der Arbeitgeberbeiträge zur gesetzlichen Sozialversicherung. **506**

Geht man davon aus, daß beide Gesellschafter verheiratet sind und ihnen Sonderausgaben in Höhe von 10 000 DM entstehen und beide Gesellschafter die Veranlagung nach der Splitting-Tabelle beantragen und keine weiteren Einkünfte erzielen als die aus dem Unternehmen, so ergibt sich die folgende unterschiedliche Belastung zwischen der OHG und der GmbH. **507**

a) Steuerliche Belastung der OHG

aa) Belastung mit Gewerbeertragsteuer **508**

Unversteuerter Gewinn	300 000 DM
·/. Rückstellung für Gewerbeertragsteuer	39 319 DM
Gewerbeertrag	260 681 DM
Meßbetrag	11 234 DM
Gewerbeertragsteuer	39 319 DM

bb) Gewinnverteilung **509**

Müller	130 340 DM
Meyer	130 340 DM

cc) Einkommensteuer des Müller **510**

Gewerblicher Gewinn / Gesamtbetrag der Einkünfte	130 340 DM
·/. Sonderausgaben	10 000 DM
stpfl. Einkommen	120 340 DM
Einkommensteuer (Splitting-Tabelle)	42 532 DM

511 dd) Einkommensteuer des Meyer

wie Müller		42 532 DM
Aus dem Ertrag sind an Steuern zu entrichten:		124 383 DM = 41,5 v. H.

b) **Steuerliche Belastung der GmbH**

512 aa) Belastung mit Gewerbeertragsteuer

Ertrag des Unternehmens		300 000 DM

513 Als Betriebsausgaben absetzbar:

Arbeitsverhältnis Müller		
Bruttoarbeitslohn	65 000 DM	
+ Arbeitgeberbeiträge zur gesetzlichen Sozialversicherung	7 200 DM	
	72 200 DM	
Arbeitsverhältnis Meyer		
Bruttoarbeitslohn	65 000 DM	
+ Arbeitgeberbeitrag zur gesetzlichen Sozialversicherung	7 200 DM	
	72 200 DM	
Betriebsausgaben		144 400 DM
Zwischensumme (unversteuerter Gewinn)		155 600 DM
·/. Rückstellung für Gewerbeertragsteuer		23 174 DM

514 Gewerbeertrag	132 426 DM
Meßbetrag	6 621 DM
Gewerbeertragsteuer	23 174 DM

bb) Ermittlung der möglichen Dividende

515 Einkommen der GmbH	132 426 DM
·/. Vermögensteuer	1 050 DM
·/. Körperschaftsteuer 56 v. H. (vgl. Rz. 198)	74 158 DM
verwendbares Einkommen	57 218 DM
Dividende (vgl. Rz. 221)	83 226 DM
pro Gesellschafter	41 613 DM

cc) Ermittlung der Körperschaftsteuer 516

Körperschaftsteuer nach Tarif		74 158 DM
Ermäßigung		
ausgeschüttetes Einkommen vor Körperschaftsteuer (vgl. Rz. 213)	130 040 DM	
20 v. H. von 130 890 DM		26 008 DM
		48 150 DM

dd) Ermittlung der Einkommensteuer Müller 517

Einkünfte aus nichtselbständiger Arbeit		
Bruttoarbeitslohn	65 000 DM	
·/. Weihnachts-Freibetrag	400 DM	
·/. Arbeitnehmer-Freibetrag	480 DM	
·/. Werbungskostenpauschbetrag	564 DM	63 556 DM
Einkünfte aus Kapitalvermögen		
Dividende	41 613 DM	
+ anzurechnende Körperschaftsteuer	23 407 DM	
Einnahmen	65 020 DM	
·/. Pauschbetrag für Werbungskosten	200 DM	
·/. Sparerfreibetrag	600 DM	64 220 DM
Gesamtbetrag der Einkünfte		127 776 DM
·/. Sonderausgaben		10 000 DM
Steuerpflichtiges Einkommen		117 776 DM
Einkommensteuer (Splitting-Tabelle)		41 264 DM
·/. anzurechnende Körperschaftsteuer		23 407 DM
Einkommensteuerschuld		17 857 DM

ee) Ermittlung der Einkommensteuer Meyer 518

wie Müller

Einkommensteuerschuld 17 857 DM

ff) Doppelbelastung mit Vermögensteuer 519

Vermögensteuer der GmbH 1 050 DM

Aus dem Ertrag sind an Steuern zu entrichten: 108 088 DM = 36,0 v. H. 520

Der Belastungsvergleich zeigt, daß durch die Gründung einer GmbH ganz erhebliche steuerliche Vorteile erzielt werden können.

c) Vermeidung von Veräußerungs- und Entnahmegewinnen

521 Die Gründung einer GmbH bietet jedoch auch dadurch Vorteile, daß durch sie vermieden werden kann, daß bei einzelnen Wirtschaftsgütern, bei denen Wertsteigerungen zu erwarten sind, wie z. B. bei Grundstücken, durch ihre Zugehörigkeit zum notwendigen Betriebsvermögen der Gesellschafter, Veräußerungsgewinne bzw. Entnahmegewinne als Teil des gewerblichen Gewinns erfaßt werden müssen (vgl. Rz. 74 f.). Ein Gesellschafter einer Personenhandelsgesellschaft kann bekanntlich nicht der Gesellschaft für deren gewerbliche Zwecke ein Grundstück vermieten oder verpachten. Das Grundstück gehört zum notwendigen Sonderbetriebsvermögen des Gesellschafters. Werden bei der Veräußerung des Grundstücks oder bei dessen Überführung in das Privatvermögen des Gesellschafters Gewinne erzielt, so werden diese als Teil des gewerblichen Gewinns erfaßt. Bei der Gründung einer GmbH ist es dagegen möglich, daß die Gesellschafter der GmbH Wirtschaftsgüter vermieten oder verpachten. In diesen Fällen sind nicht nur die Miet- oder Pachtzahlungen von der GmbH als Betriebsausgaben abzusetzen und mindern deren gewerblichen Gewinn und damit deren Gewerbeertrag (vgl. Rz. 187 f.), sondern diese Wirtschaftsgüter gehören auch zum Privatvermögen des Gesellschafters. Bei der Veräußerung entstehende Gewinne sind daher nicht als Teile des Einkommens zu erfassen.

522 Zu beachten ist jedoch, daß dann, wenn eine Betriebsaufspaltung vorliegt (vgl. Rz. 246 ff.), die Verpachtung dieser Wirtschaftsgüter als gewerbliche Tätigkeit anzusehen ist. Das hat zur Folge, daß die Vermietung als selbständiger Gewerbebetrieb behandelt wird. Die vermieteten Wirtschaftsgüter gehören dann auch zum gewerblichen Betriebsvermögen, das durch Vermietung bzw. Verpachtung an eine beherrschte Kapitalgesellschaft gewerblich genutzt wird.

3. Umwandlung in eine Mischgesellschaft

523 Die Umwandlung einer Personenhandelsgesellschaft in eine Mischgesellschaft bietet dann steuerrechtliche Vorteile, wenn mit der GmbH

zugleich eine typische stille Gesellschaft gegründet wird. Nur in diesen Fällen ist die GmbH als juristische Person Unternehmer des Gewerbebetriebs und können mit ihr schuldrechtliche Verträge über Leistungen der Gesellschafter zur Erreichung des Gesellschaftszwecks abgeschlossen werden. Die Gründung einer GmbH und der Abschluß einer typischen stillen Gesellschaft zwischen den Gesellschaftern der GmbH zur Fortführung einer Personenhandelsgesellschaft bietet dann besondere steuerliche Vorteile, wenn es dadurch möglich ist, das Vermögen der GmbH besonders niedrig zu halten. Das setzt voraus, daß die GmbH zum Betrieb ihres Gewerbebetriebs von Dritten keine Kredite in Anspruch zu nehmen braucht, sondern daß die Gesellschafter den Gewerbebetrieb in vollem Umfang aus eigenen Mitteln finanzieren können.

Beispiel: Im Beispiel Rz. 505 gründen die Gesellschafter Müller und Meyer eine GmbH mit einem Stammkapital von 50 000 DM. Jeder der beiden Gesellschafter übernimmt eine Stammeinlage von 25 000 DM. Sie gründen dann mit der GmbH eine stille Gesellschaft. Jeder der beiden Gesellschafter beteiligt sich an der stillen Gesellschaft mit einer Einlage von 50 000 DM. Die GmbH beteiligt ihre stillen Gesellschafter dafür mit 5 v. H. an ihrem Gewinn. Wie in Beispiel (vgl. Rz. 506) schließt die GmbH mit ihren Gesellschaftern Arbeitsverträge ab. Die GmbH schüttet ihre Gewinne in vollem Umfang aus.

Aus nachfolgender Übersicht ergibt sich die steuerliche Belastung der **524**
GmbH und ihrer Gesellschafter.

a) Steuerliche Belastung bei stillen Gesellschaften

aa) Ermittlung des körperschaftsteuerpflichtigen Einkommens **525**

Ertrag des Unternehmens		300 000 DM
Als Betriebsausgaben absetzbar:		
Arbeitsverhältnis Müller		**526**
Bruttoarbeitslohn	65 000 DM	
+ Arbeitgeberbeiträge zur gesetzlichen Sozialversicherung	7 200 DM	
	72 200 DM	
Arbeitsverhältnis Meyer		
Bruttoarbeitslohn	65 000 DM	
+ Arbeitgeberbeiträge zur gesetzlichen Sozialversicherung	7 200 DM	
	72 200 DM	

	Betriebsausgaben		144 400 DM
527	Zwischensumme (unversteuerter Gewinn)		155 600 DM
	·/. Rückstellung für Gewerbeertragsteuer		23 174 DM
528	Gewinn des Unternehmens der GmbH		132 426 DM
	·/. Gewinnanteile der stillen Gesellschaft		
	Müller 5 v. H. von 132 426 DM	6 621 DM	
	Meyer 5. v. H. von 132 426 DM	6 621 DM	13 242 DM
529	Steuerpflichtiger gewerblicher Gewinn der GmbH		119 184 DM
530	**bb) Belastung mit Gewerbeertragsteuer**		
	Gewerblicher Gewinn der GmbH		119 184 DM
	Gewinnanteile der stillen Gesellschafter		13 242 DM
	Gewerbeertrag		132 426 DM
	Meßbetrag		6 621 DM
	Gewerbeertragsteuer		23 174 DM
531	**cc) Ermittlung der möglichen Dividende**		
	Einkommen der GmbH		119 184 DM
	·/. Vermögensteuer 0,7 v. H. von 50 000 DM		350 DM
	·/. Körperschaftsteuer 56 v. H. (vgl. Rz. 198)		66 743 DM
	verwendbares Einkommen		52 091 DM
	Dividende		75 768 DM
	pro Gesellschafter		37 884 DM
532	**dd) Ermittlung der Körperschaftsteuer**		
	Körperschaftsteuer nach Tarif		66 743 DM
	Ermäßigung		
	ausgeschüttetes Einkommen vor Körperschaftsteuer (vgl. Rz. 213)	118 388 DM	
	20 v. H. von 118 388 DM		23 677 DM
	Körperschaftsteuer		43 066 DM
533	**ee) Ermittlung der Einkommensteuer Müller**		
	Einkünfte aus nichtselbständiger Arbeit		
	Bruttoarbeitslohn	65 000 DM	
	·/. Weihnachts-Freibetrag	400 DM	
	·/. Arbeitnehmer-Freibetrag	480 DM	
	·/. Werbungskostenpauschbetrag	564 DM	63 556 DM

Einkünfte aus Kapitalvermögen

Dividende	37 884 DM	
+ anzurechnende Körperschaftsteuer	21 309 DM	
Gewinnanteile als stiller Gesellschafter	6 621 DM	
Einnahmen	65 814 DM	
·/. Werbungskostenpauschbetrag	200 DM	
·/. Sparerfreibetrag	600 DM	65 014 DM
Gesamtbetrag der Einkünfte		128 570 DM
·/. Sonderausgaben		10 000 DM
Einkommen		118 570 DM
Einkommensteuer (Splitting-Tabelle)		41 686 DM
anzurechnende Körperschaftsteuer		21 309 DM
Einkommensteuerschuld		20 377 DM

ff) Ermittlung der Einkommensteuer Meyer **534**

wie Müller

Einkommensteuerschuld	20 377 DM

ee) Doppelbelastung mit Vermögensteuer **535**

Vermögensteuer der GmbH	350 DM

Aus dem Ertrag sind an Steuern
zu entrichten: 107 344 DM = 35,8 v. H.

Wie vorstehende Ausführungen zeigen, ist die steuerliche Belastung einer Innengesellschaft mit einer GmbH bei voller Gewinnausschüttung durch die GmbH fast die gleiche wie die steuerliche Belastung einer reinen GmbH bei voller Gewinnausschüttung. Die geringfügige Abweichung ergibt sich durch die Vermögensteuer, die bei der stillen Gesellschaft mit der GmbH niedriger ist. **536**

Die Gründung einer GmbH & Co. KG bringt dann keine steuerlichen Vorteile, wenn die Gesellschafter der GmbH, die deren Arbeitnehmer sind, Kommanditisten werden. Das führt dazu, daß das Arbeitsentgelt für die Geschäftsführung Teil des gewerblichen Gewinns dieser Gesellschafter ist und damit zum Gewerbeertrag der Gesellschaft gehört. Werden dagegen als Kommanditisten Personen aufgenommen, die für den Gewerbebetrieb der GmbH & Co. KG keine entgeltlichen Leistungen auf Grund schuldrechtlicher Verträge erbringen, so kann die Grün- **537** dung einer GmbH & Co. KG, also einer Personenhandelsgesellschaft, steuerliche Vorteile bringen (vgl. Rz. 370).

Beispiel: Müller und Meyer gründen im Beispiel Rz. 506 eine GmbH mit einem Stammkapital von 50 000 DM. Die GmbH gründet mit den Ehefrauen der Gesellschafter Müller und Meyer als Kommanditisten eine KG. Die beiden Kommanditistinnen leisten eine Einlage von je 50 000 DM und sind mit 10 v. H. am Gewinn beteiligt. Wie im Beispiel (Rz. 506) schließt die GmbH mit ihren Gesellschaftern Arbeitsverträge ab. Sie schüttet ihre Gewinne voll aus.

b) Steuerliche Belastung der GmbH & Co. KG

538 aa) Belastung mit Gewerbeertragsteuer

	Ertrag des Unternehmens		300 000 DM
	Als Betriebsausgaben absetzbar:		
539	Arbeitsverhältnis Müller		
	Bruttoarbeitslohn	65 000 DM	
	Arbeitgeber-Beiträge zur gesetzlichen Sozialversicherung	7 200 DM	
		72 200 DM	
	Arbeitsverhältnis Meyer wie Müller	72 200 DM	144 400 DM
	Zwischensumme (unversteuerter Gewinn)		155 600 DM
	Rückstellung für Gewerbeertragsteuer der KG (Personengesellschaft)		17 812 DM
540	Gewerbeertrag		137 788 DM
	Meßbetrag		5 089 DM
	Gewerbeertragsteuer		17 812 DM

bb) Einheitliche Gewinnfeststellung

541 *Gewinnfeststellung:*

Ertrag des Unternehmens	300 000 DM
Gewerbeertragsteuer	17 812 DM
Zwischensumme	282 188 DM
Sonderbetriebsausgaben der GmbH	144 400 DM
Gewerblicher Gewinn der KG	137 788 DM

Gewinnverteilung

	GmbH	Frau Müller	Frau Meyer
Geschäftsführung	144 400 DM		
Gewinnanteil	110 232 DM	13 778 DM	13 778 DM
	254 632 DM	13 778 DM	13 778 DM
·/. Sonderbetriebs-ausgaben Geschäftsführung	144 400 DM		
Steuerpflichtiger Gewinnanteil	110 232 DM	13 778 DM	13 778 DM

cc) Ermittlung der möglichen Dividende

Einkommen der GmbH	110 232 DM	542
Vermögensteuer 0,7 v. H. von 50 000 DM	350 DM	
Körperschaftsteuer 56 v. H. (vgl. Rz. 198)	61 729 DM	
verwendbares Einkommen	48 153 DM	
Dividende	70 040 DM	
pro Gesellschafter	35 020 DM	

dd) Ermittlung der Körperschaftsteuer

Körperschaftsteuer nach Tarif		61 729 DM	543
Ermäßigung			
Ausgeschüttetes Einkommen vor Körperschaftsteuer (vgl. Rz. 213)	109 438 DM		
20 v. H. von 109 438 DM		21 887 DM	
Körperschaftsteuer		39 842 DM	

ee) Ermittlung der Einkommensteuer der Eheleute Müller

Gewerblicher Gewinnanteil Frau Müller		13 778 DM	544
Einkünfte aus nichtselbständiger Arbeit			
Bruttoarbeitslohn	65 000 DM		
·/. Weihnachts-Freibetrag	400 DM		
·/. Arbeitnehmer-Freibetrag	480 DM		
·/. Werbungskostenpauschbetrag	564 DM	63 556 DM	

Einkünfte aus Kapitalvermögen

Dividende	35 020 DM	
+ anzurechnende Körperschaftsteuer	19 698 DM	
Einnahmen aus Kapitalvermögen	54 718 DM	
·/. Werbungskostenpauschbetrag	200 DM	
·/. Sparerfreibetrag	600 DM	53 918 DM
Gesamtbetrag der Einkünfte		131 252 DM
·/. Sonderausgaben		10 000 DM
Einkommen		121 252 DM
Einkommensteuer (Splitting-Tabelle)		43 016 DM
·/. anzurechnende Körperschaftsteuer		19 698 DM
Einkommensteuerschuld		23 318 DM

ff) Ermittlung der Einkommensteuer Eheleute Meyer

545 wie Müller

Einkommensteuerschuld 23 318 DM

gg) Doppelbelastung mit Vermögensteuer

546 Vermögensteuer der GmbH 350 DM

Aus dem Ertrag sind an Steuern zu entrichten: 104 640 DM = 34,9 v. H.

4. Steuerliche Belastung der Umwandlung

a) Umwandlung der Personenhandelsgesellschaft in eine GmbH

aa) Betriebsveräußerung

547 Eine Personenhandelsgesellschaft kann ihren Betrieb an eine Kapitalgesellschaft veräußern. Es ist auch denkbar, daß die Veräußerung an eine Kapitalgesellschaft erfolgt, deren Gesellschafter die Gesellschafter der Personenhandelsgesellschaft sind. In diesen Fällen ist es sogar möglich, daß die Kapitalgesellschaft ausschließlich zu dem Zweck gegründet worden ist, um den Betrieb zu erwerben und zu betreiben. Ist in diesen Fällen zwischen dem bisherigen Betriebsinhaber und der Kapitalgesellschaft ein Kaufvertrag über den Betrieb abgeschlossen

worden, so wird der Rechtsvorgang wie jede andere Geschäftsveräußerung behandelt.

bb) Einbringungen Gewährung von Gesellschaftsrechten

Regelmäßig wird jedoch von der Personenhandelsgesellschaft der Be- **548**
trieb in eine Kapitalgesellschaft eingebracht und dafür werden von der Kapitalgesellschaft den Gesellschaftern der Personenhandelsgesellschaft Gesellschaftsrechte gewährt. In diesen Fällen gelten die Vorschriften des Gesetzes über steuerliche Maßnahmen bei Änderung der Unternehmensform (UStG 1977). Die Vorschriften des § 20 Abs. 2 — 7 UmwStG gelten dann, wenn ein Betrieb, Teilbetrieb oder Mitunternehmeranteil in eine unbeschränkt körperschaftsteuerpflichtige Kapitalgesellschaft eingebracht wird und der Einbringende dafür neue Anteile an der Gesellschaft erhält. In diesen Fällen darf die Kapitalgesellschaft das eingebrachte Betriebsvermögen mit seinem Buchwert oder mit einem höheren Wert ansetzen. Der Ansatz mit dem Buchwert ist auch dann zulässig, wenn in der Handelsbilanz das eingebrachte Betriebsvermögen nach handelsrechtlichen Vorschriften mit einem höheren Wertansatz angesetzt werden muß. Die Kapitalgesellschaft hat also ein Wahlrecht. Sie kann das eingebrachte Betriebsvermögen mit seinem Buchwert oder einem höheren Wert ansetzen. Die Vorschrift, daß der Buchwert auch dann angesetzt werden darf, wenn er in der Handelsbilanz als höherer Wert ausgewiesen werden muß, hat nur für Aktiengesellschaften Bedeutung.

Buchwert ist der Wert, mit dem der Einbringende das eingebrachte **549**
Betriebsvermögen zum Zeitpunkt der Sacheinlage nach steuerlichen Vorschriften über die Gewinnermittlung anzusetzen hat. Diese Werte sind Mindestwerte für die Einbringung. Höchstwerte sind die Teilwerte der einzelnen Wirtschaftsgüter, die nach § 20 Abs. 2 Satz 6 UmwStG 1977 nicht überschritten werden dürfen.

cc) Versteuerung des Veräußerungsgewinns

Der Wert, mit dem die Kapitalgesellschaft das eingebrachte Betriebs- **550**
vermögen ansetzt, gilt für den Einbringenden als Veräußerungspreis und als Anschaffungskosten der Gesellschaftsanteile. Soweit neben den Gesellschaftsanteilen auch andere Wirtschaftsgüter gewährt werden, ist deren gemeiner Wert bei der Bemessung der Anschaffungskosten der Gesellschaftsanteile von dem vorgenannten Wert abzuziehen.

551 Für Veräußerungsgewinne gelten steuerliche Vergünstigungen. Nach § 16 Abs. 4 EStG wird der Veräußerungsgewinn zur Einkommensteuer nur herangezogen, soweit er bei der Veräußerung des ganzen Betriebs 30 000 DM und bei der Veräußerung eines Teilbetriebs oder eines Anteils am Betriebsvermögen in entsprechendem Teil von 30 000 DM übersteigt. Dieser Freibetrag ermäßigt sich um den Betrag, um den der Veräußerungsgewinn bei der Veräußerung des ganzen Gewerbebetriebs 100 000 DM, der Veräußerung eines Teilbetriebs oder eines Anteils am Betriebsvermögen den entsprechenden Teil von 100 000 DM übersteigt. Bei Stpfl., die das 55. Lebensjahr vollendet haben, gilt eine Sonderregelung. Diese Vergünstigungsvorschrift für Veräußerungsgewinne ist bei der Einbringung eines Gewerbebetriebs durch eine Personenhandelsgesellschaft in eine Kapitalgesellschaft nur dann anzuwenden, wenn die Kapitalgesellschaft das eingebrachte Betriebsvermögen mit dem Teilwert ansetzt.

552 Die Tarifvergünstigung des § 34 Abs. 1 EStG, wonach auf Antrag des Stpfl. für außerordentliche Einkünfte die darauf entfallende Einkommensteuer nach einem ermäßigten Steuersatz zu bemessen ist, gilt nach § 20 Abs. 5 Satz 1 UmwStG 1977 nur dann, wenn der Einbringende eine natürliche Person ist. Bei Personengesellschaften wird die Tarifvergünstigung gewährt, soweit die Gesellschafter natürliche Personen sind. Für die Tarifvergünstigung und die Gewährung der Freibeträge gelten hier also unterschiedliche Voraussetzungen.

b) Belastung bei Gründung einer Mischgesellschaft

aa) Gründung von zwei Gesellschaften

553 Wird eine Mischgesellschaft gegründet, so wird der Gewerbebetrieb der Personenhandelsgesellschaft nicht in vollem Umfang in die gegründete Kapitalgesellschaft gegen Gewährung von Gesellschaftsrechten eingebracht. In diesen Fällen wird regelmäßig eine GmbH mit dem niedrigsten Stammkapital zu gründen sein, also eine GmbH mit einem Stammkapital von 20 000 DM nach dem Entwurf eines neuen GmbH-Gesetzes 50 000 DM. Die GmbH schließt dann mit ihren Gesellschaftern eine stille Gesellschaft ab. In die stille Gesellschaft bringen die Gesellschafter der GmbH dann Einlagen ein.

Bei der Fortführung eines Gewerbebetriebs, der bisher von einer Personenhandelsgesellschaft betrieben wurde, durch eine GmbH, die mit ihren Gesellschaftern stille Gesellschaftsverträge abschließt, wird regelmäßig die GmbH mit dem Mindestbetrag an Stammkapital von 20 000 DM (50 000 DM) gegründet. Die Gesellschafter der Personenhandelsgesellschaft verkaufen dann der GmbH einzelne Wirtschaftsgüter. Den Rest ihres Betriebsvermögens übernehmen sie in ihr Privatvermögen und leisten damit ihre Einlage als stille Gesellschafter.

bb) Aufgabegewinn

Das führt dazu, daß die Gesellschafter der Personenhandelsgesell- **554**
schaft mit der Umgründung ihre gewerbliche Tätigkeit aufgeben und einen Aufgabegewinn erzielen. Nach § 16 Abs. 3 EStG gilt als Veräußerung auch die Aufgabe des Gewerbebetriebs. Werden die einzelnen dem Betrieb gewidmeten Wirtschaftsgüter im Rahmen der Aufgabe des Betriebs veräußert, so sind die Veräußerungspreise anzusetzen. Das gilt für die Wirtschaftsgüter, die bei der Umgründung der GmbH veräußert werden. Werden diese Wirtschaftsgüter jedoch zu einem besonders niedrigen Preis veräußert, so ist zu prüfen, ob der Preis angemessen ist. Ist der Preis unangemessen niedrig, so ist davon auszugehen, daß die Veräußerung zu dem unangemessen niedrigen Preis nur deshalb erfolgt ist, weil die GmbH eine von den Gesellschaftern abhängige juristische Person ist. Es ist dann zu unterstellen, daß die Wirtschaftsgüter zum gemeinen Wert vorher in das Privatvermögen überführt worden sind.
Soweit die Wirtschaftsgüter nicht veräußert, sondern in das Privatvermögen überführt werden, ist der gemeine Wert im Zeitpunkt der Aufgabe anzusetzen. Bei der Aufgabe eines Gewerbebetriebs, der von einer Personenhandelsgesellschaft betrieben wurde, also an der mehrere Personen beteiligt waren, ist für die einzelnen Beteiligten der gemeine Wert der Wirtschaftsgüter anzusetzen, den sie bei der Auseinandersetzung erhalten hatten.

In der Regel ist also davon auszugehen, daß alle Wirtschaftsgüter, die die Gesellschafter der Personenhandelsgesellschaft als Einlage als stille Gesellschafter verwenden, mit dem gemeinen Wert in ihr Privatvermögen überführt worden sind. Die Gesellschafter der Personenhandelsgesellschaft erzielen also in Höhe der Differenz zwischen dem Veräußerungspreis der veräußerten Wirtschaftsgüter zuzüglich der gemeinen Werte der Wirtschaftsgüter, die in ihr Privatvermögen überführt worden sind, also der als Einlage als stiller Gesellschafter verwendeten Wirtschaftsgüter und dem Buchwert ihres Anteils am Betriebsvermögen einen Veräußerungsgewinn.

555 Der Veräußerungsgewinn wird nach § 16 Abs. 4 zur Einkommensteuer herangezogen, soweit er bei der Veräußerung eines Anteils am Betriebsvermögen den entsprechenden Teil von 30 000 DM übersteigt. In dem Beispiel (vgl. Rz. 471) ist also dann, wenn die Gesellschafter gleichmäßig an der Personenhandelsgesellschaft beteiligt waren, ein Veräußerungsgewinn von 15 000 DM steuerfrei. Werden von den einzelnen Gesellschaftern höhere Gewinne erzielt, so ermäßigt sich der Freibetrag um den Betrag, um den der Veräußerungsgewinn den Betrag von 50 000 DM (50 v. H. von 100 000 DM) übersteigt. Soweit ein Stpfl. Veräußerungsgewinne erzielt, wird die Tarifvergünstigung des § 34 Abs. 1 EStG gewährt.

cc) Geschäftswert bei Betriebsaufgabe

556 Geben die Handelsvertreter Müller und Meyer, die ihre gewerbliche Tätigkeit als Gesellschafter der OHG gemeinsam ausgeübt haben, ihre gewerbliche Betätigung auf, gründen eine GmbH und schließen mit dieser stille Gesellschaften ab, indem sie als Einlage Teile ihres bisherigen Betriebsvermögens einbringen, so könnte zweifelhaft sein, ob die Vergünstigung für Aufgabegewinne gewährt werden kann, wenn bei der OHG ein erheblicher Firmenwert bestanden hat. Der Firmenwert bei Personenhandelsgesellschaften, die die Tätigkeit eines Handelsvertreters ausüben, besteht regelmäßig in den Geschäftsverbindungen zu den vertretenen Firmen und zu der Kundschaft. Geben die bisherigen Betriebsinhaber jedoch ihre gewerbliche Tätigkeit auf, ohne daß sie ihren Gewerbebetrieb als Ganzes in die gegründete GmbH einbringen, sondern wird die GmbH als Bargründung errichtet, die lediglich einzelne Wirtschaftsgüter käuflich erwirbt, so erlischt der von der offenen Handelsgesellschaft erworbene originäre Firmenwert, soweit er nicht von dem bisherigen Inhaber in das Privatvermögen überführt wird. Eine Überführung des Firmenwertes in das Privatvermögen kommt aber nur dann in Frage, wenn die bisherigen Inhaber dafür ein Entgelt erhalten, also, wenn der Firmenwert als Einlage als stille Gesellschafter verwendet wird. In diesen Fällen wird der Firmenwert realisiert.

557 Man kann jedoch auch die Ansicht vertreten, daß dann, wenn ein vorhandener originär erworbener Firmenwert nicht in eine neu gegründete GmbH eingebracht wird und auch nicht als Einlage als stiller Gesellschafter verwendet wird, von dem bisherigen Inhaber der Ge-

schäftswert noch als Betriebsvermögen zurückbehalten wird. Das würde bedeuten, daß nicht alle vorhandenen Wirtschaftsgüter des Betriebsvermögens veräußert oder in das Privatvermögen überführt worden sind. Damit würden die Steuervergünstigungen für den Veräußerungsgewinn entfallen.

c) Auswirkung bei der Grunderwerbsteuer 558

Im Rahmen einer Einbringung des Gewerbebetriebs einer Personenhandelsgesellschaft in eine GmbH können auch grunderwerbsteuerliche Tatbestände anfallen. Wird Grundbesitz in eine GmbH eingebracht, so handelt es sich um die Übertragung des Eigentums. Die Grunderwerbsteuer knüpft jedoch im allgemeinen nicht an den Übergang des Eigentums vielmehr an das Verpflichtungsgeschäft an. Neben den Kaufverträgen sind auch eine Reihe von anderen Verpflichtungsgeschäften, die den Anspruch auf Übereignung begründen, grunderwerbsteuerpflichtige Vorgänge. Dazu gehören auch Einbringungsverträge und Übergabeverträge. Einzelheiten können im Rahmen dieser Schrift nicht besprochen werden.

d) Auswirkung bei der Kapitalverkehrsteuer 559

Der Kapitalverkehrsteuer unterliegt der erste Erwerb von Gesellschaftsrechten an einer Kapitalgesellschaft. Die Gründung einer GmbH ist also kapitalverkehrsteuerpflichtig. Auch die Beteiligung als stiller Gesellschafter an einer Kapitalgesellschaft unterliegt der Gesellschaftsteuer. Nach § 6 Abs. 1 Nr. 3 Kapitalverkehrsteuergesetz gelten Forderungen, die eine Beteiligung am Gewinn einer Kapitalgesellschaft gewähren, als Gesellschaftsrechte an Kapitalgesellschaften. Steuerschuldner der Gesellschaftsteuer ist die Kapitalgesellschaft, also die GmbH. Die Gesellschaftsteuer beträgt 1 v. H. der Bemessungsgrundlage. Das ist der gemeine Wert der Gegenleistung, mindestens jedoch der gemeine Wert der dafür gewährten Gesellschaftsrechte. Unterste Grenze ist deshalb der Nennbetrag der Gesellschaftsrechte abzüglich der ausstehenden Einlagen.

II. Umwandlung einer GmbH

1. Umwandlung in eine Personenhandelsgesellschaft

a) Nachteile

560 Die Umwandlung einer GmbH in eine Personenhandelsgesellschaft bietet in der Regel keine steuerlichen Vorteile. Beim Einkommen wird die Doppelbesteuerung für ausgeschüttete Gewinne nach dem ab 1. 1. 1977 gültigen Recht dadurch vermieden, daß die auf die ausgeschütteten Gewinne entfallende Körperschaftsteuer auf die Einkommensteuerschuld der Gesellschafter angerechnet wird.

561 Nachteile für die GmbH ergeben sich lediglich bei der Vermögensteuer. Die GmbH hat als juristische Person ihr Vermögen selbst zu versteuern. Die Anteile an der GmbH unterliegen bei den Gesellschaftern nochmals der Steuerpflicht. Die Vermögensteuer ist von der GmbH aus ihrem nach dem Tarif versteuerten Einkommen zu entrichten. Das bedeutet, daß die GmbH ca. 260 v. H. der Vermögensteuer an Ertrag zur Begleichung der Vermögensteuerschuld aufwenden muß (vgl. Rz. 245).

562 Nachteilig wirkt sich auch für eine GmbH als Körperschaft aus, daß sie die thesaurierten Gewinne mit 56 v. H., also den höchst möglichen Steuersatz bei der Einkommensteuer, versteuern muß.

b) Mögliche Vorteile

563 Steuerliche Vorteile durch die Umwandlung einer GmbH in eine Personenhandelsgesellschaft sind daher nur denkbar, wenn folgende Voraussetzungen vorliegen:

— die Leistungen der Gesellschafter für die Personenhandelsgesellschaft, die gegebenenfalls durch schuldrechtliche Verträge geregelt werden können, müssen sehr gering sein. Das ist dann der Fall, wenn die Gesellschafter nicht zur Erreichung des Gesellschaftszwecks tätig sind und bei Gründung einer Personenhandelsgesellschaft von einem Gesellschafter höchstens die Vertretung der Gesellschaft nach außen übernommen wird, während im wesentlichen die Geschäfte durch Angestellte, z. B. durch Prokuristen, abgewickelt werden;

— die Gewinne aus dem Gewerbebetrieb in erheblichem Umfang thesauriert werden sollen;
— aus wirtschaftlichen Erwägungen das Betriebsvermögen besonders hoch gehalten werden muß, so daß die Doppelbelastung der Kapitalgesellschaft mit Vermögensteuer besonders in Gewicht fällt.

2. Gründung einer GmbH & Co. KG

a) Nachteile bei der Gewerbesteuer

Die Gründung einer GmbH & Co. KG zwischen den Gesellschaftern 564
einer GmbH und der GmbH führt dann zu steuerlichen Nachteilen, wenn die Gesellschafter der GmbH bisher Leistungen erbringen, die die GmbH als Betriebsausgaben absetzen kann und die auch ihren Gewerbeertrag mindern (vgl. Rz. 187 f.). Vorteilhaft wirkt sich die Gründung einer GmbH & Co. KG dagegen dadurch aus, daß das Vermögen der GmbH gering gehalten werden kann. Das führt dazu, daß die Doppelbelastung der GmbH mit Vermögensteuer, die aus ihrem voll versteuerten Einkommen zu entrichten ist, gering gehalten werden kann. Diese Vorteile überwiegen dann, wenn die Leistungen, die von den Gesellschaftern der GmbH, die Kommanditisten werden sollen, bisher gering waren und auch künftig gering sein werden, so daß sich durch die Gründung der GmbH & Co. KG der Gewerbeertrag nicht wesentlich erhöht.

Wird z. B. eine GmbH bisher durch fremde Geschäftsführer geführt, so 565
wirkt sich die Gründung der GmbH & Co. KG nicht auf den Gewerbeertrag aus. Das dem Geschäftsführer der GmbH als deren Angestelltem für die Geschäftsführung der GmbH & Co. KG gezahlte Gehalt mindert als Sonderbetriebsausgabe wieder den gewerblichen Gewinn (vgl. dazu Rz. 66). Durch die Gründung der GmbH & Co. KG erhöht sich also nicht der Gewerbeertrag dadurch, daß die an Kommanditisten gezahlten Geschäftsführergehälter als Vorabvergütung nach § 15 Abs. 1 Ziff. 2 EStG zum Gewerbeertrag gehören. Werden in diesen Fällen von den Gesellschaftern der GmbH, die jetzt Kommanditisten werden, auch keine Wirtschaftsgüter für den Gewerbebetrieb vermietet oder verpachtet, so wirkt sich die Gründung einer GmbH & Co. KG nicht auf den Gewerbeertrag des Unternehmens aus.

b) Vorteile bei der Vermögensteuer

566 In diesen Fällen ergeben sich steuerliche Vorteile dadurch, daß das Vermögen der Kommanditisten nicht zum Vermögen der GmbH zählt, also nicht der Doppelbesteuerung bei der Vermögensteuer unterworfen ist.

c) Vorteile durch die Familien-GmbH & Co. KG

567 Wesentliche steuerliche Vorteile lassen sich auch durch die Gründung einer Familien-GmbH & Co. KG dadurch erreichen, daß als Kommanditisten Familienangehörige aufgenommen werden, die nicht im Gewerbebetrieb der GmbH & Co. KG tätig sind.

Beispiel: Müller, Meyer und Krause sind Gesellschafter zu gleichen Teilen einer GmbH. Sie sind zugleich deren Geschäftsführer. Das Stammkapital der GmbH beträgt 60 000 DM. Die GmbH hat Rücklagen in Höhe von 60 000 DM. Die GmbH schüttet die Rücklagen an ihre Gesellschafter aus, die das Geld ihren Ehefrauen schenken, die sich damit als Kommanditisten an einer neu gegründeten GmbH & Co. KG beteiligen.

568 Wie bisher beziehen alle Geschäftsführer für ihre Geschäftsführertätigkeit ein Monatsgehalt von 5000 DM einschließlich eines 13. Monatsgehaltes. Die GmbH gewährt einen Zuschuß für die Sozialversicherung in Höhe des Arbeitgeberanteils von je 7 200 DM. Der Ertrag des gewerblichen Unternehmens vor Abzug der Gehälter für die Geschäftsführung und vor Abzug der Gewerbeertragsteuer beträgt 300 000 DM. Die Gewinnverteilung in der GmbH & Co. KG wird wie folgt vereinbart: Die GmbH erhält die Auslagen für die Geschäftsführung. Von dem verbleibenden Gewinn erhält die GmbH 79 v. H., die Kommanditistinnen je 7 v. H. Der Einheitswert der GmbH vor Gründung der GmbH & Co. KG betrug 200 000 DM, nach der Gewinnausschüttung nur noch 120 000 DM.

Steuerliche Belastung der GmbH und ihrer Gesellschafter bei voller Gewinnausschüttung:

aa) Belastung mit Gewerbeertragsteuer

Ertrag des Unternehmens		300 000 DM
569 Als Betriebsausgaben absetzbar:		
Arbeitsverhältnis Müller		
Bruttoarbeitslohn	65 000 DM	

Arbeitgeberbeiträge zur gesetzlichen Sozialversicherung	7 200 DM		
	72 200 DM		
Arbeitsverhältnis Meyer wie Müller	72 200 DM		
Arbeitsverhältnis Krause wie Müller	72 200 DM	216 200 DM	
Zwischensumme (unversteuerter Gewinn)		83 800 DM	**570**
Rückstellung für Gewerbeertragsteuer		12 480 DM	
Gewerbeertrag / Einkommen der GmbH		71 320 DM	
Meßbetrag		3 560 DM	
Gewerbeertragsteuer		12 481 DM	

bb) Ermittlung der möglichen Dividende

Einkommen der GmbH		71 320 DM	**571**
·/. Vermögensteuer 0,7 v. H. von 200 000 DM		1 400 DM	
·/. Körperschaftsteuer 56 v. H. (vgl. Rz. 198)		39 939 DM	
verwendbares Einkommen		29 981 DM	
Dividende		43 608 DM	
pro Gesellschafter		14 536 DM	

cc) Ermittlung der Körperschaftsteuer

Körperschaftsteuer nach Tarif		39 939 DM	**572**
Ermäßigung			
ausgeschüttetes Einkommen vor Körperschaftsteuer (vgl. Rz. 213)	68 138 DM		
20 v. H. von 68 138 DM		13 627 DM	
Körperschaftsteuer		26 312 DM	

dd) Ermittlung der Einkommensteuer Müller

Einkünfte aus nichtselbständiger Arbeit **573**

Bruttoarbeitslohn	65 000 DM		
·/. Weihnachts-Freibetrag	400 DM		
·/. Arbeitnehmer-Freibetrag	480 DM		
·/. Werbungskostenpauschbetrag	564 DM	63 556 DM	

Einkünfte aus Kapitalvermögen

Dividende	14 538 DM	
+ anzurechnende Körperschaftsteuer	8 177 DM	
Einnahmen aus Kapitalvermögen	22 715 DM	
·/. Werbungskostenpauschbetrag	200 DM	
·/. Sparerfreibetrag	600 DM	21 915 DM
Gesamtbetrag der Einkünfte		85 471 DM
·/. Sonderausgaben		10 000 DM
Einkommen		75 471 DM
Einkommensteuer (Splitting-Tabelle)		21 010 DM
·/. anzurechnende Körperschaftsteuer		8 177 DM
Einkommensteuerschuld		12 833 DM

ee) Ermittlung der Einkommensteuer Meyer

574 wie Müller 12 833 DM

ff) Ermittlung der Einkommensteuer Krause

575 wie Müller 12 833 DM

gg) Doppelbelastung mit Vermögensteuer

576 Vermögensteuer der GmbH 1 400 DM

Aus dem Ertrag sind an
Steuern zu entrichten: 78 692 DM = 26,2 v. H.

577 **Steuerliche Belastung der GmbH & Co. KG bei voller Gewinnausschüttung der Gewinne durch die GmbH:**

aa) Belastung mit Gewerbeertragsteuer

578 Ertrag des Unternehmens 300 000 DM

Als Betriebsausgaben absetzbar:

579 Arbeitsverhältnis Müller

Bruttoarbeitslohn	65 000 DM
Arbeitgeber-Beiträge zur gesetzlichen Sozialversicherung	7 200 DM
	72 200 DM

Arbeitsverhältnis Meyer wie Müller	72 200 DM	
Arbeitsverhältnis Krause wie Müller	72 200 DM	216 200 DM
Zwischensumme (unversteuerter Gewinn)		83 800 DM
Rückstellung für Gewerbeertragsteuer der KG (Personengesellschaft)		7 119 DM
Gewerbeertrag		76 681 DM
Meßbetrag		2 034 DM
Gewerbeertragsteuer		7 119 DM

580

bb) Einheitliche Gewinnfeststellung

Gewinnfeststellung: 581

Ertrag des Unternehmens	300 000 DM
Gewerbeertragsteuer	7 119 DM
Zwischensumme	292 881 DM
Sonderbetriebsausgaben der GmbH	216 200 DM
Gewerblicher Gewinn der KG	76 681 DM

Gewinnverteilung 582

	GmbH	Frau Müller	Frau Meyer	Frau Krause
Geschäftsführung	216 200 DM			
Gewinnanteil	60 580 DM	5 367 DM	5 367 DM	5 367 DM
·/. Sonderbetriebs-ausgaben Geschäftsführung	216 200 DM			
Stpfl. Gewinnanteil	60 580 DM	5 367 DM	5 367 DM	5 367 DM

cc) Ermittlung der möglichen Dividende

Einkommen der GmbH	60 580 DM
Vermögensteuer	840 DM
Körperschaftsteuer 56 v. H.	33 924 DM
verwendbares Einkommen	25 816 DM

583

Dividende		37 550 DM
pro Gesellschafter		12 516 DM

dd) Ermittlung der Körperschaftsteuer

584 Körperschaftsteuer nach Tarif		33 924 DM
Ermäßigung		
Ausgeschüttetes Einkommen vor Körperschaftsteuer (vgl. Rz. 213) 58 672		
20 v. H. von 58 672 DM		11 734 DM
Körperschaftsteuer		22 190 DM

ee) Ermittlung der Einkommensteuer der Eheleute Müller

585 *Gewerblicher Gewinnanteil Frau Müller*		5 367 DM
Einkünfte aus nichtselbständiger Arbeit		
Bruttoarbeitslohn	65 000 DM	
·/. Weihnachts-Freibetrag	400 DM	
·/. Arbeitnehmer-Freibetrag	480 DM	
·/. Werbungskosten-Pauschbetrag	564 DM	63 556 DM
Einkünfte aus Kapitalvermögen		
Dividende	12 516 DM	
+ anzurechnende Körperschaftsteuer	7 040 DM	
Einnahmen aus Kapitalvermögen	19 556 DM	
·/. Werbungskosten-Pauschbetrag	200 DM	
·/. Sparerfreibetrag	600 DM	18 756 DM
Gesamtbetrag der Einkünfte		87 679 DM
·/. Sonderausgaben		10 000 DM
Einkommen		77 679 DM
Einkommensteuer (Splitting-Tabelle)		22 008 DM
·/. anzurechnende Körperschaftsteuer		7 040 DM
Einkommensteuerschuld		14 968 DM

ff) Ermittlung der Einkommensteuer Eheleute Meyer

586 wie Müller

Einkommensteuerschuld	14 968 DM

gg) Ermittlung der Einkommensteuer Eheleute Krause

wie Müller 587

Einkommensteuerschuld 14 968 DM

hh) Doppelbelastung mit Vermögensteuer

Vermögensteuer der GmbH 840 DM 588

Aus dem Ertrag sind an Steuern zu entrichten: 589

75 053 DM = 25,0 v. H.

Durch die Gründung der GmbH & Co. KG wird in diesen Fällen, wenn die Kommanditisten nicht im gewerblichen Unternehmen mitarbeiten, allein dadurch nicht unerhebliche Gewerbeertragsteuer eingespart, daß für die GmbH & Co. KG als Personengesellschaft der Freibetrag von 36 000 DM gilt.

3. Abschluß einer stillen Gesellschaft

Die GmbH kann mit ihren Gesellschaftern auch jeweils Verträge über 590 die Gründung von stillen Gesellschaften abschließen. Da die stillen Gesellschafter nicht Mitunternehmer sind, können die Gesellschafter der GmbH dieser auf Grund anderer schuldrechtlicher Verträge Leistungen gegen Entgelt erbringen, die auch mit steuerrechtlicher Wirkung anerkannt werden. Es ist in diesen Fällen also möglich, daß die Gesellschafter der GmbH und die stillen Gesellschafter zugleich Arbeitnehmer der GmbH sind oder dieser Wirtschaftsgüter vermieten und verpachten.

4. Steuerliche Belastung der Umwandlung

a) Umwandlung der GmbH in eine Personenhandelsgesellschaft

Die GmbH kann ihr gewerbliches Unternehmen veräußern und dann 591 ihre Liquidation betreiben. Für den Veräußerungsvertrag und die Liquidation gelten dann die allgemeinen Vorschriften. Die Veräußerung kann in diesen Fällen auch an eine Personenhandelsgesellschaft erfolgen, an der die Gesellschafter der GmbH beteiligt sind.

In der Regel erfolgt jedoch dann, wenn eine GmbH den von ihr betrie- 592 benen Gewerbebetrieb auf eine Personenhandelsgesellschaft überträgt, an der die Gesellschafter der GmbH beteiligt sind, keine Veräußerung des Gewerbebetriebs, sondern eine Umwandlung der Kapitalgesellschaft in eine Personenhandelsgesellschaft. Es gelten dann die Vorschriften des Gesetzes über die Umwandlung von Kapitalgesellschaften und bergrechtlichen Gewerkschaften vom 12. 11. 1956, BGBl. I, S. 844. Nach diesem Gesetz kann eine GmbH in eine offene Handelsgesellschaft oder in eine Kommanditgesellschaft oder in eine Gesellschaft des bürgerlichen Rechts in der Weise umgewandelt werden, daß ihr Vermögen unter Ausschluß der Abwicklung auf diese Gesellschaft übertragen wird. Eine Umwandlung nach dieser Vorschrift in eine GmbH & Co. KG ist dagegen unzulässig. Nach § 1 Abs. 2 Satz 1 ist die Umwandlung nicht zulässig, wenn an der Gesellschaft, in die die Kapitalgesellschaft oder die bergrechtliche Gewerkschaft umgewandelt wird, eine juristische Person als Gesellschafter beteiligt ist.

593 Steuerrechtlich gelten in diesen Fällen die Vorschriften des Umwandlungssteuergesetzes (§ 2 — 19 UmwStG 1977). Nach § 3 UmwStG 1977 sind in der steuerlichen Schlußbilanz für das letzte Wirtschaftsjahr von der übertragenden Körperschaft, die nach den steuerrechtlichen Vorschriften über die Gewinnermittlung auszuweisenden Wirtschaftsgüter mit dem Teilwert anzusetzen. Wirtschaftsgüter, die nicht in ein Betriebsvermögen übergehen, sind mit dem gemeinen Wert anzusetzen. Die Personengesellschaft hat nach § 5 Abs. 1 UmwStG 1977 die auf sie übertragenen Wirtschaftsgüter mit dem in der steuerlichen Schlußbilanz der übertragenden Körperschaft enthaltenen Wert zu übernehmen. Die übergegangenen Wirtschaftsgüter gelten mit dem vorgenannten Wert als angeschafft. Einzelheiten können im Rahmen dieser Schrift nicht besprochen werden.

b) Gründung einer GmbH & Co. KG

594 Die Gründung einer GmbH & Co. KG ist nur dann ertragsteuerlich belastet, wenn von der GmbH Wirtschaftsgüter in das Privateigentum ihrer Gesellschafter überführt werden, wenn die GmbH also Gewinne ausschüttet.

c) Gründung von stillen Gesellschaften

595 Auch die Gründung einer stillen Gesellschaft hat nur dann ertragsteuerliche Auswirkung, wenn die Einlagen, die ein Gesellschafter der GmbH als stiller Gesellschafter leistet, vorher aus dem Vermögen der GmbH entnommen worden sind. Nur in diesen Fällen kann in der Entnahme der Vermögensgegenstände eine Gewinnausschüttung liegen, die ertragsteuerliche Folgen hat.

d) Gesellschaftsteuerliche Auswirkungen

Die Gründung einer GmbH & Co. KG ist ein kapitalverkehrsteuerpflichtiger Vorgang. 596

Das gleiche gilt für die Gründung einer stillen Gesellschaft mit einer GmbH (vgl. Rz. 590).

III. Umwandlung einer GmbH & Co. KG

1. Umwandlung in eine reine GmbH

Die Umwandlung einer GmbH & Co. KG in eine reine GmbH kann dann steuerliche Vorteile bieten, wenn die GmbH & Co. KG oder die GmbH mit den Kommanditisten Arbeitsverträge abgeschlossen hat, wonach die Kommanditisten Arbeitsleistungen für den Gewerbebetrieb der GmbH & Co. KG zu erbringen haben. Bei der GmbH & Co. KG gehören diese Arbeitsentgelte zu den gewerblichen Gewinnen der Kommanditisten und damit zum Gewerbeertrag. Bei einer reinen GmbH können diese Aufwendungen als Betriebsausgaben abgesetzt werden, soweit sie angemessen sind. Sie mindern dann nicht nur den gewerblichen Gewinn der GmbH, sondern auch den Gewerbeertrag. Das führt zu einer Ermäßigung der Gewerbeertragsteuer (vgl. Rz. 187 f.). Außerdem gehören einige Aufwendungen der GmbH als Arbeitgeberin für soziale Zwecke nicht zum stpfl. Arbeitslohn der Gesellschafter, obwohl sie als Betriebsausgaben den gewerblichen Gewinn der GmbH und deren Gewerbeertrag mindern können. 597

Die Umwandlung einer GmbH & Co. KG in eine reine GmbH ist jedoch dann steuerlich nachteilig, wenn die GmbH erhebliches Betriebsvermögen besitzen muß. Das hat zur Folge, daß sie ein hohes Vermögen versteuern muß. Bekanntlich ist die Doppelbesteuerung des Vermögens nicht aufgehoben. Die GmbH muß die Vermögensteuer sogar aus ihren zum Tarif versteuerten Einkommen entrichten (vgl. Rz. 245). 598

2. Umwandlung in eine reine Personenhandelsgesellschaft

599 Die Umwandlung einer GmbH & Co. KG in eine reine Personenhandelsgesellschaft bringt m. E. keine steuerlichen Vorteile.

3. Umwandlung in eine stille Gesellschaft mit der GmbH

600 Die Umwandlung einer GmbH & Co. KG in stille Gesellschaften der Kommanditisten mit der GmbH bringt eine Reihe steuerlicher Vorteile. Die stillen Gesellschafter sind nicht Mitunternehmer des gewerblichen Betriebs der GmbH. Sie können also schuldrechtliche Verträge mit der GmbH auch mit steuerlicher Wirkung abschließen. Das hat zur Folge, daß sie Arbeitnehmer der GmbH sein können und der GmbH auf Grund von Miet- und Pachtverträgen Wirtschaftsgüter für deren gewerbliche Zwecke vermieten bzw. verpachten können. Die Arbeitsentgelte, die die GmbH an ihre Gesellschafter, die zugleich ihre stillen Gesellschafter sind, zahlt, kann sie als Betriebsausgaben absetzen. Sie mindern auch den Gewerbeertrag. Die Gewinnanteile, die den stillen Gesellschaftern zufließen, mindern den gewerblichen Gewinn. Sie sind jedoch für die Berechnung des Gewerbeertrags dem gewerblichen Gewinn der GmbH wieder hinzuzurechnen.

601 Wirtschaftlich kann jedoch eine GmbH & Co. KG nur dann in stille Gesellschaften der Kommanditisten der GmbH umgewandelt werden, wenn die GmbH für den Gewerbebetrieb keine fremden Kredite in Anspruch nehmen muß. Für die Verbindlichkeiten der GmbH & Co. KG haften nicht nur die GmbH, sondern auch die Kommanditisten, während bei stillen Gesellschaften nur der Hauptgesellschafter, die GmbH, für Verbindlichkeiten des gewerblichen Unternehmens haftet. Die Umwandlung einer GmbH & Co. KG in eine stille Gesellschaft mit der GmbH ist also wirtschaftlich nur dann möglich, wenn das Vermögen der GmbH ausreichende Sicherheit für die für den Gewerbebetrieb benötigten Fremdmittel bietet.

4. Steuerliche Belastung der Umwandlung

a) Umwandlung in eine reine GmbH

602 Soll eine GmbH & Co. KG in eine reine GmbH umgewandelt werden, so ist das bürgerlich-rechtlich dadurch möglich, daß die GmbH & Co. KG,

also die Kommanditgesellschaft, sich auflöst und den Kommanditisten ihre Einlage zurückgezahlt wird. Die Kommanditisten erzielen dann, wenn sie für ihre Einlage einen höheren Preis als den Buchwert erhalten, einen Aufgabegewinn, der steuerlich begünstigt ist (vgl. Rz. 555 f., 605).

Es ist jedoch in vielen Fällen so, daß eine Auflösung der Kommanditgesellschaft unter Rückzahlung der Einlagen wirtschaftlich unmöglich ist, weil das Vermögen, mit dem die GmbH für Verbindlichkeiten des von ihr betriebenen Gewerbebetriebs haftet, zu gering ist. In diesen Fällen ist eine Auflösung der Kommanditgesellschaft unter Rückzahlung der Einlagen der Kommanditisten nicht möglich. Das haftende Vermögen der GmbH, die nur noch alleine den Gewerbebetrieb betreiben soll, muß erhöht werden. In der Regel geschieht das dadurch, daß die Beteiligungen der Kommanditisten in neue Stammeinlagen umgewandelt werden. Für die Einbringung eines Mitunternehmeranteils in eine Kapitalgesellschaft gegen die Gewährung von Gesellschaftsrechten gelten die Vorschriften der §§ 20 — 23 UmwStG 1977. In diesen Fällen darf die Kapitalgesellschaft den eingebrachten Anteil mit seinem Buchwert oder mit einem höheren Wert ansetzen. Der Buchwert ist der Wert, mit dem der Einbringende das eingebrachte Betriebsvermögen im Zeitpunkt der Sacheinlage nach den steuerlichen Vorschriften über die Gewinnermittlung anzusetzen hatte. **603**

Der Wert, mit dem die Kapitalgesellschaft das eingebrachte Betriebsvermögen ansetzt, gilt für den Einbringenden als Veräußerungspreis und als Anschaffungskosten der Gesellschaftsanteile. **604**

Auf einen bei der Sacheinlage entstehenden Veräußerungsgewinn ist § 34 Abs. 1 des EStG anzuwenden, wenn der Einbringende eine natürliche Person ist. Die Vorschrift des § 16 Abs. 4 EStG, die Freibeträge für den Veräußerungsgewinn gewährt, ist in diesen Fällen nur anzuwenden, wenn die Kapitalgesellschaft das eingebrachte Betriebsvermögen mit dem Teilwert ansetzt. Nähere Einzelheiten können im Rahmen dieser Schrift nicht besprochen werden. **605**

b) Umwandlung in eine Personenhandelsgesellschaft

Eine GmbH & Co. KG kann auch in eine reine Personenhandelsgesellschaft umgewandelt werden. Das ist dadurch möglich, daß die GmbH ihren Anteil an eine natürliche Person veräußert, die dann die persön- **606** liche Haftung übernimmt. Es ist aber auch möglich, daß die GmbH unter Ausschluß der Liquidation ihr Vermögen auf die Personenhandelsgesellschaft überträgt und den Gesellschaftern der GmbH dafür Gesellschaftsrechte gewährt werden (vgl. Rz. 548, 592). Einzelheiten können im Rahmen dieser Schrift nicht besprochen werden.

c) Umwandlung in eine stille Gesellschaft

607 Wird die GmbH & Co. KG in eine stille Gesellschaft umgewandelt bei der die Gesellschafter der GmbH und Kommanditisten der GmbH & Co. KG sich als stille Gesellschafter an der GmbH beteiligen, so muß die Personenhandelsgesellschaft, die KG, aufgelöst werden. Eine solche Auflösung kann dadurch erfolgen, daß die KG ihren Kommanditisten die Einlage zurückzahlt. Erhalten sie dann ein höheres Entgelt für ihre Einlage als deren Buchwert beträgt, so erzielen sie einen Veräußerungsgewinn (Aufgabegewinn), der steuerlich begünstigt ist (vgl. Rz. 555 f.). Eine GmbH & Co. KG kann aber auch dadurch in eine stille Gesellschaft umgewandelt werden, daß sich die Kommanditgesellschaft auflöst und die Kommanditisten ihren Auseinandersetzungsanspruch als Einlage als stille Gesellschafter leisten. Auch in diesen Fällen wird der Auseinandersetzungsanspruch in das Privatvermögen überführt. Er ist zum gemeinen Wert anzusetzen. In Höhe der Differenz zwischen dem gemeinen Wert des Auseinandersetzungsanspruchs und dem Buchwert des Kapitalkontos des Kommanditisten entsteht dann ein Veräußerungsgewinn (Aufgabegewinn). Dieser Veräußerungsgewinn ist steuerlich begünstigt (vgl. Rz. 555 f).

608 Wegen der steuerlichen Begünstigung des Aufgabegewinns wird es regelmäßig Meinungsverschiedenheiten zwischen den Stpfl. und den Finanzämtern geben. Bei dem Ausscheiden eines Kommanditisten aus einer Kommanditgesellschaft wird im Regelfall die Höhe des Auseinandersetzungsanspruchs des Kommanditisten durch Vereinbarung zwischen den Gesellschaftern festgelegt. Soweit es sich um fremde Gesellschafter handelt, werden diese Beträge ausgehandelt und dürften dem tatsächlichen Wert der Beteiligung entsprechen. Bei einer Kommanditgesellschaft, die zwischen einer GmbH und ihren Gesellschaftern besteht, bestehen dagegen keine widerstreitenden Interessen. Es ist deshalb möglich, daß der Auseinandersetzungsanspruch der Kommanditisten vom tatsächlichen Wert abweicht und vor allen Dingen dann, wenn durch die Tarifvergünstigung und durch den Freibetrag sich steuerliche Vorteile für den Kommanditisten ergeben, der Wert höher festgesetzt wird, als er tatsächlich ist.

Bei der Umwandlung einer GmbH & Co. KG in eine stille Gesellschaft **609**
zwischen der GmbH und ihren Gesellschaftern braucht die GmbH das Auseinandersetzungsguthaben der Kommanditisten auch nicht auszuzahlen, wenn es in voller Höhe in eine Einlage umgewandelt wird. Eine Überbewertung dieser Einlage hat vielmehr zur Folge, daß das eigene Vermögen der GmbH niedrig gehalten wird, während der Anspruch auf Rückzahlung der Einlage als stiller Gesellschafter hoch ist. Dadurch bedingt, kann die GmbH ihren stillen Gesellschaftern auch hohe Gewinnanteile gewähren, ohne verdeckt Gewinne auszuschütten.

Wenn man auch grundsätzlich davon ausgehen muß, daß die Finanz- **610**
ämter berechtigt und verpflichtet sind, zu prüfen, ob der Auseinandersetzungsanspruch der Kommanditisten nicht zu hoch bemessen ist, so wird man doch regelmäßig davon ausgehen können, daß die Beteiligten den Anspruch zutreffend bewerten, so daß regelmäßig der Bewertung durch die Beteiligten auch steuerlich zu folgen ist. Nur dann, wenn offensichtlich ist, daß der Anspruch überhöht festgesetzt worden ist, darf die Finanzverwaltung davon abweichen.

Literaturverzeichnis

BALSER/PICHURA/MEYER: Die GmbH, 6. Auflage, Rudolf Haufe Verlag, Freiburg 1975.

BENNE, D.: Der Haltungsdurchgriff bei der GmbH, Dr. Otto Schmidt Verlag, Köln 1978.

BERG/EDER/GAUL/TILLMANN: Handbuch der GmbH, Loseblattwerk, Dr. Otto Schmidt Verlag, Köln.

BINZ: Haftungsverhältnisse im Gründungsstadium der GmbH & Co. KG, Dr. Otto Schmidt Verlag, Köln 1977.

BLÜMICH/FALK: Einkommensteuergesetz, Loseblattwerk, Verlag Franz Vahlen, München.

BÖTTCHER/BEINERT/HENNERKES: Die Körperschaftsteuerreform im Blick auf die Wahl der Unternehmensform, RWP Teil B 12/1976 S. 993.

BRAASCH, D.: Gründungsprobleme bei der GmbH, Hanstein Verlag, Köln 1975.

BRÖNNER/BÜNTZ: Die GmbH & Co. KG in Recht und Praxis, 3. Auflage, Rudolf Haufe Verlag, Freiburg 1975.

BUCHWALD/TIEFENBACHER: Die zweckmäßige Gesellschaftsform nach Handels- und Steuerrecht, 5. Auflage, Verlagsgesellschaft Recht und Wirtschaft, Heidelberg 1979.

EGLY, H.: Gesellschaftsteuer-Kommentar, 3. Auflage, Verlag Neue Wirtschafts-Briefe, Herne/Berlin 1974.

FELIX/STRECK: „Schütt aus, Hol zurück"-Verfahren, DStR 1977 S. 42.

FICHTELMANN, H.: Die GmbH & Co. KG im Steuerrecht, 2. Auflage, Dr. Peter Deubner Verlag GmbH, Köln 1978.

FICHTELMANN, H.: Betriebsaufspaltung im Steuerrecht, Dr. Peter Deubner Verlag GmbH, Köln 1978.

FICHTNER, D.: Der GmbH-Geschäftsführer-Vertrag, 3. Auflage, Verlagsgesellschaft Recht und Wirtschaft, Heidelberg 1974.

FISCHER, L.: Die Gesellschaft bürgerlichen Rechts, Erich Schmidt Verlag, Berlin/Bielefeld/München 1977.

FLEISCHER/MÜLLER: Stille Gesellschaft, 3. Auflage, Erich Fleischer Verlag, Achim 1977.

FRIEHE, CHR.-F.: Die Unterbeteiligung bei Personengesellschaften, Dr. Otto Schmidt Verlag, Köln 1974.

FUSSAU, H. M.: Arbeitshandbuch: Jahresabschluß nach GmbH-Gesetz, Verlag moderne industrie, München 1975.

GRÄTZ/MENNECKE: Die Gehaltsfestsetzung bei Geschäftsführern von GmbH und GmbH & Co., Dr. Otto Schmidt Verlag, Köln 1976.

HACHENBURG, M.: GmbH-Gesetz, Großkommentar, 7. Auflage, de Gruyter, Berlin 1975.

HAEGELE/LANGENFELD/LITFIN: Handbuch der Familienunternehmen, Loseblattwerk, Dr. Otto Schmidt Verlag, Köln.

HALMBURGER, H.-P.: Familienunternehmen, Erich Schmidt Verlag, Berlin/Bielefeld/München 1976.

HARTMANN, P.: Die Stille Gesellschaft, 2. Auflage, Rudolf Haufe Verlag, Freiburg 1974.

HERRMANN/HEUER: Kommentar zur Einkommensteuer und Körperschaftsteuer, Loseblattwerk, Dr. Otto Schmidt Verlag, 15. Auflage, Köln.

HESSELMANN, M.: Handbuch der GmbH & Co., 15. Auflage, Dr. Otto Schmidt Verlag, Köln 1975.

HEUBECK, G.: Die Altersversorgung der Geschäftsführer von GmbH und GmbH & Co., Dr. Otto Schmidt Verlag, Köln 1976.

HEUBECK/HEUBECK/HEITMANN: Die Altersversorgung der Geschäftsführer von GmbH und GmbH & Co., Dr. Otto Schmidt Verlag, Köln 1977.

HOFBAUER: Der Einfluß der Körperschaftsteuerreform auf die Wahl der Unternehmensform, DStR 1977 S. 331.

HUNSCHA, A.: Die GmbH & Co. KG als Alleingesellschafterin ihrer GmbH-Komplementärin, Dr. Otto Schmidt Verlag, Köln 1974.

KLAMROTH, S.: Die GmbH & Co. KG (Vertragsmuster), 3. Auflage, Verlagsgesellschaft Recht und Wirtschaft, Heidelberg 1978.

KLAUSS/LANGE: Die Gesellschaft des bürgerlichen Rechts, 2. Auflage, Friedrich Kiehl Verlag GmbH, Ludwigshafen (Rhein) 1975.

KLAUSS/MITTELBACH: Der Gesellschaftsvertrag in seiner zweckmäßigsten Form, Friedrich Kiehl Verlag GmbH, 10. Auflage. Ludwigshafen (Rhein) 197[illegible]

KLAUSS/MITTELBACH: Die Kommanditgesellschaft, 3. Auflage, Friedrich Kiehl Verlag GmbH, Ludwigshafen (Rhein) 1976.

KLAUSS/MITTELBACH: Die GmbH, Friedrich Kiehl Verlag GmbH, Ludwigshafen (Rhein) 1978.

KLAUSS/MITTELBACH: Die stille Gesellschaft, 2. Auflage, Friedrich Kiehl Verlag GmbH, Ludwigshafen (Rhein) 1979.

KOBS: Bilanzierung und Buchführung bei der GmbH & Co. KG in steuerlicher Sicht, Verlag Neue Wirtschafts-Briefe, Herne und Berlin 1976.

LANGE, J.: Personengesellschaften im Steuerrecht, 3. Auflage, Verlag Neue Wirtschafts-Briefe, Herne/Berlin 1979.

LITTMANN, E.: Das Einkommensteuerrecht, 12. Auflage, 2 Bände, Schaeffer-Verlag, Stuttgart 1978 und 1979.

MITTELBACH, R.: Geschäfts- und Praxisübertragungen, 3. Auflage, Friedrich Kiehl Verlag GmbH, Ludwigshafen (Rhein) 1977.

MITTELBACH, R.: Erbfolge, Testamente, Vermögensübertragungen, 2. Auflage, Friedrich Kiehl Verlag GmbH, Ludwigshafen (Rhein) 1978.

OTTO, H.: Die stille Gesellschaft (Vertragsmuster), 4. Auflage, Verlagsgesellschaft Recht und Wirtschaft, Heidelberg 1978.

PAULICH, H.: Handbuch der stillen Gesellschaft, 2. Auflage (mit Nachtrag 1977), Dr. Otto Schmidt Verlag, Köln 1971.

PETER/PETZOLDT/WINKLER: Unternehmensnachfolge, Testamente und Gesellschaftsverträge in der Praxis, 4. Auflage, Verlag Neue Wirtschafts-Briefe, Herne/Berlin 1977.

POST, M.: Die stille Beteiligung am Unternehmen der Kapitalgesellschaft, Erich Schmidt Verlag, Berlin/Bielefeld/München 1975.

SCHMIDT, K.: Einlage und Haftung des Kommanditisten, Dr. Otto Schmidt Verlag, Köln 1977.

SCHOLZ/FISCHER: GmbH-Gesetz (Kleinkommentar) 8. Auflage, Dr. Otto Schmidt Verlag, Köln 1977.

SCHOLZ u. a.: Kommentar zum GmbH Gesetz, 6. Auflage, Loseblattwerk, Dr. Otto Schmidt Verlag, Köln 1978.

SPITALER/NIEMANN: Die Angemessenheit der Bezüge geschäftsführender Gesellschafter einer GmbH, 4. Auflage, Dr. Otto Schmidt Verlag, Köln 1975.

SUDHOFF, H.: Beteiligung der GmbH an einer GmbH & Co. KG nur durch Einbringung ihrer Dienstleistung, Der Betrieb (DB) 1975 S. 995.

SUDHOFF, H.: Der Gesellschaftsvertrag der Personengesellschaften, 5. Auflage, Verlag C. H. Beck, München 1978.

SUDHOFF, H.: Der Gesellschaftsvertrag der GmbH, 4. Auflage, Verlag C. H. Beck, München 1979.

SUDHOFF, H.: Rechte und Pflichten des Geschäftsführers einer GmbH, 9. Auflage, Dr. Otto Schmidt Verlag, Köln 1977.

STEHLE/STEHLE: Die Gesellschaften, 4. Auflage, Richard Boorberg Verlag, Stuttgart 1977.

STEHLE. H.: GmbH oder GmbH & Co. KG nach der Körperschaftsteuerreform? Deutsches Steuerrecht 1977 (DStR) S. 13.

THOMSEN, J.: Die Unterbeteiligung an einem Personengesellschaftsanteil, Erich Schmidt Verlag, Berlin/Bielefeld/München 1978.

TILLMANN, B.: Das neue Körperschaftsteuerrecht der GmbH, 2. Auflage, Dr. Otto Schmidt Verlag, Köln 1978.

TILLMANN, B.: Der Geschäftsführervertrag der GmbH und GmbH & Co., 2. Auflage, Dr. Otto Schmidt Verlag, Köln 1978.

UHLENBRUCH, W.: Die GmbH & Co. KG in Krise, Konkurs und Vergleich, Dr. Otto Schmidt Verlag, Köln 1977.

VOGEL, W.: Die Praxis der Gesellschafterversammlung bei GmbH und GmbH & Co., Dr. Otto Schmidt Verlag, Köln 1976.

WESTERMANN u. a.: Handbuch der Personengesellschaften, Dr. Otto Schmidt Verlag, Köln.

Stichwortverzeichnis

(Die Zahlen verweisen auf die Randziffern)